湛庐文化
Cheers Publishing
a mindstyle business
与 思 想 有 关

MARATHON

THE ULTIMATE TRAINING GUIDE

ADVICE, PLANS, AND PROGRAMS FOR HALF AND FULL MARATHONS

马拉松终极训练指南

[美] 霍尔·希格登（Hal Higdon）◎著　　吴洪涛◎译

浙江人民出版社
ZHEJIANG PEOPLE'S PUBLISHING HOUSE

—— 各方赞誉 ——

每个人都对自己的命运有无穷的期盼，试图创造生命的意义。跑步是一个完整的体验，一个学会参与、磨砺坚韧、尊重生命、把握自己的过程。在湛庐乐跑人生系列图书中，众多世界顶级跑者将自己丰富的经验跟大家分享，而这些都将为拥有不同能力和不同经验的跑者开启一个可以提高成就的新视野。

王 石
万科集团董事会主席

每个人都能成为跑者，但要想成为一名真正的马拉松跑者，必须有勇有谋。湛庐乐跑人生系列图书以其系统性、专业性、权威性，如师亦友般陪伴我们站到起跑线上！

毛大庆
UrWork（中国）创始人，万科集团原高级副总裁，“毛线团”公益跑团团长

在竞争激烈的当代中国，跑步是一个众人关注的话题。大家都希望通过跑步提高生命和生活质量。不管你是希望通过跑步强身健体，还是完成个人“初马”目标，湛庐乐跑人生系列图书都会给予你及时的帮助和指导，让你能够从容面对。

魏江雷
新浪高级副总裁

以马拉松运动为代表的跑步热潮已经成为都市金领、白领们最为推崇的生活方式。跑步热的出现，跟这项运动的易于开展有关：每个人都能跑。跑步作为最古老的运动项目，同样需要专业知识来指导，否则跟其他激烈运动项目一样易于造成伤病。湛庐乐跑人生系列图书汇集了跑步专业领域里最知名的专家和践行者，他们提供的科学方法以及先进理念，会有助于跑友们培养健康的跑步习惯、规避伤痛，在人生道路上跑得更长、更远！

张 涛
探路者控股副总裁兼体育事业群组总裁

当我跑过36个马拉松之后，一直想着能不能找到一种更好的训练方法来提升奔跑速度，让我在有生之年能够达标波士顿马拉松赛的成绩门槛。湛庐乐跑人生系列图书蕴含了大量提高跑步能力的宝贵知识。我认为，这套跑步书对于尚处于爆发期的中国跑者来说，一定是会有冲击力的，也是让人耳目一新的。

田同生
北京略博咨询公司执行董事

无论是疯狂喜欢跑步却不知如何提高的初跑菜鸟，还是已创高峰仍想精益求精的跑界高手，都希望拥有切实帮助自己提高的理论依据。湛庐乐跑人生系列图书也许会是最好的选择，无论你属于哪个群体，都能找到适合自己的那一款。只凭自己实践总结，时间长，心里没底；有了这套书，也许就能事半功倍。相信我，这是一套对中国跑步事业有着革命意义的书籍。

于 嘉
中央电视台体育评论员

在今天，马拉松成为普通人难以攀登的"珠穆朗玛"。湛庐乐跑人生系列图书中讲述了一些面对生命里的最大挑战而怀有希望、毅力和耐力的感人故事。这些作者通过自己的实际经历告诉我们，无论年龄多大，只要怀有自我信念和积极的态度，就能取得伟大的成绩。我相信，读过这套书，你会迫不及待地盼望着下一次跑步！

金飞豹
著名探险家，《绝地撒哈拉》作者

你是不是还在为没有时间接受专业的跑步训练而苦恼？在湛庐乐跑人生系列图书中，你会收获诸多教练和良师益友。这些作者是最慷慨、最有天赋的教练，如果你无法亲自接受他们的训练，那么这套书就是最好的选择，他们将会送给你开启精彩跑步旅程的钥匙。

谭 杰
《篮球报》总编辑

跑步是最简单的运动，然而把最简单的事情做至完美，则是最难。湛庐乐跑人生系列图书体系完整，既有历久弥新的经典之作，又有源自著名跑者的切身体验和科学总结，几乎涵盖了跑步的方方面面。读完这些，你对跑步的认识和你的跑步生涯，必将上升到一个全新的高度。

晏 懿
《跑者世界》（中文版）执行主编

译者序

我是霍家军!

我从来都跟别人说:“我是霍家军!”不仅我是“霍家军”,我们有个叫“领跑者”的跑团,里面的大多数成员也都是“霍家军”(不管他们自己知道不知道)。因为,我们都是霍尔·希格登的“弟子”。

2011年,我在自创的错误策略下极其狼狈地完成了北京马拉松的半程比赛。回家躺在床上,我痛苦地给所有好朋友群发了一条短信:“马拉松,记忆深刻,不要尝试。”

第二天,身体的疼痛减轻了,我脑子里突然冒出一个令自己都大感意外的想法。我又给朋友们群发了一条短信:“我想去看看35公里的鬼门关到底是个什么样子。”我要跑马拉松!

我的“跑步史”就是这样没由头地开始的,跑马拉松也是这样随机决定的。当时,我周围没有跑步的朋友,手头也没有跑步方面的指导书,而且网上的资料也十分有限,但我非常明白,如果没有正确的指导是绝不可能完成马拉松的,看看我惨痛的半程就知道了。

还好,咱能看点儿英文,于是在Google搜索框内输入“Marathon Training”(马拉松训练),一个回车,就看到了霍尔的网站(halhigdon.com),然后发现他写了本叫作《*Marathon*》的书，于是就不计贵贱、不挑内容地买了一本，就这样急急匆匆地成了“霍家军”。

我总觉得自己在跑马拉松的道路上非常幸运，因为我一开始就选对了书。霍尔在我眼前一层层地拨开了马拉松训练的神秘面纱。计划、原理、方法以及全面的与马拉松有关的知识——我读懂马拉松了。在2011年，如果你满嘴尽是“撞墙”“乳酸门槛”“配速”“糖原”，那一定会有些优越感。哈哈，我赶上了一点儿。

我开始按照书上的18周训练计划训练。那时，我绝对做到了对霍尔计划的“迷信”：跑量不差毫厘、距离调成英里，以致于我跟网上的朋友交流配速时和他们完全没有共同语言。而且，我对训练的日期也不做任何调整，即使到半夜11点也要完成当天的计划。多吃碳水化合物，连每天喝水的量都严格按照霍尔的指示用印有刻度的水杯摄取。霍尔不像那种绷着脸、背着手的教练，而更像一位仁慈友善的老者。那种感觉就是这么做也行，那么做也可以，但你就是愿意口服心服、心甘情愿地严格照他说的做。

18周过去了，我来到了丹东，出于对霍尔的无限信任，我对自己的首马信心满满。发枪后，我的所有注意力，或者更准确地说是好奇心，全部集中在那个传说中的35公里。我攒着劲儿、蓄着力，一切按书上嘱咐的做。35公里到了，什么也没有发生；38公里过了，还是什么也没有发生。直到转过一个弯，发现终点就在几百米以外时我才意识到，我快完赛了！马拉松就是这样子！ 18周的科学训练，而且只是初级训练计划，就已经让我拥有了这么强的体力、实现了精神上的富裕。我狂奔冲刺，意犹未尽。

顺利完成马拉松的我开始强烈推荐这项运动。我相信，只要依书行事，必获成功。第一个被我“忽悠”的人是谭杰，我先后两次把这本书给他。第一次他没要，他应该是还没做好准备，结果把我急得够呛。过了阵子我又把书给了他，因为我实在想让我的朋友知道跑马拉松的好！过了几天他回了个短信：“能送给我吗？圣经！”送！半年后，谭杰也顺利地完成了他的首马，而且在第二周又完成了第二个马拉松。而我也来了个一周双赛，与他完成了马拉松接力。这一切发生在我们跑马拉松的第一年，而所有的训练基础就是霍尔的 18 周初级训练计划。

此后，我们俩都开始向朋友推荐马拉松。只要被我“忽悠”起来跑步、能看懂英文的朋友，我便会送他一本《*Marathon*》，而且我相信，他们一定会从中受益。在发展跑团、为跑友制订训练计划以及后来的各种经验分享中，我们不断地研究、使用和发展霍尔的理论和方法。在我的心目中，《*Marathon*》是最好的、也是最靠谱的马拉松训练宝典。

当湛庐文化与我沟通翻译的书目时，我几乎是毫不客气地“抢”到了这本书的翻译机会——并非因为我的水平最适合这本书，而是我对这本书最有感情。我希望用自己的工作报答霍尔的导师之恩。

在翻译的过程中，谭杰、石春健、谢頔、郑敏以及湛庐文化的编辑张伟晶都给予了我很大的帮助，在此一并谢过。“领跑者”跑团的多名跑友也都是霍尔训练法的受益者，在此我也代表他们谢谢霍尔。

霍尔每年都会在芝加哥马拉松博览会上设展台。2014 年，我委托好友林琨毅在他的展台上代我向他表示敬意。

2015年，我也将参加芝加哥马拉松，让我倍感兴奋的一个重要原因就是：我可以见到霍尔，并亲自向他表达谢意。当然，更令我高兴的是，我能够亲手赠送给他一本我翻译的《马拉松终极训练指南》。

吴洪涛

于北京

2015年7月31日

MARATHON
THE ULTIMATE TRAINING GUIDE

序

马拉松，一个勇者的跑步新世界

“如果当年波斯人赢得了马拉松战役，那我们现在以何为乐呢？”2010年，在希腊参加马拉松战役2 500周年纪念活动时，我的脑海里突然冒出了这个问题。当年，古希腊士兵菲迪皮茨（Pheidippides）从马拉松战场跑到雅典对惴惴不安的雅典人高呼：“欢庆吧，雅典人，我们胜利了！”之后倒地不起，他的这次奔跑成为一个传奇。

这是一个超越历史的传奇，为了纪念这一事件，1896年举行的第一届现代奥运会在同一路线上举办了一次长跑比赛，当时只有17名运动员参加。2010年，两万名跑者出现在纪念马拉松战役2 500周年的比赛中；与此同时，越来越多的人在柏林、伦敦、纽约、波士顿、芝加哥等地参与着同样的长跑赛事。这项赛事被称为马拉松，一项距离为42.195公里的长跑比赛。

1993年，罗代尔出版公司（Rodale Inc.）出版了第1版《马拉松终极训练指南》，红色的封面上是一张一群马拉松精英男选手冲出起跑线的照片。

1999年，距本书第1版出版已有6年时间，这本书继续热卖，同时马拉松这项运动也发生了很大的变化，于是第2版应运而生。第2版的白色封面上几个业余跑者正冲过纽约马拉松赛的终点线，其中之一是意大利流行歌手约翰尼·保利

（Johnny Paoli）。（无论你是否相信，罗代尔出版公司的摄影编辑在选择这张照片时并不知道这些跑者的身份。）

2005 年，这本书成为有关马拉松训练的最佳畅销书之一，而马拉松运动在发展中发生的一系列变化则催生了本书第 3 版的出版。第 3 版以红色和白色为主色的封面上各种速度的跑者构成了一幅拼图，其中包括获得波士顿马拉松女子组冠军的俄罗斯选手斯维特兰娜·扎哈洛娃（Svetlana Zakharova）。随着这项运动的发展，封面上的人物也在不断发生着变化。

这本书每一个版本的重点都随着马拉松运动的变化而改变。在第 1 版出版后，我向许多马拉松教练发出了调查问卷，收集了大量信息，随后又对这些教练进行了跟踪采访，因此本书囊括了来自 50 位顶尖马拉松教练的训练策略。

在第 2 版出版时，我已经做过培训业余跑者的诸多工作了，并且还是芝加哥马拉松的训练顾问，同时也是芝加哥地区跑者协会（CARA）马拉松训练培训班的教练，当时有 2 000 人参加了这一培训班。

《马拉松终极训练指南》是有关马拉松训练的最佳畅销书之一。

进入 21 世纪之后，我将注意力转移到了在网上为跑者提供训练计划和回答他们的问题上来，其中包括经营我自己的网站 halhigdon.com 以及我的"虚拟训练社区"（Virtual Training Bulletin Boards）。在第 3 版中引述的许多内容和故事大多来自于网上虚拟训练团队（V-team）的成员。

以上提到的所有教练、实地训练课学员以及网上的跑者都为本书第 4 版的写作提供了很大的帮助。最近，我越来越多地偏好通过网络与跑者进行接触，这些年来我的网站吸引了 500 万位访客。Halhigdon.com 的浏览量在美国的跑步类网站中列第 13 位，在全球的跑步类网站中列第 17 位。我的网站并不是唯一一个为跑者提供有价值的信息的网站，用谷歌搜索一下"马拉松训练"，你就会看到 100 多万个链接，但是请允许我骄傲地告诉你：列在第一位的就是我的网站。如果你用谷歌搜索一下"半程马拉松训练"，也会在第一位看到我的网站。半马是当下越来越流行的运动。

> 如果用谷歌搜索一下“马拉松训练”，你就会看到100多万个链接。

毫无疑问，并不是每次搜索“马拉松训练帮助”都能让你得到有用的建议，因此在本书第4版中我想要达到的目的就是：帮助那些希望征服42.195公里的人实现愿望。另外，我还想要阐述从出版第3版到现在的6年中，马拉松这项运动发生的一些主要变化。其中的一个变化就是越来越多的女性跑者参加到了这项赛事中，还有一些马拉松赛只允许女性跑者参赛。而女性在训练马拉松时是否应与男性有所区别呢？在6年前，我可能不需要回答这样的问题，但现在却必须回答了。

如今，马拉松比赛的报名费变得越来越贵也越来越难报名了。2011年波士顿马拉松官网开放报名后的8小时3分钟内就全部被报满了。尽管那些国际大都市举办的能容纳4万人参加的马拉松比小型马拉松更有吸引力，但也不是每一个人都愿意在拥挤的人群中被迫降低速度，特别是那些想达到波士顿马拉松报名资格（BQ）的选手。慈善跑仍然吸引着大量的人群来参加这项运动，但是最近慈善跑面临着一些压力，因此它也需要作出相应的调整和改善。

现在，出现了越来越多的与马拉松有关的设备，从GPS手表到心率监测装置以及地图跟踪设备等应有尽有。近期，我也设计了一款有关半马训练计划的应用软件，你可以从网上下载这个应用软件。

说到半马，这项距离为21.097 5公里的运动的发展速度甚至比全程马拉松还快，越来越多的新跑者以半马作为自己完成全马的台阶，而那些马拉松老手也会参加半马，这样他们既不必总是要跑42.195公里，又始终保持着自己的参与度。像在佛罗里达州奥兰多市举办的迪士尼世界马拉松赛和在明尼苏达州德卢斯市举办的“老奶奶的马拉松赛”这样的赛事，半马的名额比全马的还要紧俏。

近些年，在马拉松赛展览会上经常有跑者在我的展台前驻足，然后拿起这本书问我：“这本书也适合半马跑者吗？”即使你只打算跑21.097 5公里，答案也是肯定的。不过我想提醒你，在完成了第一个半马之后，你有可能会改变想法。

这一切都是在2005年本书第3版出版之后发生的事情，我很高兴能够用本书的第4版，也就是现在这个版本来反映这项运动现在的面貌。如果你正在准备跑生平第一个全马，我可以教给你一种舒服的完赛方法；如果你已经完成了自己的第一个42.195公里，那我可以帮你取得更好的成绩。现在，请随我一起踏上马拉松的起跑线吧。

霍尔·希格登

印第安纳州长滩市

MARATHON

THE ULTIMATE TRAINING GUIDE

目录

目录

CHAPTER 1

神奇的马拉松

42.195 公里会令人体验到自己的脆弱

在芝加哥马拉松赛展览会上，有位女士站在我的展台前泣不成声，她想用手来掩饰尴尬，但却怎么也止不住自己的泪水。我理解地微笑着，希望能让她放松下来，因为我知道她如此激动的原因。

明天，她就要跑 42.195 公里了！

有些跑者在通过终点线时会泪流满面，我自己也有过一次这样的经历，那是我在波士顿马拉松赛上获得第 15 名（美国选手中的第 1 名）的时候，我知道自己再也不会跑这么快了，因为我不可能再像那次一样为了一次最佳的表现而练得那么苦了。“马拉松会让你变得很脆弱。”分别获得 4 次波士顿马拉松和纽约马拉松冠军的比尔·罗杰斯（Bill Rodgers）曾经说过这样的话。他想表达的意思是：即使是最棒的运动员，有时也会由于他们无法向亲人、朋友甚至自己解释清楚的原因而崩溃。在一次波马比赛中，罗杰斯在大半程内一路领先，却在临近胜利时突然崩溃而未能完赛。马拉松这样的长距离比赛将暴露你所有的缺陷，让你更清晰地认识真正的自己，的确一切缺陷和优点尽显无遗。不管站在我的展台前的这位女士是否意识到了这一点，她所表现出的脆弱情绪在马拉松跑者中是不多见的，因为人们（特别是男人们）更善于隐藏自己的情绪。

情绪平复以后，那位女士向我表示了歉意，并且感谢我的训练计划改变了她的生活，她参照我的计划仅执行了18个星期。她买了一本我的书来表达谢意，然后绕过桌子给了我一个大大的拥抱，并且还拍了张照片。后来，她再次向我致谢，然后泪汪汪地奔赴她作为一个跑者的“第一次”了。

我不知道她的名字，也不知道她后来的比赛成绩；我不知道是什么驱动她跑步的，但我估计那一定是因为她要完成第一个马拉松；我也不知道她在跨过终点线后是否又哭了，但我估计她一定会，而且我猜她站到起点时以及在比赛的过程中也会哭。

比尔·罗杰斯说：“马拉松会让你变得很脆弱。”

很多跑者因为看了这本书之前的版本或看了我在网上公开的训练计划而取得了成功。根据这本书前几版的销量和我的网站浏览量，我估计自己培养了50万名马拉松跑者。在印第安纳波利斯纪念马拉松赛展览会上，有位女士来到我的展台前，她告诉我她已经用我的训练计划初级1连续完成了13个全马。但这还不是我最忠诚的拥护者，在几个月后的雅典马拉松后，我在普拉卡吃饭时，邻桌的一位女士说她参加所有马拉松比赛时都把“我”当作教练，而她刚刚完成了自己第51场全马！

完成比赛的动力

并不是所有人都能理解是什么东西驱使着成千上万的跑者每年为了完成那个看起来并不令人愉快的42.195公里而惩罚着自己，而且还要进行几个月的赛前训练。有一年，在双城马拉松赛中，大约跑到13公里时，我听到观众席中的一位女士说道：“就当是有人给他们钱，他们才这样跑吧。”

我能理解她的意思，42.195 公里这段距离看起太长了，这样的距离令那些不理解的人更加迷惑。当我们脖子上挂着完赛纪念奖牌面带笑容地出现在办公室时，他们会问："马拉松的距离是多少？"尽管在那些大城市中举办的马拉松赛变得越来越火，但仍然不是每一个人都知道或都能理解为什么马拉松的距离正好是 42.195 公里。即使想想这个数都需要一些耐力和勇气，可能还需要点儿不知天高地厚的劲头，而我们这些自称为马拉松跑者的人却已经一遍又一遍地跑完这个距离了。

双城马拉松赛中那位女观众的话当时并没有干扰到我，首先她说的话中有一部分是对的，其次我正尽全力地快跑，没工夫操心旁观者说些什么。

赛后，她的这句评论萦绕在我的脑海中，很显然她没有理解马拉松的奥妙以及为什么那么多人会被吸引来跑这样一个奇怪的距离。你是怎样向自己的家人和朋友解释清楚跑马拉松的乐趣和痛苦的？双城马拉松赛中的那位女观众说中了一点，那就是我在很长一段时间内追求的一个目标。年轻时，我一直都在为进入美国奥运代表队以及赢得波士顿马拉松赛冠军而进行训练，作为一个年轻的跑者，这是一个完全可以理解的目标。即使我没有取得成功，但这种追求也是值得的。

伴随着年龄的不断增长，我经常会设定一种堂·吉诃德式的目标让自己坚持跑马拉松。有时，这些目标并不是竞技性的。有一年夏天，史蒂夫·卡尼（Steve Kearney）和我决定要横跨印第安纳州，大约是 560 公里的距离。卡尼是我的好朋友，他是在印第安纳州切斯特顿市（Chesterton）当教师、教练，而且像我一样疯狂。我们又拉了另外 8 个跑者入伙，最终这场冒险演变为历时 10 天从俄亥俄河到密歇根湖的艰难跋涉。事后，人们问我们为什么要作出这样疯狂的举动，卡尼和我耸耸肩，答道："因为我们觉得这可能是一件奇妙的事情。"

设定目标

并不是每一个站在马拉松起跑线上的人都想要做我和卡尼做过的这种事。实际上，有很多跑者参加那些最著名的赛事就是为了完成他们的第一场马拉松，而且这可能是他们这辈子参加唯一的一场马拉松赛。每年芝加哥马拉松赛中都有 36% 的人是第一次参加马拉松，而其他几个大型比赛的情况也大致相仿。尽管如此，这些新手也会像我一样认真地选择他们的目标。

我们不仅要跑遍美国 50 个州，还要跑遍世界 7 大洲。

对他们中的大多数人来说，目标就是跑完 42.195 公里，仅此而已。但是，我们这些跑了多年的跑者往往会有不同的目标：我们不仅要跑遍美国 50 个州，还要跑遍世界 7 大洲。如果你能够听从我的建议，仅以完赛为目标，聪明地以一种较慢的速度完成首马，你就有可能会设立一个更高的目标让自己在第 2 次或第 3 次马拉松比赛中实现。有些数字是具有魔力的，人们会试着去突破 6 小时、5 小时或 4 小时。在被问及马拉松成绩时，如果你能回答“3 小时”，即使你的成绩是 3:59:59，也会感觉自己是个精英跑者的。如果你的回答是“2 小时”而提问的一方同样是个马拉松跑者的话，那他的下巴可能都会惊得掉下来。我对此有切身体会，因为我的马拉松纪录是 2:21:55，而且我还看到了他们的反应：“你是出生在哪个星球上的？”这速度听起来是挺快的，但想想吧，即便我现在还能跑这么快，但我仍然要比当今的男子精英跑者慢 4.8 公里，比最快的女选手慢 1.6 公里。

完赛时间对我来说远不如几十年前那么重要了，这并非因为我知道自己已经取得了最好的成绩，而是因为我认为最重要的是付出努力，然后才是达成目标。对于我和很多有经验的跑者来说，比赛并非仅仅只是比赛，还包括为比赛而做的所有准备：稳定的跑量积累、周日的长距离慢跑、必要的减量以及所有的参赛经验。跑马拉松有两个好处，它可以使你既专注于训练，同时又具有明确的目标。

如果你热爱跑步，那么你就会热爱为参加马拉松比赛而进行的那些周日长距离跑以及在周中进行的跑道速度训练所带来的感觉。进行马拉松训练可以使你更加专注，这可能是你最好的参赛理由。

> 对于我和其他很多有经验的跑者来说，比赛并非仅仅只是比赛，还包括为比赛而做的所有准备。

我每天都在坚持训练，这并不是为了提高比赛成绩，而仅仅是因为我喜欢运动。如果可能，我会挑选一些风景优美的赛道，让自己的眼睛和耳朵在比赛中能得到充分享受，而比赛只是我的马拉松生活方式的一个副产品。

马拉松式的生活方式

马拉松的另一个具有积极意义的“副产品”就是改善健康，跑马拉松可以延长人们的寿命、提高人们的生活质量。我再强调一次，并非参加大量的马拉松赛会改善你的健康，相反，往往由于准备去参加一次马拉松比赛，你才变得更健康。要成为一个成功的跑者或马拉松跑者，你需要做到以下几点：（1）合理的饮食；（2）减掉多余的脂肪；（3）戒烟少酒；（4）保证充足的睡眠；（5）保持经常性的锻炼。流行病学专家拉尔夫·帕芬伯格博士（Ralph E. Paffenbarger）通过分析哈佛大学校友的数据得出结论，以上 5 个方面很可能将人类的寿命延长数年。著名的《有氧运动法》（*Aerobics*）一书的作者肯尼思·库珀博士（Kenneth H. Cooper）表示，他位于达拉斯市（Dallas）的库珀研究室的研究人员们相信合理的饮食、运动以及预防保健相结合可以将人类的寿命延长 6~9 年！马拉松式的生活方式绝对是一种健康的生活方式。

这种生活方式也并非全无风险，跑步是一项有压力的运动，跑 42 公里会给人带来更大的压力。在炎热的天气中，如果跑者在比赛中不能慢下来、补充足够的水的话，那么他们需要承受的压力就更大了。康涅狄格州哈特福德医院（Hartford Hospital）心脏病预防中心主任保罗·汤普森博士（Paul Thompson）说："毫无疑问，在一天中，我们跑步的那 1 个小时所需要承担的风险要大于其他那 23 个小时。尽管如此，运动比不运动要'安全'得多。"

冒险的跑步者？

跑步的风险有多大？保罗·汤普森博士承认跑步存在一定的风险。他不仅是心脏病方面的专家，同时也是一名马拉松成绩为 2:28:15 的马拉松跑者。在美国运动医学会（ACSM）的年会上，他做了一场题为《运动员心脏的历史概念》（*Historical Concepts of the Athlete's Heart*）的演讲。在演讲中，汤普森引用了一些量化运动风险方面的具有开创性意义的研究结果，首先便是他自己的研究。他发现，在慢跑中因心脏问题而猝死的可能性大约是休息时的 7 倍。他估计这种情况的发生率约为每年每 15 240 名健康跑者对应 1 名死亡者。

汤普森在《新英格兰医学杂志》（*New England Journal of Medicine*）上发表的另一份研究提供了与此类似的统计：每 1.8 万名健康人中有 1 名心脏病患者。不过，一家健身连锁店宣称它的每 8.2 万名会员或 260 万次训练中会有 1 人死亡。

"运动会增加患心脏病的风险，"汤普森说，"但是这种风险很小，至少对成年人来说心脏病在不运动的人之中更普遍。"

那么在成为一名跑者或是报名参加第一次马拉松之前如何对风险进行防范呢？如果你年纪超过 35 岁、超重、平时抽烟或曾经抽烟、患有高血压或高胆固醇、常吃快餐、有家族心脏病史或长期不锻炼，那么你的风险要远远高于没有以上情况的人。在开始跑步之前，你应该先向医生咨询一下，而在跑步时则要执行一套明智的训练方案。本书会为你提供这样的方案。

毋庸置疑，跑马拉松是有一定奥秘的。也许你能跑很多次距离为 5 公里的比赛，但这跟踏上马拉松的起跑线不是一码事。对于那些刚接触这项运动的人来说，完成半马是个不错的过渡性目标，但完成 21.0975 公里和跑完 42.195 公里也还是不同的。一般而言，即使 5 公里或半马这样较短距离的比赛能够吸引更多的人，但全马仍然更重大一些。

无论参赛人数有多少，如果你提前几天到达马拉松比赛的所在城市，就会知道自己是在参与一个大型活动了。每位参赛者的脸上都洋溢着兴奋，不管赛事的规模是大是小，每一位跑者都为这次比赛在训练中积累了较高的跑量，使这项赛事的重要程度变得非同小可。有一年，我去俄亥俄州的托莱多市，在“玻璃城马拉松”（Glass City Marathon）举办的前一个晚上做了一场演讲。这项赛事有 1 000 名参赛者，与在纽约、芝加哥、伦敦或柏林等国际大都市举办的这些有近 4 万人参加的马拉松赛相比，“玻璃城马拉松”显得无足轻重，但除了规模相对较小以外，在演讲的时候我依然能感觉到自己是被极其兴奋的情绪所包围着。人们常说怀孕的妇女周围似乎有一圈“光环”环绕着，在这些即将成为马拉松跑者的人身上似乎也有类似的光环。他们中的很多人虽然准备了不足 9 个月，但至少也为这个重要的日子准备了 18 周。那天，来听我演讲的所有听众都为这场即将到来的比赛付出了艰苦的努力，看着他们的脸，我很羡慕。

马拉松到底为什么这么有吸引力？是因为它的历史、它的传统，还是因为有很多优秀的选手参加这项运动？这些因素都被包含在马拉松之中。42.195 公里这个距离也自有它的魔力，如果马拉松的距离是更符合逻辑的 25 英里或 40 公里，那它还会有同样的吸引力吗？

也许你能跑很多次距离为 5 公里的比赛，但这跟踏上马拉松的起跑线并不是一码事。

菲迪皮茨的足迹

42.195 公里，这个古怪的距离确实增加了马拉松的奇妙性。从技术上讲，所有的马拉松距离必须是 42.195 公里，任何超过这个距离的比赛都被认为是超级马拉松，而任何比这个距离短一点的比赛不是量错了就是另一种比赛。第一次被称为马拉松的比赛出现在 1896 年希腊雅典举办的第一届现代奥运会上。这个长距离赛跑项目在所有比赛项目都进行完后登场，目的在于纪念和重现公元前 490 年菲迪皮茨的那次传奇式的奔跑。

那一年，波斯进攻希腊，波斯人在希腊东海岸的马拉松平原附近登陆。在 2010 年雅典马拉松赛前夜举办的意大利面派对上，《马拉松的故事》（*26.2 Marathon Stories*）一书的作者凯瑟琳·斯威策（Kathrine Switzer）和罗杰·鲁宾逊（Roger Robinson）谈起了 2 500 年前的那个故事。根据传说，雅典将军米太亚得（Miltiades）派传令兵菲迪皮茨前往 240 公里以外的斯巴达寻求援助。据说菲迪皮茨用了两天的时间到达斯巴达，但最终斯巴达人根本就没有来，而雅典人以损失 192 人杀敌 6 400 人。这是当时希腊史学家的记载，其中也包括古希腊著名历史学家希罗多德的记载。

菲迪皮茨与传说中那个从马拉松出发沿着希腊海岸线向南穿越一系列沿海丘陵到达雅典的传令兵是同一个人吗？那个传令兵真的在到达雅典后，高呼“欢庆吧，雅典人，我们胜利了！”然后便倒地身亡了吗？

这可能终究只是一段传奇，后世的历史学家对这段传奇的准确性表示了怀疑。斯威策和鲁宾逊在意大利面派对上也说，如果真的有这样一个传令兵，那也不应该是同一个人，而应该是以接力的方式把向斯巴达寻求救兵的请求传递过去。至于是否真有一个叫菲迪皮茨的传令兵在跑到雅典后牺牲，他们也不能确定。鲁宾逊和斯威策注意到，希罗多德并没有提及有这个传令兵存在，这个故事是在 4 个世纪以后由古希腊另一位著名历史学家普鲁塔克重新讲述这段历史时才出现的。

尽管如此，鲁宾逊他们也承认："从某种意义上说，每一个马拉松的终点都在雅典。"由于马拉松的传说来源于真实的历史事件，人们对它的尊重自然也不会低于据说是从宙斯脑子里蹦出来的赫尔墨斯和阿佛洛狄特等希腊诸神。因此，在 1896 年的奥运会上以纪念菲迪皮茨为名举行从马拉松至雅典奥林匹克体育场的长跑比赛是理所当然的。而值得一提的是，夺得这项赛事冠军的是一个名为斯皮里顿·路易斯（Spiridon Loues）的希腊牧羊人，这是那届奥运会上希腊人在他们的主场获得的唯一一块金牌。代表美国队参加那届比赛的美国俱乐部中有一个是波士顿体育协会（BAA），协会的领队叫约翰·格雷厄姆（John Graham）。这场比赛给格雷厄姆留下了深刻的印象，他决定来年在自己的家乡赞助一场与此类似的比赛。欧洲的其他地方也曾经举办过距离为 40 公里左右的比赛，其中法国在奥运会之前就曾举办过这类赛事。但是，没有人将这些赛事冠以"马拉松"的名称。

1897 年，15 位跑者站在了 BAA 马拉松的起跑线上，他们要从位于亚什兰市的郊区跑到波士顿市中心，这一次传奇真的诞生了。（在此之前举行的一场美国马拉松赛是在 1896 年秋季举办的，那场比赛要求跑者从康涅狄格州的斯坦福市跑到纽约的哥伦比亚圆环广场，就在现在纽约马拉松的终点附近，但是这项赛事没有延续下来。）波马成为历史最悠久、没有间断过的马拉松赛事，始终保持着它的传统和声望。在 1996 年的百年波马庆典赛事中，有 35 868 名选手完成了比赛。

确定距离

大约在 12 年的时间里，马拉松的官方距离一直是 40 公里左右。在 1900 年巴黎奥运会、1904 年圣路易斯奥运会以及波士顿马拉松赛的前 28 年中采用的都是这个距离标准。在 1908 年伦敦奥运会上，英国人将马拉松的起点设在温莎城堡（Windsor Castle），将终点设在奥林匹克体育场。在设定这个距离之前，马拉松专家们还没有特别精确地测量过马拉松比赛的长度，而之所以这样安排是为了能让英国皇室成员看到比赛开始时的情况，据报道当时没有人反对英国人的这种设计。这场马拉松比赛的全程距离就是42.195公里，而这个距离最终成了未来马拉松的标准赛程。波士顿体育协会直到1924年才延长了波士顿马拉松赛的长度，将起点从亚什兰移到了霍普金顿附近并一直延续至今。

美国选手弗兰克·肖特（Frank Shorter）谈起他在1971年泛美运动会的经历时说，跑到33.6公里时他与1968年的奥运会选手肯尼·穆尔（Kenny Moore）并驾齐驱，他当时冲着穆尔抱怨道："为什么菲迪皮茨当年就不能死在这里？"在这场比赛中，肖特败了，穆尔赢得了冠军。肖特的复仇是在第二年的德国慕尼黑奥运会上完成的，他获得了金牌，穆尔是第4名，而杰克·巴彻勒（Jack Bachelor）位列第9名。这是当时美国马拉松选手在奥运会历史上取得的最佳战绩，直到2004年雅典奥运会上梅布·凯夫莱齐吉（Meb Keflezighi）和迪娜·卡斯托尔（Deena Kastor）分别获得了马拉松项目的银牌和铜牌。

糖原与"撞墙"

马拉松跑者经常提到的一个词是"撞墙"，他们常常会在跑到32公里处出现这种现象，此时他们身体内的能量几乎要耗尽了。这种现象经常会突然出现，跑者感觉像是猛地撞到了一堵坚硬的墙上。此后，他们的速度骤降、呼吸困难，为完赛而拼命挣扎。可以说，前半个马拉松是32公里，而后半个马拉松是其余的10.195公里。

从生理学的角度来说，当跑者肌肉中的糖原耗尽时，他们就会"撞墙"了。糖原是一种类似糖的物质，在运动过程中是肌肉的主要能源，储存在肝脏和肌肉中。当你跑很长一段距离时就会消耗体内的糖原储备，并且最终失去能量。一旦体内的糖原消耗殆尽，你的身体就会开始燃烧脂肪，这是一种效率低得多的燃料。

不过，并不是每一位跑者都会“撞墙”。通过恰当的训练，你可以锻炼自己的身体更有效地燃烧脂肪，也可以通过在跑动中喝运动饮料和服用能量胶来补充糖原。此外，合理的配速也能够帮助你克服对“撞墙”的恐惧，发挥出最佳水平。

如果马拉松平原离雅典更近一些，也许这项运动就不会在如今这样流行了。运动生理学家说，在跑了 2 个小时或 32 公里之后，我们身体内的糖原，也就是肌肉的燃料就要耗尽了。而一旦糖原耗尽，身体就必须要更多地依赖于脂肪这样一种效率较低的燃料来维持身体内的能量平衡，这就是跑者会在 32 公里处“撞墙”的原因，而成功地跨过这一障碍也正是马拉松运动如此特别的原因所在。

32 公里是我给马拉松跑者制订的训练计划中规定的最长距离。

32 公里是我给马拉松跑者制订的训练计划中规定的最长距离，我希望跑者特别是那些为首马在进行训练的人只是触摸到这面墙的边缘，而不要撞上去。如果你在训练的时候跑的距离过长，就会极大地增加受伤和过度训练的风险，这两种情况都会对你的比赛产生负面影响。很多马拉松完赛者会在跑量积累训练中跑一跑 32 公里，这样做不仅不会给身体带来过大的负荷还可以小小地炫耀一下。但是，也只有当你跑过这个距离时，人们才会开始注意到你，你以为如果马拉松的距离仅仅是 32 公里或根本就没有什么“墙”需要克服，还会有上百万人挤在波士顿或纽约的街头观看马拉松比赛吗？不会的，他们就是来看我们体验菲迪皮茨的命运的。虽然只有当我们成功地跨过了那堵“墙”、胜利地越过了终点线，观众们和跑者们才都能得到满足，但他们确实就是来看我们受煎熬的。

改变你的生活

对很多跑者而言，完成一次全马就觉得受够了，他们冲过终点，痛苦的经历使他们在心里不停地念叨着："我再也不跑马拉松了！"伊利诺伊州麦克亨利县（McHenry）的妮科尔·孔兹（Nicole Kunz）在芝加哥马拉松赛中仅挣扎着跑了20.8公里，就发誓永远都不会再跑马拉松了。可是就在赛后的24小时内，孔兹就开始考虑要为来年春天在辛辛那提举办的飞猪马拉松赛（Flying Pig Marathon）做训练准备了。后来，她真的去参加了那场马拉松赛，且又在两个孩子出生之前参加了纽约马拉松赛。

芝加哥的克里斯廷·纳德（Kristine Nader）在跑自己的首场马拉松赛中有着同样的感受："我决定这是唯一的一次，在训练的整个过程中我都在对自己说：'这简直是太疯狂了，我为什么要这么做？我到底是怎么想的？'我很高兴自己只跑这一次！"

后来，当纳德在22.4公里处看到家人为自己欢呼鼓劲时，她意识到这真的是她想要做的事情，而且是她愿意反复去做的事情。纳德最近刚刚完成了她的第三个马拉松。

马拉松跑者也许会在跑完马拉松后的第二天、下一星期、下一个月或刚刚跨过终点线时改变他们的想法，但是没有人会否定马拉松，特别是自己的第一个全马，那是一件非常特别的事情，完成一次全马可以永远地改变你的生活。那些拍摄跑者冲过终点线的专业摄影师们发现，相对于完成短距离比赛的跑者而言，他们更欢迎马拉松跑者这样的客户。他们拍摄的马拉松赛的照片销量是短距离赛跑比赛照片销量的2~3倍，人们会买很多张参加同一场马拉松比赛的照片，而那些参加短距离赛事的人通常只买一张。

这是为什么呢？其中的原因和人们订购多张自己在婚礼上的照片是一样的。完成全马就像在你的名字后面加上"博士"两个字一样，其意义堪比结婚或生孩子。不管别人知不知道，你都绝对是个特殊的人物了。你的生命从此变得不同，无论将来会怎样，你都可以昂首挺胸地说一声："我跑过马拉松。"而即使现在有那么多人跑马拉松，你仍然是精英俱乐部中的一员。

一些跑者一旦跑完马拉松，就把奖牌存入抽屉，将照片贴在办公桌的隔板上，然后就开始去迎接其他的挑战了，他们终于可以在心愿单上勾掉这一项。但是，对很多人来说，完成第一个全马才仅仅是一段生命旅程的开始，跑马拉松成了一种持续不断的数字挑战：在一项又一项的赛事中刷新个人纪录。即使年龄的增长会不可避免地给终生跑者们带来状态的下滑，但他们仍然能在进入下一个年龄组（5 岁为一组）比赛时遇到新的挑战。在个人表现方面，成功会孕育出成功。

你也可以用轻松的方式来跑马拉松，不去在意成绩和排名，仅仅只是享受参加这样一项大型活动所带来的快乐。我以这种方式参加过很多次马拉松，跑在自我的世界里，以很慢的速度完成比赛。有一年，在火努鲁鲁马拉松赛中，我在后排出发并且玩着追逐游戏，我要尽可能多地超过前面的人，但是只用比他们稍稍快一点的配速来完成超越，我不想让他们认为我是在彰显自己的速度。为帮助人们获得第 100 届波士顿马拉松赛的参赛资格，我曾写过一篇文章，将美国能促使人们跑得更快的赛道进行了排名，于是《跑者世界》的编辑们在 1995 年犹他州举行的圣乔治马拉松赛（St.George Marathon）上组成了领跑团队，以比平时慢的速度来带领其他人跑。我曾经做过几次领跑员，能帮助别人实现他们的目标使我们感到无比快乐。

有时，我会在预定的地点停下来，将这场马拉松赛当成为下一场马拉松赛所做的准备。有一年，我参加了在罗马举行的世界大师锦标赛，在比赛中我始终跑在比较靠后的位置，以便好好欣赏这座不朽之城。在最后的 1.6 公里，我进入了一个能将泰伯河对面的圣彼得大教堂尽收眼底的广场，我停顿了几分钟将眼前的一切景象存入记忆然后才跑向设在 1960 年奥运会体育场的终点。我根本就没有考虑自己的成绩和名次，在跑过终点后感到精力充沛。比赛结束后，一位澳大利亚选手走过来对我说："这是我第一次击败你。"

我觉得有必要纠正一下他的说法："你没有击败我，你只是在我之前完成了比赛。"

尽管那个澳大利亚人最后结结巴巴地道了个歉，但是我想他并没有理解我关于马拉松所持的观点，或者至少他没有意识到为什么在那天我要用那样的方式跑马拉松。在马拉松比赛中，除了那些精英运动员之间存在竞争外，其他跑者间不存在谁击败谁的问题，无论你是比别人领先了 1 公里还是 100 米。你所赢得的只是个人的胜利，如果某个人在你之前或之后完成了比赛，也只是他比你多取得了或少取得了几场个人胜利而已。跑在你后面的人也许是因天赋、年龄、性别或其他因素所限，但他们却可能取得了更伟大的胜利。如果某个人跑马拉松的主要目的是为了募集善款，那么他所募到的金额就比完赛的时间更有意义。

马拉松的美妙之处就在于比赛的胜利者远远不只是那些名列前茅的精英。"每个人都是胜利者"是一句令人厌烦的陈词滥调，但当一场比赛的距离是 42.195 公里时这句话可就是真理了。

马拉松跑者的一生

有时候，记者会问我一共跑了多少场马拉松赛，我总是回答说："大约 100 场吧。"

这让他们很吃惊："你跑了 100 场？"

我不得不纠正他们，因为我不希望在第二天的报纸上看到说我刚刚完成了第 101 场马拉松赛，"不，"我会说，"我不知道自己到底跑了多少场，但一定是 100 场左右。"

> 完成一次全马会永远改变你的一生。

1995 年春天，也就是第 100 届波士顿马拉松的前一年，我对自己到底跑了多少场马拉松赛这个具体数字产生了好奇心。在波士顿体育协会的图书馆里，我查阅了所有登载过往马拉松成绩的报纸和杂志，有一些比赛我还有点印象，其中就有我取得了冠军的那一场！但是我发现自己实际参加过的马拉松赛的总数比我跟记者说的还是少了一些，我只跑了 90 场。

这是个坏消息，不过好消息是，只要我在随后的 12 个月中再继续努力，就可以在第 100 届波马上完成我的第 100 场马拉松赛了。于是，每个月跑一场马拉松赛便成了我在那一年的目标。

再跑 10 场马拉松和完成双百目标成为我在那一年多的时间里不懈训练的驱动力，也让我度过了非常享受的一年。我参加的马拉松赛的比赛地点从田纳西州的孟菲斯至百慕大群岛上的哈密尔顿，再到俄勒冈州的海岸。在俄勒冈州参加的马拉松赛是我的第 99 场马拉松赛，而且那场比赛的名称叫“道路的终点马拉松”（Trail's End Marathon）听起来也十分合适。当然，对我来说，叫“道路的间歇”更恰当，因为我要去跑第 100 届波马。

第 100 届波马是我的跑步生涯中最特别的一场比赛。我的咖啡桌上放着一本叫《波士顿：世纪之跑》（*Boston: A Century of Running*）的书，这本书是为纪念这项举办了 100 年的赛事而出版的，而这场比赛非常符合这本书的书名。赛前一周的大多数时间里我都在接受媒体采访，还有 3 天是在博览会上签售图书、与跑者交流，同时还参加了一系列的派对，其中包括一次还健在的波马冠军们出席的早餐，他们中间就有 1925 年的冠军加拿大人约翰尼·迈尔斯（Johnny Miles）。那是令人兴奋的一周，但是到比赛日时我感觉自己已经筋疲力尽了。

我和妻子罗丝在比赛的起点附近的霍普金顿公园租了一间房。我没有跟那些参赛者一起在起点排队，而是在房子的前院观看了起跑，然后在电视上看了会儿比赛。当最前面的选手跑出去 5 公里之后，罗丝说道：“你是不是该去跑步了？”

我加入到后面的方阵当中。比赛的气氛异常激烈，每一个跑者都觉得他们自己正在成为一个历史事件中的一部分。在跑到 13 公里时，我已经筋疲力尽了，早早地就撞到了“墙”上，牛顿山（Newton Hills）还尚在13公里之外，但我先前稳定的步伐已变得拖拖拉拉了。虽然霍普金顿的气候相对较为暖和，迎接跑者的也是顺风，但当我们接近海边时风向就转为寒冷的迎面风。在半程附近，我从路边的排水沟里捡起了一件被扔掉的长袖衫，虽然它吸满了汗水，但还是能在接近心碎坡（Heartbreak Hill）的山顶时帮我维持体温。另外，我还捡了一条被丢弃的保温毯将自己裹起来以抵抗来自海洋的冷风。

我坚持跑完了比赛，加上通过起点所耗费的半小时，我用了难以启齿的6个小时才完成了第100届波马。

“100”是一个圆满的数字，也许应该将它称为圆满的事业。但是，我决定在接下来的几年中在芝加哥马拉松中担任领跑员，随后在火奴鲁鲁马拉松中继续担任同样的角色。在跑完7场马拉松赛作为送给自己的70岁的生日礼物后，我发现自己已经完成了111场马拉松赛。这是当人们问起我跑过多少场马拉松赛时，我能够说出的另一个响当当的数字了。

在密歇根州卡拉马祖市的一场见面会上，一位年轻的女士对这个问题的答案表示非常惊讶。“11场马拉松？”她说，“哇，那可是很多场啊！”

“不是11场，”我纠正道，“是111场。”

这个数字可真的让那位女士震惊了，但就马拉松参赛次数而言，我离纪录的保持者就差得太远了。居住在托莱多市的跑者赛·马（Sy Mah）经常在同一个周末跑两场甚至三场马拉松赛，1988年62岁的他死于癌症，此前他共完成了524场距离超过42公里的比赛。赛·马最重视的就是增加比赛的总数，因此他一直非常精确地记录着自己的参赛次数。他通常是以超过3个半小时的时间完赛。有一次，我告诉他，如果他能6个月参加一次比赛，进行专项训练，抵挡住来自其他比赛的诱惑，这样就有足够的时间来减少跑量并调整到最佳状态，也就有可能将自己的成绩提高半个小时甚至突破3小时，接近他这个年龄组的最佳成绩。赛·马笑了，他同意我的观点，但我们俩心里都明白这不是他想要做的事情。他的乐趣在于尽可能多地跑马拉松，在《吉尼斯世界纪录大全》

上增加更多令人瞠目结舌的数字。1994 年，纽约州罗切斯特市（Rochester）的诺姆·弗兰克（Norm Frank）打破了赛·马的纪录，他大约每年跑 40 场马拉松赛，在 2010 年底他将参赛纪录提高到了魔鬼般的 965 场，而他的终极目标是 1 000 场。德国人霍斯特·普赖斯勒（Horst Preisler）在 2000 年的柏林马拉松赛上完成了自己的第 1 000 场马拉松赛，现在他的参赛纪录已经超过了 1 800 场。

马拉松永远是一场充满欢乐、精彩无比的比赛。即使你被灾难所袭；被恶劣的天气所困；过于放纵的配速导致你在后程步履蹒跚；焦虑和惶恐阻碍了你的发挥；头号竞争对手给了你沉重一击；18 个星期训练的努力似乎要付之东流，但是在每一场马拉松赛里一定会有一些值得铭记的东西。

在马拉松比赛中，除了那些精英运动员之间存在竞争外，其他跑者间不存在谁击败谁的问题。你所赢得的只是个人的胜利。

在芝加哥，那位在我面前哭泣的女士显然意识到了这一点，通过训练得以参加这场赛事的经历必将在某种程度上改变她的一生，因此她百感交集、泪流满面。如果那是她唯一的一场马拉松赛，她会将此铭记在心，如果她继续参加更多场马拉松赛，每一场都将成为她记忆中的一部分。

马拉松永远都在吸引着我们，就像火焰吸引着飞蛾。

CHAPTER 2

学着喜爱跑步

旅程是奖励的一部分

马拉松训练有多苦？每天将自己拖出门跑 32 公里有多难？难道不能有人发明一种药片，让我们服下后瞬间变得强壮，无须进行那些在外行看来既痛苦又无聊的训练便可以完成 42.195 公里的比赛吗？

令人吃惊的是，大多数跑者都很享受这些训练！我在“虚拟培训社区”上进行的一次调查发现，有超过 75% 的人对训练和对马拉松比赛的喜爱程度是一样的，甚至有人会更喜欢训练；其中 34% 的人更喜欢训练，而 16% 的人更喜欢马拉松比赛，39% 的人称他们同时喜欢这两样。

伊利诺伊州格伦卡本的一位环境卫生与安全负责人吉姆·马尔卡希（Jim Mulcahy）说：“当自己通过艰苦的训练将个人纪录提高一大截时，会使自己更享受比赛带来的乐趣。”

如果你准备开始执行我的 18 周训练计划，而你跑过的最长距离只有 3~5 公里，那么你可能担心这些跑量的积累会变成一种折磨。我要说的是，放轻松，可能你现在难以发现，但是当你完成了自己的第一场全马后再回顾这些训练时，你就会惊奇地发现这是多么有趣，如果你是与一群志趣相投的伙伴一起训练，那你就更能体会到其中的乐趣，的确，马拉松赛和为参赛而进行的训练都能给你带来快乐。

来自威斯康星州梅里尔的一位财务人员洛丽·豪斯沃斯（Lori Hauswirth）对我的调查的回复很有代表性。“马拉松是一种奖励，相比而言训练则要艰苦得多，”他说道，“但它们同样都会令人感到快乐。尽管训练会花费很多时间，但是没有多少人能像我们这些训练了 18 周的人一样对一件事情如此专注。”

“训练是令我蜕变的旅程，而参加全马则是这段旅程给我的回报。”

来自弗吉尼亚州亚历山德里亚市的心理学教师克里斯蒂娜·泽利纳克（Christine Zelenake）也同意这一观点。“虽然我非常享受自己的第一场全马，但为此而进行的训练是我经历过的最棒的事，至少从身体方面而言是这样的。每一周都十分精彩，因为又打破了一个新的距离纪录。而在比赛中的 32 公里处，我又找到了同样的兴奋感，我知道自己真的能完成比赛了。训练是令我蜕变的旅程，而参加全马则是这段旅程的回报。”

马里兰州切维蔡斯的公共事务总监约翰·格拉泽（John Grasser）说：“在我完成首马之后立刻就想到了这 18 周的训练，我感到比赛本身是一种奖励，而真正精彩的是这 4 个半月的训练，一切都值了。我是多么迫切地盼望着那些周日的长距离跑，训练使我的身体保持了最佳状态。我现在可以说自己完成了一件并非很多人都能完成的事，我跑了 42.195 公里！”

“完成马拉松赛是一个终点，”来自伊利诺伊州惠灵市（Wheeling）的个体商人马丁·康伦（Martin Conlon）说，“但是到达那里的旅途才是马拉松的意义所在。”

目标与焦点

吉姆·弗雷德里克斯（Jim Fredericks）是南密尔沃基市（South Milwaukee）的一名急诊室护理人员，他参加过9场全马并且仍在不断地进行着“训练—比赛—调整”这一循环。弗雷德里克斯每周都在盼望着新挑战的到来，他希望自己能一次比一次跑得更远。“我记录着自己每一天的跑步状况，”他说，“我体验着道路两旁四季的更迭，为实现个人的目标而努力是一种快乐也是一种奖励，比赛本身就是一种伟大的经历，比赛城市的气氛令人振奋，我认为训练和比赛同样都是一种奖励，我完成了一场马拉松赛之后立刻就会进入下一个训练周期。”

“马拉松提供了一个目标、一个动机和一个焦点，”来自佛罗里达州墨尔本海滩（Melbourne Beach）附近的软件工程师奥特姆·埃文斯（Autumn Evans）说，“如果不用参加马拉松赛，我们也就没有了出门跑步和努力训练的动力。不错，人们应该为了自己的健康而锻炼，但是健康常常被认为是理所当然的事情，而且我们不是总会做那些应该做的事情。不过，完成马拉松赛可以获得物质奖励：完赛T恤、奖牌、证书、榜上有名或至少自己的名字能出现在赛事成绩册里。除了这些物质奖励之外，比赛本身也提供了很多乐趣，以博览会开头、以终点线的欢庆结束。跑在后面的业余跑者之间产生了一种在其他比赛中难以产生的友情，人们一起奔跑，相互照应、相互鼓励、相互带动。这是一场竞赛，但却是一场与自我的竞赛。观众们打出各种极富想象力的横幅使疲惫的跑者的脸上洋溢着笑容，有些喜欢搞些花样的选手会穿着滑稽的服装跑步。在赛前、赛中和赛后，穿着比赛T恤、跛着脚走路或偶尔听到的一句话，都会让两个陌生人开始交谈。”

“不过，完成马拉松赛可以获得物质奖励：完赛T恤、奖牌、证书、榜上有名。”

居住在坦帕的业务分析师梅利莎·维特里克（Melissa Vetricek）已经完成了30场全马，但她才刚刚开始了解这项赛事。“我一直在学习，”她说，“但与训练相比我更享受马拉松比赛。有些训练是非常有趣的，但有些训练，恕我直言，就不那么好玩儿了，你会感觉自己是被眼前晃悠着的胡萝卜逗引着努力向前。在每次训练中我热切盼望的就是参加马拉松赛，如果不是为了在比赛中跑得更快，我很难在训练中完成那些设定的距离和强度。我认为自己是一个目标导向的人，只有在实现目标时才会感到放松和享受。然后，我便要重新设定下一个目标了。”

来自加拿大安大略省卡纳达的裁缝辛迪·索思盖特（Cindy Southgate）在训练时用更直观的方法来激励自己。“我喜欢看着时间一天天地过去，”她说，“我将训练时间表打印出来，每次完成训练后就做一个标记，看着自己随着每个星期的推移在不断地取得进步，那感觉棒极了。”

对于在西雅图研究生物技术领域的科学家斯塔拉·约翰逊（Starrla Johnson）来说，马拉松就是终点。“我在训练中总是让自己筋疲力尽，”她说，“我一周又一周地拧紧发条，每隔两周就降低一些强度让自己的身体恢复一下。请别误会，我也喜欢配速练习或舒舒服服地跑个 27 公里，但什么也比不上比赛日所带来的那种兴奋。”

约翰逊接着说道：“与成千上万的人站在一起，所有人的终点都是那条 42.195 公里处的白线。起跑时人潮汹涌，我在跨出第一步时意识到这一时刻终于来临。最初的几公里时对自己的唠唠叨叨，滑溜溜的水和佳得乐的纸杯，天使般的志愿者，一路为我们鼓劲的观众，看到有人跑得吃力了就轻轻拍一下他的肩膀，在 35~37 公里时大脑的迷迷糊糊，最后一个饮水站，意识到再下一次走着时自己已经又完成了一场全马……所有这些都让我热爱马拉松比赛日，但是最令我激动的时刻是在终点处寻找我的父母时发现他们正站在人群当中。”

来自威斯康星州麦迪逊（Madison）的临床护理主管戴夫·德怀尔（Dave Dwyer）说：“当你在首马中看到了终点线并且能对世人宣称‘我是个马拉松跑者’时，那种兴奋无法抑制，那是一种真正的激动、释放和骄傲。比赛前夜的期盼、比赛日清晨兴奋地忙乱，以及听到发令枪响时整个脊柱的震颤都让人无法抑制，跑者们还没有开始移动便已热泪盈眶了。跑步本身就是各种令人难忘的训练的结合。这是一段旅程，一段包含了自我启示、成功与失败、实现目标与继续前行的漫漫长路，奖牌只不过是蛋糕上的点缀物而已，无论有没有奖牌，这份成功的温暖都将永存心底。”

“我喜欢训练和马拉松比赛给我的生活带来的一切，”芝加哥律师兰迪·埃格（Randy Egge）说，“训练要持续几个月，而且已经成了我日常生活中的一部分。训练是我的主要目的，当比赛来临时，我甚至会有些伤感，因为我所钟爱的生活方式将会被暂时打断。我将比赛看作是一顿丰盛的大餐后的甜点。”

“如果不享受训练，我可能根本就不会去跑马拉松。”居住在圣安东尼奥（San Antonio）的家庭主妇莉兹·赖克曼（Liz Reichman）说道，她已经完成了40 场全马。

康涅狄格州波特兰市的迈克尔·恩赖特（Michael Enright）发现自己很难将训练与马拉松比赛分开。“训练需要在几个月内全身心地投入与不断坚持，要克服恶劣的气候和生活琐事的干扰。而马拉松比赛只是一段较短的时间，因此从这方面来讲马拉松相对要更‘容易’一些。我对训练和比赛同样喜爱，但如果我决定再也不跑马拉松了，也许还是会坚持这样的训练强度，因为我太喜欢训练了。不过，我绝对不会在没有经过训练的情况下去跑马拉松。”

“通过训练，你可以充分地了解到自己在生理和心理上的极限，”芝加哥一家保险精算公司的行政助理莉萨·舒马赫（Lisa Schumacher）说道，“过程是精彩的，因为你会发现自己可以克服那些障碍成为更好的跑者。你相信自己能做到的就是你的身体将要去做的，为参加马拉松赛而进行的训练就是要培养你具有这个能力。”

“比起马拉松比赛，我更喜欢训练，”达拉斯市一所学院的安置协调员安伯·巴尔比（Amber Balbier）说，“我只是喜欢跑步，当我的训练达到最大量时就是我最快乐的时刻。我很享受那些糅合了各种跑步形式的先进的训练计划所带来的感受。减量、紧张、营养以及参加马拉松赛的压力令我疯狂。然而，一个错误的动作、糟糕的一天或坏天气都会使我预定的目标无法实现。正因为这样，我才会不断地去探索马拉松的奥秘。跑马拉松与科学一样都是艺术，我盼望着所有努力所取得的成果同时来临。我期待能够完美地实现目标的那一天，我就是为了那一天而活着的。

“我喜欢训练过程中的积累，”纽约的律师戴夫·沃尔夫（Dave Wolfe）说，“回顾那些记录，能看到自己在逐渐地进步。即使马拉松赛没有跑好，但是知道自己已经投入了时间，为这一天而进行了最大的努力，也会感觉很好。”

“我非常享受从开始训练到冲过终点的整个过程，”芝加哥的保险经纪人史蒂夫·福斯特（Steve Foster）说道，“在训练和比赛中你会一路艰辛，但是这一切痛苦终将被完赛后巨大的喜悦与自由所冲淡。”

来自纽约州欧文顿的摄影记者塞思·哈里森（Seth Harrison）说：“马拉松赛是训练的最终奖赏，但是没有什么会比为此而进行的18周训练更精彩的了。在训练的过程中，你会感到异常兴奋，同时又会感到格外的紧张。随着训练一天天地进行，这种热切的盼望与那种兴奋、紧张的感觉与日俱增。没有什么会比为了一个特定的目标拼命练习,最终越过终点更棒的了,那种感觉无以言表。”

就像内布拉斯加州的高中科学教师佩格·库弗（Peg Coover）所说：“当一切结束时，我有一种巨大的满足感——我又完成了一场马拉松，这是多么神奇啊！”

这就是吸引着我们所有人从事马拉松运动的魅力所在。

“这是一段旅程，一段包含了自我启示、成功与失败的漫漫长路。”

CHAPTER 3

你的第一步

在跑马拉松之前，先学会跑步

如果有人想要开始马拉松训练，那么他的最低健身水准应该如何呢？我曾经认为自己是知道答案的，但现在我不那么自信了。我在网站上为初跑者提供的 18 周训练计划中，给出了如下回答：

> 人们的能力有着很大的差异，但是比较理想的状况是，在开始进行一项马拉松训练计划之前你已经有一年的跑步经历了。你应该能跑 5~10 公里，每周训练 3~5 天，平均一周跑 24~40 公里，偶尔还会参加 5 公里或 10 公里的比赛。即便没有进行过大量训练，也有可能完成全马，特别是如果你还同时进行其他体育运动。但毋庸置疑，你的健身水准越高，这 18 周的训练对你来说就会变得越容易。

我至今仍然相信以上这些指导方针，特别是最后的结论部分，开始进行马拉松训练时的健身水准越高，就越容易坚持下来并完成训练。但是，现在我已经修正了自己关于什么样的人才可以进行马拉松训练的观点，因为我看到了太多的人并没有多少训练基础，他们仅仅是一时兴起就决定去跑马拉松，而且最终成功了！

并不是每一个人都应该接触马拉松运动，但如果你是个年轻人并且有着较高的自我驱动力（也许是有股傻劲儿），或者你突然决定要通过跑马拉松来募集善款，那我不会拦着你。在我的留言板中，有近半数的被调查者称他们在参加首马之前至少有一年的跑步经历。有 25% 的人说他们就是用我的 18 周计划才开始跑步的，而且正好用了 18 周的准备时间完成了一场全马。只有极少数人说他们训练时间不足 18 周就去参加了马拉松赛。有个人在马拉松比赛的前 3 周在留言板提问：现在开始是否还来得及？所有人都告诉他要等到下一年。我不知道他是否采纳了大家的意见，如果没有，那么我很好奇在准备时间如此短的情况下他在马拉松比赛中是如何熬下来的。

并不是每一个人都应该接触马拉松运动，但如果你是个年轻人并且有着较高的自我驱动力，那我不会拦着你。

训练基础

在开始执行马拉松训练计划之前，你应该有多长时间的跑步经历？除了那些跑了一年以上的人，很多跑者都是拿着一份我的 18 周计划开始训练的。我是否应该希望他们在此之前能有更扎实点的训练基础？当然了，但这可不是我能控制得了的。

我问那些经常浏览论坛的跑者在首马之前进行过多长时间的训练，回复者大都是跑过几场马拉松赛的有经验的跑者，他们中的绝大多数都是用我的“初级训练计划”准备的首马。

下表就是他们在准备首场马拉松赛之前的训练量：

参加马拉松赛前的训练量	百分比（%）
少于 18 周	11.1
正好 18 周	22.2
在 18 周训练计划之前进行过 3 个月的训练	6.7
在 18 周训练计划之前进行过 6 个月的训练	13.3
在 18 周训练计划之前进行过 12 个月的训练	11.1
跑步超过 1 年	35.6

我发布在网上的马拉松训练指导方针并非为了挫败大家，我只是希望大家能比较现实而又舒服地完成马拉松赛。实际上，我的指导方针鼓舞了很多人，比如犹他州奥勒姆市的软件工程师比尔·里斯克（Bill Rieske）。他给我留言说："在看到您的指导方针之前我认为马拉松是遥不可及的，令我产生想要去试一试的想法的一句话是'即便你没进行过大量训练，也有可能跑马拉松'。我跑过 5 公里和 10 公里，但从未在一周内总跑量达到过 24~40 公里。我还看到您的提示'除非你已经跑了一年，否则不要跑马拉松'。于是我开始努力训练，慢慢地积攒着能够完赛的信心，也意识到了如果有更好的训练基础，这些训练就会变得容易得多。在跑第二场全马之前我一直坚持跑步，而且觉得舒服了很多。"里斯克以 4:15:00 的成绩完成了第一场全马，又在同一赛道上以 3:35:00 的成绩完成了第二场全马。

"在进行马拉松训练之前我做过一些运动，"居住在圣安东尼奥的家庭主妇莉兹·赖克曼说，"我爱好运动，练习过动感单车、爬楼梯、举重以及其他有氧运动，但我没练过跑步。开始马拉松训练后，我发现自己的身体状态很好，但是跑步的状态还不够好。"赖克曼以 4:14:00 的成绩完成了她的第一场全马，在跑了 40 场全马后，她的最好成绩是 3:57:00。

里诺市的环境科学家戴维·麦格劳（David McGraw）高中时曾是一名运动

员，他以骑车和滑雪来保持体型，后来决定要跑马拉松。麦格劳在开始有计划地训练之前慢跑了 3 个月，尽管有运动背景，他仍觉得马拉松是“一件痛苦且令人折服的事情”。

伊利诺伊州肖尔伍德市的律师卡琳·普鲁斯·库尔特（Carleen Pruess Coulter）为了戒烟从 20 多岁开始跑步：“每当我想抽烟时，我就去跑步。”3 个月后，她开始为参加马拉松赛而进行训练。20 年后，回想起这件事时，库尔特说：“或许我不该去跑马拉松，这种比赛对我而言太困难了，但是它使我远离了烟瘾，这就值了。”

学着跑步

站在马拉松起跑线上的跑者有着不同的运动经历与运动水平。在一次调查中我问有多少人第一场比赛就是全马，按我的经验来看，应该有很大比例的人会告诉我全马就是他们参加过的第一场赛跑比赛。但结果只有 15% 的人属于这种情况，20% 跑过较短距离的人说半马才是他们的首选。

当第一次将马拉松训练计划放在网上时，我确实不主张首次进行马拉松训练的人参加其他比赛，我觉得那样会分散注意力。但后来我改变了自己的观点，现在我建议那些新手能够先参加至少一到两次比赛，以此来了解站在起跑线上的感觉。半马也是在全马之前预测自己表现的一个不错的方法。

新泽西州梅普尔伍德的银行家查尔斯·罗马诺（Charles Romano）就是从半马起步的：“我的第一场比赛是半马，我将它作为驱动自己前进的目标。在实现了这个目标时，我感觉自己喜欢跑步，因此下一个目标就锁定在了同年举行的全马赛事。”

通过调查，我发现几乎没有人在参加第一场全马之前从未跑过步。即使人们不认为自己是个“跑者”，他们在开始马拉松训练之前也已经参加过其他的运动，这证明了他们至少拥有一定的健身基础。

跑步是一项基本运动，是我们与生俱来就掌握了的一种技能。人们不需要学习如何跑步，孩子们几乎在他们开始学习走路时就开始学着跑步了。在任何一所小学的操场上你都可以看到孩子们在四处奔跑，所有的孩子都是天生的奔跑能手。

当孩子长大后，他们的行为就逐渐改变了，跑步开始成为一种训练而不是一种自然的运动形式。无论一个高中运动员是从事橄榄球、篮球、网球还是其他什么项目，他都会将跑步作为一种增强身体素质的训练。高中运动员进行跑步训练的原因或是他们的教练要求的，或是他们明白通过这种方法保持体态可以使自己保住在团队中的位置，也或是因为他们没有罚中定点投篮或传球失误就要绕着场地跑一圈。（我喜欢越野比赛中那些 T 恤上经常写的一句话："我的运动项目就是你的那个惩罚方式。"）通常，年轻的运动员们先绕着跑道跑几圈，然后再去练习他们的主要项目。只有当人们变为成年人之后才会忘了如何跑步，有时候还需要学习跑步。

让我们来谈谈如何开始跑步吧，在考虑跑长距离之前，你必须先从短距离开始跑起，而且要慢慢地跑。有些初跑者（特别是那些体重过重的人）需要先从走开始，每周用 3~4 天走半个小时，然后开始短距离的慢跑，当觉得略微有点喘不上气时就走一会儿，然后再跑得长一些。慢跑、走、慢跑、走、慢跑、走，过一段时间他们就可以不间断地跑上两公里了。

我希望大家能明白在我刚刚说到的方法背后隐藏着的某种重要知识，即使是那些有经验的跑者也可以从中有所收获。

我讲到的模式是：慢跑、走、慢跑、走、慢跑、走，用另一种表达方式就是：难、易、难、易、难、易。即使对于初跑者来说，最有效的训练计划也是各种强度的训练与休息相结合：训练、休息、训练、休息、训练、休息。

休息！这是在本书中你将读到的最重要的内容，你会一遍又一遍地看到这个词。在征集对本书第一版的意见时，我给教练们发的调查问卷中有这样一个问题："在马拉松训练中休息有多重要？"最先回复我的是加利福尼亚州福斯特市的保罗·戈斯（Paul Goss），他的回答简单明了："比大多数跑者想象的要重要得多。"

没有哪位教练比戈斯回答的再好了。

停止休息

对于初跑者而言，训练重点不是让他们休息，而是让他们停止休息。要让他们放下薯条、从沙发上站起来离开电视，他们要学会成为体育项目的参与者而不是观众。对于我们这些将跑步看作是一种自然状态的人来说，把一个观众变为一个参与者并非想象得那么容易。

对于初跑者而言，训练重点不是让他们休息，而是让他们停止休息。

初跑者需要一种动力才能开始训练，并且要在开始训练后始终保持这种动力。"在任何初跑者的训练计划中，最为关键的因素都是动力，"运动生理学家，曾在纽约州立大学科特兰分校担任过教练的杰克·丹尼尔斯（Jack Daniels）① 建议道，"即使你有天赋，但如果对训练不感兴趣的话，也不会取得进步。"

除了一些身体因素之外，大多数人都可以跑步，但他们并非都有动力这样做。即使他们想要开始跑步，第一次穿上跑鞋在他们的朋友或邻居面前跑步也需要一些勇气。很多有潜力的跑者从未跑出第一步，就因为他们害怕自己看起来很傻，他们没有自信、惧怕失败。

参加跑步培训班有时会有所帮助，有很多的跑步俱乐部就为初跑者开设了培训班。参加跑步培训班的一个好处就是让你从与自己处于同一水平（或比自己水平较低）的其他人那里得到团队的支持。所有跑步教练教给初跑者的最重

① 在《丹尼尔斯经典跑步训练法：世界最佳跑步教练的跑步公式》（原书第3版）一书中，丹尼尔斯教练提出了一种系统化的科学训练方法，这一方法能全程指导跑者的训练，让跑者以恰好的强度跑得更久、更快。本书中文简体字版已由湛庐文化策划，浙江人民出版社出版。——编者注

要的东西不是如何摆放他们的胳膊或者如何持续跑更远的距离，而仅仅是告诉他们："你看起来很棒，你做得很好，坚持住。"这正是使他们跑起来的最基本的动力。当你开始跑起来以后，自孩童时便拥有的跑步天性将会接管一切。

跑步是一项基本运动，是我们与生俱来就掌握了的一种技能。

参加跑步培训班可以为你提供支持、信息和正确的训练方法，更重要的是，与其他跑者一起训练能够使你获得动力。如果你打算在家附近寻找跑步培训班，那可以向本地的健身俱乐部、跑者俱乐部、运动用品商店或主要赛事的组织者咨询。美国公路跑者俱乐部（RRCA）是一个很好的信息来源，它拥有近 1 000 个俱乐部会员和 20 万名跑者会员。该俱乐部培训了 1 500 多位持证跑步教练，它的官网上（rrca.org）列有诸多跑步俱乐部的名字和联系方法。

总之，在开始考虑跑步之前，特别是开始马拉松训练之前，你需要采取一些防范措施。

检查身体状况

超过 35 岁的人在准备开始一项运动之前应该考虑先进行一下体检，其中包括运动负荷测试。美国运动医学会对那些看起来健康的人群的建议是，40 岁的男性和 50 岁的女性应该做检查；但如果你有患冠心病的风险，如高血压、高胆固醇、吸烟、糖尿病或家族心脏病史等，那么无论你处在什么年龄阶段，在从事剧烈活动之前你都应该进行检查。

很多大医院的心脏病科室都能进行运动负荷测试。最好是做"症状限制性"类型的检查，即以最大负荷的运动量来测试身体状况。如果有症状出现，心脏病科医师可能就会停止测试，但保罗·汤普森博士建议医生不要在受测者达到所在年龄段的预测的最大心率值时便停止测试。"每个人的所谓最大心率值是有很大差别的，”汤普森说，“用预测的值作为中断点将无法进行真正的最大限度测试。”

在运动负荷测试中，医生会让你在平板上走步或慢跑，同时用心电图仪监测你的心率，有时也会测试你在蹬脚踏车时的心率。心脏病科医师还会记录你的血压，哪怕你的冠状动脉有部分的阻塞，也会在负荷的状态下由心电图仪显示出你的心率变化，而医生会根据心电图仪的显示让你停止跑步，但这并不意味着你不能跑步，而是说你应该在医务监督下开始谨慎地跑步。医生们通常会让那些患心脏病的人进行一些运动，其中也包括跑步。就算是犯过心脏病，甚至是那些做过心脏搭桥手术的人完成马拉松也不是什么新鲜事。

如果在测试中没有异常症状产生，而且也看不出有其他方面的疾病，那么你就可以放心地开始跑步了。

仅仅通过一次运动负荷测试并不能保证你永远不会在跑步中或从事其他运动时突发心脏病。内科医生现在建议人们每 2~3 年就做一次体检，随着年龄的增加或一旦医生觉得你属于患心脏病的高危人群，那你就要更频繁地进行检查。同时，你也要了解一些心脏病的症状，最典型的是胸部疼痛，但也包括从眼球到下腹之间的任何疼痛，甚至包括牙疼，通常女性会感到恶心和疲劳。如果在跑步当中发生这种情况，那你就应该马上停下来，然后去咨询医生。即使在继续运动时症状消失了，那也并不意味着你是安全的。

如何开始

首先，穿上一双舒适的运动鞋，虽然最终你可能需要一双专门的跑鞋，但最初进行户外短跑时，你可以穿自己已有的任何一双运动鞋。

> 如果之前从未进行过跑步练习，那么你需要将注意力放在时间上而不是距离和配速上。

在开始阶段，你要慢慢地跑，如果有可能就在平坦柔软的地面上跑。当你感到有些喘不上气来时可以开始走，感觉好一些了就再跑起来，如果觉得有必要就再走。当你的肌肉疲劳到不能跑得再远时，就走着结束今天的练习吧。

如果之前从未进行过跑步练习，那么你需要将注意力放在时间上而不是距离和配速上。你可以把目标设定为跑走结合 30 分钟，先走 10 分钟（一定不要跑），在接下来的 15 分钟内任意地进行跑或走，再走 5 分钟作为结束。这就是我的 30/30 训练计划，在 30 天内每天按照这种方式做 30 分钟运动。如果你需要更多休息，你可以把它变成 30/60 计划，即隔一天练一次，共 60 天。30/30 和 30/60 计划都包含在我写的小册子《初级跑者训练指南》（*Beginner's Running Guide*）中。

何时跑

任何时候都可以跑步。下面是一天之中不同时间段跑步的优缺点。

早晨： 有很多人会在早餐前跑步，这是开始新的一天的一个好方法，跑步可以唤醒你的身体并且让你充满活力。如果那时的天还黑着（通常是在冬天），那你就要穿一件会反光的衣服以便让机动车司机能看得到你。在这个时间段训练的一个负面因素就是，与下午跑步相比，在早晨跑步似乎更容易受伤，这可能是由于刚从床上起来身体尚处于僵硬状态造成的。要解决这个问题，你可以在开始晨跑时先走或以极慢的速度跑步，然后停下来做一些简单的拉伸后再继续跑步。

中午： 如果你的午餐时间有 1 个小时或更长时间，那么你可以挤出一点时间进行训练。有些办公楼配有带沐浴间的健身房，且公司鼓励员工在中午运动。要学着安排自己的时间，提早安排午餐，这样你就可以在重新进入工作状态之前喝一杯酸奶或一碗汤。中午气温一般会比较高，对于喜欢在中午跑步的跑者来说，这在冬天是件好事。

傍晚： 在回家的路上你可以进行一些训练，或者在回家后晚餐前跑一小段。如果需要做饭或喂小孩，那这种方法可能对你不太合适。在孩子睡下后去跑步也是一种选择，但那会儿可能就要在夜色中跑步了。如果是这样，那你应该选择在比较安全的地方跑步。另外，有些地方即使是在白天也不要单独去跑步。

周末：大多数跑者会在周六或周日可以抽出更多的时间来跑步。在这种情况下，你可以计划一下，将最主要的跑量积累放在周末进行，很多跑者，特别是那些为参加马拉松赛而进行训练的跑者都在周末安排长距离跑。

任何时间：谁说一定要在每天同一时间跑步呢？生活有规律是个优点，但也容易使你陷入惯性。当跑步成为你的一种生活方式后，你可以感受一下不同形式的训练体验。

借助“峰值训练”（TrainingPeaks）这个互动软件，我可以每天发电子邮件来指导你如何训练。在日记、日历或在线训练日志中记录你的跑步时间，在马拉松训练的最初阶段不要太过在意距离和配速。

如果你选择较容易的30/60计划，那就隔一天休息一次，在第三天重复第一天的训练内容，依然不要想着距离。如果你在第三天能跑得比第一天更远或更快了，那就说明你的进展可能过快了，在第四天还是需要休息。在第五天重复这一基础训练,然后在第六天休息。你所遵循的是经典的“难 / 易”训练模式，这种方法被俄勒冈州立大学前田径教练比尔·鲍尔曼（Bill Bowerman）以及数不胜数的顶尖教练用于训练世界级的运动员。大家的模式是一致的，只是难易程度不同而已。

在第二周，你依然要重复上一周的训练内容。你可能觉得自己可以跑得更远或更快了，但还是要控制自己的冲动。在俄勒冈州立大学训练那些冠军运动员时，鲍尔曼坚持认为让他们感到有些训练不足比训练过度要好。即使那些运动员们有时会因训练不足而状态不佳，但是他们受伤的风险却也大大降低了。如果这种保守的方法对那些天赋很高的运动员都适用，那为什么会不适合你呢？

第二周对任何刚开始执行跑步计划的跑者而言都是关键性的。在第一周，你能完成跑步计划可能是由于初跑者的兴奋，但在第二周，你的肌肉会开始疼痛，也会对一天又一天的重复感到厌烦，并渐渐开始明白自己恐怕永远也获得不了奥运会金牌，还可能会感觉似乎永远也不能跑得更好了。

坚持下去，你一定能跑得更好。

跑下去

你应该跑多快呢？这无所谓。我再重申一遍，你应该关注的是时间而不是距离和配速。你可以记录自己的距离和配速，但如果你打算提高这两个方面中的任意一项，就需要承受更大的风险。在开始阶段最好是“太慢”而不是“太快”。

几乎所有的训练设计都是让跑者在一定的基础上从一个水平发展到另一个，通过努力训练和不断提高，从一个较低的水平提高到一个较高的水平，这是你的身体逐渐适应运动负荷强度增加的结果。在本书的后面你将要看到的18周训练计划中，每个周末的长距离跑都比前一周大约增加1.6公里，在这18周内，你的周跑量将会翻一倍。尽管每次的变化是很小的，但你的健康状态的改变以及身体对强度适应能力的提高却是巨大的。

在halhigdon.com网站上，我为初级跑者、中级跑者以及高级跑者各提供了两套训练方案。如果你训练过度的话，就有可能会崩溃，即使没有受伤也会发现自己的状态下降了，以致跑得越来越慢。或早或晚，几乎所有的顶尖运动员都会遇到这种情况。

精英跑者总是在持续地挑战人类的极限。关于训练有两种学习的方法，一种是跟随一位有经验的教练训练，另一种是自己不断地寻找合适的训练方法，而第一种方法可以让你在训练时少犯点儿错误。

发挥最佳水平

如何使自己发挥出最佳水平呢？你能提高多少呢？一个跑者在努力训练了一年后到底能取得多大的提高？运动生理学家、著名教练杰克·丹尼尔斯一开始认为5%是最大极限，不过对他而言这也确实是一个难题。“从生理学的角度确实无法说明你能够增加多大的运动负荷，”他承认跑者间的能力差异是巨大的，“有些人只进行少量的训练就能拥有巨大的潜力，而其他一些人则可能要经过多年的努力才能取得最好的成绩。”

通过训练，每个初级跑者都能取得进步，并在以下4个方面获得提高：

- **氧气输送：**强化心肌，氧气输送系统会变得更加高效。
- **氧气吸收：**通过训练，可以增加肌肉纤维中的血液流动，同时强化这些纤维，这也将提高身体利用氧气的能力。
- **运动效率：**通过持续的跑步练习，你的技术和姿态都将得到提高，运动会变得更加高效。
- **耐力：**你会在到达“痛点”之前跑得更快、更远，而更强壮的肌肉意味着更高的运动效率。

要发挥出最佳水平需要天赋，但即使那些天赋平平的跑者也能超越自己取得巨大的成功，没有比马拉松更能够证明这一点的了。

CHAPTER 4

众说“马拉松”
非跑者们说的外行话

“马拉松全长多少公里？”这是非跑者最爱向我们这些跑马者问的问题。是的，所有马拉松赛事都是42.195公里。

跑者在社会中是比较引人注目的，当你被贴上跑者的标签时，好奇的人们会向你提出各种问题，甚至会说出让你感觉很滑稽的话。对于马拉松这项运动，不跑步的人会发表哪些奇怪的评论呢？我对一组跑者提出过这个问题，他们的回答挺有意思。

南卡罗来纳州查尔斯顿的护理员克林顿·詹姆斯·亚当斯（Clionton James Adams）的同事曾告诉他：“我没怎么跑过，但有一次大概用了3分钟跑了1.6公里左右。”（1.6公里的世界纪录是3分43秒。）不过，亚当斯听到的最滑稽的话是：“啊，对了，你是个跑者，应该不吃碳水化合物吧？”

伊利诺伊州林登赫斯特的财务经理马克·克雷默（Mark Kramer）的一位朋友告诉他：“42公里？我开车都不想走这么远。”另一位朋友说：“我从不想跑步，除非有什么东西追我。”

“我从不想跑步，除非有什么东西追我。”

伊利诺伊州新雷诺克斯的数学老师鲍勃·温特（Bob Winter）说在一次学校公开日时，有位学生的父亲问了他关于跑马拉松的事。那位父亲说自己在高中时是个越野运动员：“当时，我每周跑两场马拉松赛。”当温特告诉他高中生通常只跑大约5公里时，那位父亲反驳道：“当时不是这样的，我们跑的是全马。”

伊利诺伊州的吉姆·马尔卡希在芝加哥马拉松前和他的堂妹住在一起。尽管她是个体育迷，但对马拉松并没有什么概念。“那你有多大把握赢得冠军？”他的堂妹问道。马尔卡希笑道：“我甚至都不敢肯定自己能完成比赛。”最后，他完成了比赛，用时3小时50分。

不是每一位跑者都能忍受不跑步的人那些看似愚蠢的问题。当有人问来自加拿大安大略省基奇纳的项目经理加里·加涅（Gary Gagne）“你最近在为什么比赛而进行练习吗”时，加涅不满地指出那是训练而不是练习：“打冰球才需要练习，我不需要练习如何跑步，我知道该怎么跑步。”

佐治亚州的葆拉·麦金尼（Paula McKinney）会更礼貌些，她回忆起一位护士（一个肥胖的烟民）对她喊道：“你难道不知道跑步对你的身体不好吗？”麦金尼回答道：“我宁愿微笑着死去，而跑步能让我微笑。”

内布拉斯加州奥马哈市的心理咨询教师斯蒂芬妮·弗里森（Stephanie Fritson）对人们问她一天能跑多少公里这种问题十分厌烦。“我对经常要用一箩筐的话来解释我的训练情况感到厌烦，我得解释为什么有时候要跑32公里而在另一天要跑5公里。不知道为什么，人们好像对我不是每天都跑相同的距离真的感到很困惑。”弗里森说。

说到困惑，得克萨斯州戈尔德斯韦特的礼品店老板托莎·皮尔逊（Tosha Pearson）提到她在跑步时与另一位不跑步的朋友的对话。她的这位朋友惊讶地打断她说：“你是说，你在跑步时还能说话？”

不仅仅是非跑者们

不仅仅是不跑步的人会说出滑稽的话。西雅图的科学家斯塔拉·约翰逊回忆起在普罗维登斯马拉松与一位跑友一起观看比赛的情景。那位跑友说："那个跑在第一位的女选手难道不知道她可以慢点吗？第二名还在后面很远的地方呢！"

多伦多的管理咨询师塔玛拉·佩顿（Tamara Paton）说，有一次，她的老板嘲笑她的马拉松成绩。"5 小时？"他说道，"我走完全马都比这个速度快。"佩顿的老板计算了一下，然后断定佩顿是走着而不是跑着。佩顿后来将她的最好成绩提高到了 4:35:00，她是跑着完成的！

圣路易斯的私人教练妮科尔·朗（Nicole Long）说，人们曾经问她跑一场马拉松赛要用几天，并且还问道："那你要在某些地方停下来换鞋吗？"

弗吉尼亚州的心理学教师克里斯蒂娜·泽利纳克在与朋友谈论她的马拉松成绩目标时，她的朋友建议道："也许你不应该努力去创造最好成绩，而是应该将前两次的成绩平均一下作为这次的目标。"这位朋友还试图劝说她放弃一场秋季赛事，那是因为她不想让泽利纳克变成一个"极端分子"。

俄勒冈州麦克明维尔的家庭主妇克里斯蒂娜·麦克米伦（Christina McMillan）同她 6 岁大的女儿谈论过她的第一场全马。"她一直问我是不是能夺得冠军，我告诉她，不是，但是能完成比赛是件很棒的事情。我的女儿对听到这些话感到厌烦了，她需要一个赢者！最后她说，'在我的眼中，你将会获得冠军'。"

"爸爸，所有人都超过你啦！"

新泽西的银行家查尔斯·罗马诺也有过类似的经历，当他在比赛中离开赛道去和他的家人打招呼时，他 5 岁的小女儿叫道："爸爸，所有人都超过你啦！你得快点儿跑，否则就拿不到冠军了！"

犹他州阿尔派恩的软件支持经理唐·怀特（Don White）说有一次有个人跟他说：“你是不是必须要买那些昂贵的装备？我有双从未穿过的健身鞋，我可以借给你。”另一个人则纳闷在跑步机上跑那么多公里会不会很无聊。

科罗拉多州的家庭主妇黛娃·库珀（Daiva Cooper）在圣乔治马拉松赛展览会上买了一件背后印有“26.2”字样的T恤。当库珀在迪士尼乐园买食物时，小贩看着她的T恤问道：“26.2是什么？一个新的广播频道？”

旧金山的软件工程师阿里尔·帕里什（Ariel Parrish）说她的同事经常会对她提两个问题，一个在周末之前，一个在周末之后。星期五时她的同事的问题是：“这周末你要跑马拉松吗？”而星期一时她要回答的问题就变成了：“上周末你跑马拉松了吗？”

密歇根州德克斯特的工程师乔恩·斯凯利（Jon Skelly）在跟一位熟人提起他正在进行马拉松训练后，那个人说道：“真的？你看起来不像是个跑得很快的人呀！”

当芝加哥的机械工程师安德鲁·史密斯（Andrew Smith）回答了别人提出的关于马拉松是多长距离的问题后，那个人吃惊地问道：“你说的是英里？”

有时候妈妈们会是那些最容易提出有趣问题的人。阿肯色州史密斯堡的教师杰里·伍德（Jerry Wood）的妈妈对他说：“我希望他们能够转播你的比赛，这样我就能在电视上看到你了。”环湾30公里赛吸引了4 000名跑者和一个精英俱乐部。在比赛前，加里·加涅的妈妈告诉他：“要是你赢得了冠军，就可以得到3 000美元。”最后，加涅落后第一名约45分钟，以第347名完成比赛，她的妈妈得知这个消息后告诉他：“要是训练得再努力些，没准儿你就能得到点儿什么了。”

密歇根州沃伦的设计师阿拉斯泰尔·考尔德（Alastair Calder）和他的同事在谈论跑步时，他的这位同事难以想象会有跑马拉松这种事，因为他觉得这太单调了。“他给我讲了一个关于一个人坐在树上张弓搭箭等了9个小时就为了射一头鹿的故事。”考尔德说道。

威斯康星州伯洛伊特市的估算经理史蒂夫·兰利（Steve Langley）回忆起在 1 月的一个早晨和朋友跑 24 公里时的经历。当时的气温是 –15℃，他们从几个坐在桶上进行冰钓的人身边跑过。“看这帮傻家伙，”其中一个钓鱼的人说道，“他们会被冻死的！”

伊利诺伊州查塔姆的史蒂夫·琼斯（Steve Jones）在一场小规模的马拉松比赛中以 3:03:41 的成绩获得第 4 名。在参加波马后，他的一位朋友问她得了第几名，他说是第 1 403 名。“我很遗憾，”那个朋友说道，“你一定感觉非常糟糕。”

波士顿的医师凯茜·威尔斯（Cathy Wells）常常被问道：“当你跑了 2 个小时的时候会想什么？你不觉得无聊吗？”但是，她最喜欢的一个非跑者的问题是：“你有多少双运动鞋？”

尽管跑者们认为非跑者说的话很滑稽，但孩子们的话却常常能打动他们。居住在伊利诺伊州奥斯威戈的空管指挥员鲍勃·兰格维德（Bob Langervoid）在首次完成芝加哥马拉松赛后，跛着走过白金汉喷泉时，看到他的家人们走过来，他 8 岁大的儿子尼克问：“你赢了吗？”

兰格维德坦白地回答说“没有。”尼克说：“好吧，明年你会赢的。”

我们会的，每次我们都能完成一个马拉松。

5

CHAPTER

首马

第一次永远都是极其特别的

居住在密歇根州奥查德湖的汽车供应商迈克尔·扬（Michael Young）在高中的时候曾进行过跑步训练，但他却从未跑过马拉松。他说："当时，参加波马一直萦绕在我的脑海中，就好像是我的一个愿望。"

到 50 岁时，迈克尔·扬还没有跑过一场马拉松赛，更别提波马了。他的父亲死于帕金森综合征，他最小的女儿才 4 岁。"后来，我决定一定要至少活到能亲眼看到我最小的女儿大学毕业，"他说道，"我想，保持体型应该是一个良好的开始。"

他开始在家附近跑，后来达到了 7 公里。他的两个妹妹曾经是全美游泳运动员同时也是跑者，她们建议他报名参赛。于是迈克尔·扬瞄准了几项赛事，其中就有底特律火鸡快跑比赛（Detroit Turkey Trot），这是一场在感恩节举行的 10 公里比赛，有 1.8 万人参加。"我勉强跑进了 50 分钟，但是那感觉就像是获得了冠军一样！"

接下来，他的都有波马参赛资格的两个妹妹建议他们三人一起跑一场马拉松赛，于是他们选定了第二年秋天在华盛顿举行的海军陆战队马拉松赛。起初的几个月内扬不同意参赛，但他最终还是在 4 月报了名。他的一个兄弟和一个平时不怎么跑步的妹妹也参加了进来，于是这场比赛变成了一次家庭跑步活动。“现在 5 个亲兄妹全参加了，我们又把我的一个朋友和我的妹夫拉了进来，这样我们就有 7 个人了。”

迈克尔·扬的母亲在他的父亲过世一年后也离开了他们。“我们为纪念父母而跑，最终在我们之中有 5 个人达到了波马参赛标准，另外两人也完成了比赛，”迈克尔·扬说道，“我们都实现了目标。”

人们因各种各样的原因而参加马拉松赛。在我的“虚拟训练社区”上，很多跑者说，经过几年甚至几十年的短距离跑训练后转而去参加马拉松赛是一件顺理成章的事。还有些人选择将全马作为一种终极挑战：“如果能做到这个，我就能完成任何事情！”或者他们因某个熟人在跑步而获得了激励。成功的渴望引诱着很多人走上了起跑线，同时他们的体重也减轻了。

我们为什么跑马拉松?

参加长达 42.195 公里的比赛可是个慎重的决定，不仅是因为要跑那么远的距离，还因为需要花费大量的时间来进行艰苦的训练。通过“虚拟训练社区”，我甄别出了非跑者决定成为跑者甚至马拉松跑者的一些最普遍的原因，并将那些最不普遍的原因从以下这张清单中删除。令人惊讶的是，“为慈善募捐”这一因素最终被删除了。

跑马拉松的原因	百分比（%）
已跑过一些短距离跑，希望升级。	11.5
自我驱动：“如果我能做到这个，那我就能完成任何事情。”	11.5
因看到熟人跑马拉松而受到鼓舞。	10.3
为健康而保持体型。	9.2

跑马拉松的原因	百分比（%）
为了减肥。	5.8
以此来应对离婚或生活中的其他创伤所带来的变化。	5.8
热爱跑步。	5.8
为纪念某人。	5.8
心愿：我总是想完成的一件事情。	4.6
为保持心理健康。	4.6
为改变自我。	3.5

伊利诺伊州帕拉丁的一名销售经理斯科特·卡利纳（Scott Kalina）开始跑步是为了健康，而且他确实减了几公斤。“10 月的一天，我进城去看芝加哥马拉松赛。我错过了起跑时刻，但去了好几个地方观看跑者大军是如何从身边涌过的。后来我在终点至少站了 45 分钟观看那些在 3~4 小时完赛的选手痛苦地欢呼着冲过终点。”卡利纳在书店买了这本书，第二年的 10 月他用 5 个小时完成了芝加哥马拉松，后来又将成绩提高到了 4:37:00。

有一些人是为了向自己和他们的朋友证明一些东西才去参加马拉松赛的。伊利诺伊州的鲍勃·温特之所以参加第一场全马是因为他的朋友怀疑他根本坚持不下来。“在不想出去跑步的日子里这成了我巨大的动力，”温特回忆道，“从那以后，我就迷上了，现在我参加马拉松赛是因为我喜欢设定一个目标，然后努力去实现它。”

鲍勃·温特完成了他的首马，因为他的朋友怀疑他根本坚持不下来。

尽管跑步多年，摄影记者塞思·哈里森仍然觉得马拉松的距离超出了他的能力范围：“我几乎每年都会在纽约马拉松的终点拍摄冠军们，这些精英跑者看起来就像是来自于外星球，我从来就不觉得他们和我跑的是同一种东西。后来有一年，我在终点多站了一会儿，看到那些以 4 小时、5 小时的完赛者高举双手跨过终点，就好像是他们赢得了比赛一样，我觉得那正是我想要的。”6个月后，哈里森参加了波科诺马拉松并以3:41:00的成绩完赛。

西雅图的科学家斯塔拉·约翰逊在高中时练过田径和越野，但她从未想过跑马拉松，直到有一次她去找一位朋友，这位朋友在波士顿马拉松终点附近的酒店工作。“马拉松比赛那天，我在报箱上坐了足足3个小时，看着跑动的人流持续地跨过那条画在地上的黄线，我完全入迷了。那天晚上，我穿上了跑鞋第一次跑了3公里。”约翰逊说。

一年半以后，约翰逊在马萨诸塞州洛厄尔的贝斯特马拉松赛上以4:05:00的成绩完成了自己的第一场全马。“我真高兴能给自己的高中教练打电话，告诉他我刚刚跑了一场全马，”她说道，“更让我高兴的是，在参加了3场马拉松赛之后，我能告诉他我获得了波马的参赛资格。”

不同的目标

一旦决定要参加一场马拉松赛，你可以考虑实现以下3个目标：完赛、提高、获胜。至于具体向哪个目标努力，则取决于你跑步的水平。

1. 完赛

完赛并不是“一切”，而是“唯一”。

对于初级跑者来说，完赛是非常重要的。用美国著名橄榄球教练文斯·隆巴迪（Vince Lombardi）的话说就是：“完赛并不是‘一切’，而是‘唯一’。”最近，越来越多的跑者开始跑他们的首马。在有些比赛中，首次跑马拉松的人数约占40%，对他们来说，完成42.195公里就等同于胜利，不必在乎时间和名次，因为他们的首要的目标就是以相对较好的姿态站着跨过终点线。完赛应该是你的第一目标，也许应该是唯一的目标。要面带微笑地完成比赛，在完赛后你可能会意识到如果自己训练时再努力些或在比赛中再早些加速，也许就能够取得更好的成绩。在首马中，你应该跑得保守一些。

时间目标只对那些老手来说才是重要的，你在跑第二场或第三场全马比赛的时候再关心成绩吧，作为初级跑者，你只需将享受比赛设定为首马的目标。不要在意自己的速度，除非你的目标定得过高，否则当你回首自己完成的首马时会感到这是你生命当中的一个重要时刻。

首马的感受与能否继续跑马拉松没有什么关系。对于大多数初跑者来说，完赛就是胜利，而对很多人而言，能参加一场马拉松赛就够了。

2. 提高

“提高”是那些老手的目标。所谓“老手”指的是那些有多年跑步经验、已经完成过至少一场马拉松赛并且还想要跑得更快的跑者。对他们而言，任何程度的时间突破都是胜利。对我们很多人来说，参赛的目的就是刷新个人纪录，这个纪录既可以是毕生的，也可以是年龄段的、年度的或某个月的，我们在随时找寻胜利。

提高来之不易，你必须要付出努力。在网站上，我为各种水平的跑者提供了6个马拉松训练计划：初级、中级和高级。每一个计划的难度都依次有所增加，如果你通过初级计划的训练完成了一两场马拉松赛，那就可以升级到中级训练计划，为将要到来的马拉松赛积累更多的跑量。最后，也许你会升级到高级训练计划，在原本的训练计划中可以增加速度练习以及其他提高跑步技术的训练（或弥补技术缺陷），也许你还需要做一些辅助练习和力量练习，做适当的拉伸并且注意饮食。

如果你已经跑了很多年或一直跑马拉松，在某一时点上，你可能会感到越来越难以提高个人纪录了。尽管如此，每进入一个新的年龄组（5岁为一个年龄组），你就会在那个组里获得一个

> 对有些跑者来说，每一场马拉松赛都像是第一场，因为每一场比赛都是一个新的挑战。

新的提高机会。当一个上了年纪的跑者的状态从高峰跌入低谷时，在进入另一个年龄组以后他就变成了这个组里最年轻的人，也就又可以迎来自己的新高峰了。对有些跑者来说，每一场马拉松赛都像是第一场，因为每一场比赛都是一个新的挑战。

3. 获胜

“获胜”狭义地说就是“第一个冲过终点”，这是精英跑者们的目标，也是极少数人能够实现的目标。在我的马拉松生涯中，我总共获胜了 4 次，但在年龄组的比拼中我获得了多次胜利，其中包括 1981 年世界大师锦标赛的金牌。

早年间，我赢的比较容易。在几十年前的美国，标准的公路赛事最多也只能吸引几十名参赛者。如果你是个比较优秀的跑者而且训练得当，那么就很有可能第一个冲过终点。在一些较小的马拉松赛事中,如果你突破 3 小时（男子）或 3 小时 30 分（女子），也有可能会赢得冠军。

今天，马拉松比赛的参赛人数达到 4 万人，第一名的奖金达到了 10 万美元或更多，如此一来参赛者想要第一个跨过终点的可能性就大大降低了。通常只有前 10 名可以赢得奖金，也只有很少一部分获胜欲望强烈的跑者可以在该年龄组的比赛中获得胜利并得到奖励。绝大多数的跑者在完成马拉松赛时所得到的东西无非是完赛 T 恤、一块纪念奖牌和一张完赛证书。他们获得的胜利就是最大限度地挖掘自己的潜力，而这一点可能比仅仅是第一个冲过终点更有意义。

BQ：一个好目标

取得成功的标准之一就是，获得波马参赛资格（达标 BQ），波马是美国马拉松赛的鼻祖。在 20 世纪中叶时，任何人都可以参加这一赛事，而且没有报名费！ 20 世纪 60 年代初期只有不到 200 人参赛，但是在那 10 年中这项比赛变得十分热门，以至于组织者强行设定了一个 4 小时的资格限制，从而将参赛人数限制在 1 000 人以内。

这项限制所起到的作用只是激励跑者更加努力地训练，而波马变成了优秀马拉松赛的标准。获得波马的参赛资格可以使跑者在跑友之间赢得声誉，你可以有资格炫耀一下，假装漫不经心地说一句你已经“取得了波马的参赛资格”。波马设定了参赛标准，但参赛人数仍在持续增加，因为只要跑者获得了资格就必定会去参赛。于是，组织者将标准从 4 小时提高到 3 小时 30 分，进而又提高到了 3 小时，直到 20 世纪 80 年代中期，如果你是个 40 岁以下的男性，那么你就必须至少跑到 2 小时 50 分才能获得资格。

这个标准过于苛刻，对于普通跑者而言如果愿意努力训练，那么 4 小时是可以达到的，但再快 1 个多小时就需要一定的天赋了。想要参加波马，你既需要天赋也需要刻苦训练。最终，波马降低了标准，将最快的年龄组（18~34 岁）的成绩设定为 3 小时 10 分,同时根据性别和年龄也相应降低了其他组别的标准。2011 年，波马在开始报名后的 8 小时零 3 分钟之内额满，此后波士顿体育协会又提高了参赛标准并改变了注册的流程。无论标准如何，达标 BQ 永远是许多跑者的目标。

如果你是个刚开始跑起来的人，除非你的父母来自肯尼亚，否则连想都不要想 BQ。对于任何第一次跑马拉松的人来说，完赛是唯一的目标。在参加首马时，你需要先为自己确定一个配速和一个很慢的时间目标，接下来你要做的只是完赛而已。只有在取得完赛的“胜利”之后，你才可以尝试着为提高完赛成绩而更加努力地训练。

几乎任何一个身体健康的人都可以完成马拉松，42.195 公里不像你想象的那样遥远，以每小时 4.8 公里的速度走，你可以在 9 小时内走完这段距离。不会有很多人等着迎接你，但你确实能做到。纽约的阿基里斯竞赛俱乐部（Achilles Track Club）致力于帮助那些伤残跑者完成马拉松赛，现在越来越多的人，特别是那些为慈善而跑的人不是为取得好成绩而是以募捐为目标，而他们会更多地选择在比赛中走步。

意识到这一点以后，至少有少量的几个马拉松赛会让那些在比赛中走步和跑得慢的人先行出发（早 1~2 小时）。这些赛事包括大急流城马拉松赛、福克斯城马拉松赛、小石城马拉松赛、纽约州科宁葡萄酒杯马拉松赛以及毛伊海洋马拉松赛。但是，有些马拉松赛，包括本书之前的版本中包含的 3 项赛事已经终止了这种规则，它们是在辛辛那提举办的飞猪马拉松赛、百慕大马拉松赛和在加利福尼亚州贝塞德举办的巨人大道马拉松赛。提前出发的规则并不总是受欢迎，被迫后出发的快跑者必须要超越那些在他们前面走路或慢跑的人，于是他们发出了抱怨，而赛事组织者们就此作出了终止这项规则的决定。

提前出发的方式既有优点又有缺点，其中一个问题就是在正式的比赛开始之前没有多少志愿者会在赛道沿途帮助你。另外，即使早出发，仍然无法避免在大部队已经跑过终点之后，他们却还被拦截在赛道上。在芝加哥马拉松赛上，警车无情地要求那些跑得慢的跑者离开主路上边道以恢复交通，因为按分段成绩显示他们无法在赛会规定的 7 小时内到达终点。这是合理的，但如果你是那些被驱赶的跑者之一，就不会这么想了，在每个街区的边道上跑上跑下是痛苦而又困难的。有些赛事会较早关门，而有些赛事则会等到最后一名选手通过才关门。如果你对自己能否在关门时间之前到达终点有些担心，那么你就应该先查一下赛事的规则，这些信息通常在赛会的网站上可以查到。

慢跑者现在的待遇可比畅销书《有氧运动法》的作者肯尼思·库珀在 1962 年时参加波马时遇到的强多了。在时钟接近 4 小时的时候库珀还没有完成比赛，于是他的妻子米莉就去求组织者再等一下好让库珀能够得到一个官方成绩。现在的情况大不相同了，火奴鲁鲁马拉松会等到最后一名参赛者通过终点才关门，而有些跑者往往要用 15 个小时才完成比赛！那是走路的配速，正常人慢跑或走步的速度应该能达到每小时 6.4 公里，这样的配速使你可以在 7 小时以内完成比赛。

慢跑绝不比快跑容易，原因之一就是你要在太阳底下晒更长的时间。马拉松冠军比尔·罗杰斯曾经满怀敬意地谈到那些跑在后面方阵中的跑者：“我甚至无法想象跑 5~6 个小时是什么感觉。”

借着一点点训练和决心，你就可以达到每公里 7 分钟或每小时 8 公里的配速。凭借这种速度你就可以用接近 5 小时的时间完赛，这是那些以完成比赛为唯一目标的“慢跑健身者”的一个合理目标。

如果要想进入 4 小时或 3 小时，那你就需要进行更多的训练了；而进入 2 小时则需要的就不仅仅是大量训练了，你还需要天赋。在我写这本书时，当时的马拉松世界纪录是黑尔·格布雷西拉西耶（Haile Gebrselassie）于 2008 年在柏林马拉松上创造的 2:03:59。现在，一个世界纪录的保鲜期太短了，在你看到这些文字时这个记录或许已经被打破了，但或许我们可能还需要一个相当长的时间才能看到有一名跑者打破两小时大关。有些权威专家认为我们永远也看不到那一天，但我还记得当世界纪录还是 2:20:00 左右时的情形。英国选手吉姆·彼得斯（Jim Peters）在 1952—1954 年将 2:26:07 的世界纪录提高到了 2:17:39，可现在女子世界纪录都比 2:15:55 快了。这一世界纪录是由英国选手保拉·拉德克利夫（Paula Radcliffe）在 2003 年伦敦马拉松上创造的。

不可能的目标有时是可以实现的。当然，对于大多数人来说，他们可能从未接近过那些精英跑者的成绩。随着马拉松规模的壮大，越来越多水平参差不齐的跑者意识到速度上的缺陷并不妨碍他们参加比赛。最慢的马拉松纪录来自一场火奴鲁鲁马拉松，有个人用了超过 29 小时才到达终点！他在比赛过程中摔倒受伤并被送到了医院，随后又在第二天回到赛道完成了比赛。

虽然统计人员爱说平均时间或平均成绩，但我更相信并没有处于平均水平的跑者，我们每一个人都是高于平均水平的，至少就个体而言是这样。哪怕只是当你开始考虑完成首马的可能性时，你就已经超出了被形容为“平均”的水平了。

> 根本就没有“平均”水平的跑者。

CHAPTER 6

跑马拉松的10条忠告

把事情做对

从表面上看，马拉松不是一件复杂的事情，你不需要像打橄榄球或棒球那样又是战术又是发暗号。你只需要站在起点A，然后跑42.195公里来到终点B，有时候A和B甚至是同一个点。但是，学习如何在两点之间发挥自己的最佳水平，却经常需要用多年的时间来跑很多场马拉松。

在教授了近50万名马拉松跑者之后，我觉得自己学会了如何帮助跑者训练以及如何在比赛中发挥得更好。而我提出的以下10条忠告或许可以为你的下次比赛提供帮助。

忠告1：循序渐进地延长跑步距离是成功的保证

在我的18周训练计划中包括一系列每周都要进行一次训练的长距离跑。初级跑者是从10公里开始跑起，中级跑者是13公里，而高级跑者则是16公里。最长距离是赛前3周的32公里，初级跑者需要跑一次，中级跑者需要跑两次，而高级跑者则需要跑三次。

听起来很简单？确实是的。

虽然最后一次长距离跑的时间可以略有不同，但大多数训练计划的核心都是一样的，那就是循序渐进地积累跑量。明尼苏达州的一位教练比尔·温马克（Bill Wenmark）有时会让那些最有经验的跑者（跑过 10 场马拉松赛的跑者）在最长的距离中跑 48 公里。亚特兰大的杰夫·加洛韦（Jeff Galloway）让他的队员跑 42~45 公里。从另一方面来说，火奴鲁鲁马拉松的创建者医学博士小杰克·斯卡夫（Jack H. Scaff Jr.）先生认为，对于初次参加马拉松并仅以完赛为目的的跑者来说，跑 24 公里就足够了。通常如果在美国之外那些用公里作为距离单位的国家进行教学时，我会将最大距离设定为 30 公里，因为这是一个整数，方便计算。

抛开数字，所有训练计划的共性都是逐步升级。在训练结束时，如果你成了一个能跑 32 公里的跑者那么你在心理上获得的收益可能与身体上获得的收益会一样多。

在这个马拉松训练计划中，随着距离长度的增加，周跑量也在不断地累积。初级跑者的周跑量从 24 公里到 64 公里翻了两倍多。对于那些每周跑 64 公里的跑者来说，增加 50% 的跑量达到 96 公里是很正常的。而每周的跑量积累取决于你处于什么样的水平。

忠告 2：休息可以使你保持健康

完成马拉松比赛所需要的跑量积累是会给跑者带来压力的，虽然一定强度的压力可以产生动力，但压力过大就不好了。很多跑者每天都通过跑步来锻炼自己的身体，维持心理健康，却很少休息，这对于那些轻松跑跑，为锻炼身体而进行训练和偶尔跑个 5 公里来增加生活乐趣的人来说是可以的，但如果你在为参加马拉松赛而进行训练的话，休息不足就意味着你离受伤不远了。

训练的目的在于打破身体原有的状态，重建身体的机能，使身体变得更加强壮。通常，在大强度训练后骨骼和肌肉需要 48 小时来恢复。过度训练可能会造成肌肉损伤或应力性骨折，这会使训练中止，有些人还会因免疫力下降引起的上呼吸道感染或者经常感觉疲劳而限制自己的水平的发挥。研究发现，当处于训练高峰值时，感染跑者的免疫系统的能力是下降的，因此他会变得更容易被周边的细菌感染而患上感冒，在马拉松赛前和赛后几周特别容易发生这种情况。

为避免过度训练带来的压力，在每周进行最大强度的训练（特别是长距离跑）之后的几天要减量放松或干脆完全休息。而聪明地进行交叉训练（走步、游泳和自行车）也是减轻跑量积累所带来的压力的好方法。

忠告 3：退一步进两步

休息几日也无法保证就能避免过度训练给你的身体带来的危险，大多数成功的训练计划也包括在恢复周内减少跑量并且取消周末的长距离跑。最近，佛罗里达州的查克·科尼特（Chuck Cornett）推广了一项马拉松训练计划，在这项计划中每隔 3 周或 4 周就将当周的跑量降低 50%。而在我的计划中是每隔两周进行一周的减量。波特兰市的鲍勃·威廉姆斯（Bob Williams）建议每隔一周就将跑量降低 25%，尤其是在跑量积累将要到达训练计划尾声的时候：当长距离跑需要跑 26 公里或一周的跑量达到 65 公里时，有些人就承受不了那种压力了，此时长距离跑可能会成为一种折磨。周末的长距离跑应该是一件好玩儿的事情，如果你开始恐惧，那就说明你的训练量过大了。

心理的恢复与身体的恢复同样重要。第一次跑 32 公里时你有可能会有些兴奋，但这种兴奋也会退却，你可以慢慢跑，并仍然要花很多的时间关注自己的脚。仅仅是在几个小时内将注意力集中在将一只脚迈到另一只脚的前面就可能使你精疲力竭。

成功的马拉松训练需要大量的跑量积累，有计划地进行减量可以使你从高负荷中恢复过来。你可以在减量的那个星期里放松一下，告诉自己是在为成功地冲向更高的层次储存能量。

忠告4：速度训练是一柄双刃剑

每个精英跑者都会进行速度训练，那些跟在他们后面速度很快的跑者们也都懂得在训练中同时包含耐力与速度训练的好处。但是，大多数的跑者非常满足于以一种相对较好的成绩舒服地完成比赛，而不要让训练变得太复杂。速度训练是有难度的,疲劳的双腿往往会使重要的长距离训练变得更加费力。因此，即使对精英跑者来说太多的速度训练也是一种压力，为了能跑得快，他们通常一天要花20分钟或更多时间来练习柔韧性，而初级跑者没有时间来做这些。

其他形式的练习可能风险更大。很多第一次跑马拉松的人在跑步之前都从事过其他的体育运动，如足球、排球或参加有氧运动课程。力量练习固然可以提高你的整体健康状态，但是在为准备马拉松赛而积累跑量的过程中不要加入任何新的内容，此时有些运动必须要停止，直到完成马拉松比赛后再行恢复。在早上跑了长距离跑又在下午参加舍宾课或瑜伽课是不明智的。而在赛前减量的阶段所有辅助练习的训练量也要相应减少。

忠告5：学习配速和规划比赛策略非常重要

只要配速正确几乎任何人都可以跑42公里，但是找到正确的配速却不像说起来那么容易。一旦跑得太快，你就将会崩溃，在比赛开始阶段慢些跑才可以确保自己完赛，这一策略对初级跑者是非常好的，但对于有经验的跑者来说他们必须要学习如何调整自己的配速以发挥出最高水平。很多有经验的跑者追求的目标是所谓的“后段加速”（negative spilts），即后半程的速度比前半程要略快一些。举例来说，如果有人希望以 4 小时的时间完赛，他的前 21 公里可能用时 2:00:01 或者更慢，而后面的 21 公里则可能用 1:59:59 甚至更快。这并不容易，因为赛道的情况和气候的条件都会对配速产生无法预估的影响。波士顿马拉松赛的赛道在开始阶段就是下坡，而在最后的 1/3 路段就是相当困难的上坡。这样的情况将会导致参赛者过早地用过快的配速跑，而在到达坡路时就已筋疲力竭了。在前半程快跑有时可能会使你较快地完成比赛，但这种策略确实要承担一定的风险，因为即使是一点点的误判也可能会导致失败。

只要采用正确的配速，几乎任何人都能跑 42 公里。

在许多马拉松比赛中领跑员越来越流行，他们能帮助跑者始终保持相同的配速。调整配速的方法之一就是在积累跑量的训练中加入一些配速练习。无论你的配速是每公里 3 分钟 43 秒（以 2:37:00 的成绩完赛）还是每公里 7 分 27 秒（以 5:15:00的成绩完赛），你都要知道达到这种配速时的感觉。在我的中级和高级训练计划中，在每周日需要进行长距离跑之前我都安排了一次配速跑。

不过很多初级跑者并不知道自己的马拉松配速，而偶尔参加一些比赛可以帮助你了解自己的极限，并确定出自己大致的马拉松配速。

忠告 6：保持训练的一贯性

我们前面提到的 48 公里的长距离跑以及其他超长距离跑未必总是有效的，至少可以说，如果你并非经年累月地逐渐积累跑量，使自己可以在不会过度疲劳的状况下跑到这样的距离，那么这样的超长距离跑是没有什么效果的。在所有的训练中，一贯性都很重要，训练计划与比赛的目标相一致是成功跑完马拉松的关键。让一名 5 公里跑者变成马拉松跑者需要逐步积累起大量的跑量。在我的初级训练计划中，星期二和星期四安排的是轻松跑，跑者仅需要以可以正常交谈的配速跑 5~8 公里。

在所有的训练中，一贯性都很重要。

这看起来似乎是可有可无的训练，就算忽略不练也不会影响到你的状态，但你千万不要这样做，因为每一次训练都很重要，即使轻松地跑 5 公里也能燃烧大约 300 卡路里的热量。你可以通过跑步来检查一下自己的身体状况，放松一下双腿为明天的大强度训练做好准备。从我的“虚拟训练社区”上的反馈来看，很多跑者都以日复一日、月复一月地严格执行我的训练计划为骄傲。如果有一天没能按计划练习他们都会怀疑这是否会影响自己的训练成果。如果周末要参加婚礼的话，那他们就会征得我的同意是否可以在这一天之前或之后一次跑长距离。来自盐湖城的一位跑者不知道是否可以在周一跑周六的那次长距离跑，因为他周一休息。当然可以，我告诉他。你可以调整一些训练和时间上的安排，前提是不要漏掉太多训练计划上的内容。

这是不是有点儿偏执？ 我想是的，但保持训练中的一贯性对我很有效，相信对你应该也是有效的。

忠告 7：不要忽略补充营养

是的，每个人都知道在马拉松赛的前一天晚上应该吃意大利面，因为这样可以最大限度地储存碳水化合物，但是如果将注意力仅仅集中在这一顿饭上，你永远也不会成为一个成功的跑者。在训练长距离跑之前，你也需要合理安排饮食，而实际上每一天的饮食都很重要！明智地安排自己的饮食是跑好马拉松赛的关键。如果你的饮食习惯是错的，就会削弱自己的训练能力，也就无法训练身体在跑动中用肠道处理食物和水分的能力，因此一贯性在训练和补充营养方面是同样重要的。

这并不意味着你就不能偶尔大吃汉堡和薯条，再用一杯啤酒把它们全送下肚去，但是大多数成功的跑者都会遵循的饮食法则是：约 55% 的碳水化合物、

30% 的脂肪以及 15% 的蛋白质，这种比例也有益于保持健康。请忘掉你看到过的那些关于食用低碳水化合物的建议，这可能在短期能起到减少体重的作用，但绝不适合耐力运动员。

这也并不意味着一周要吃 7 顿意大利面晚餐，按照《南希·克拉克运动营养指南》（*Nancy Clark's Sports Nutrition Guidebook*）一书的作者，运动营养学家、注册营养师南希·克拉克（Nancy Clark）的观点，谷物、果实、果汁、面包、米饭、烤土豆、豌豆、玉米、水果、酸奶以及冻酸奶等都是很好的碳水化合物。但冰激凌、芝士千层面和意大利腊肠披萨绝不会给你提供大量的碳水化合物！尽管这些食物通常与碳水化合物混合在一起，但它们实际上提供的是超过需求的脂肪。“我们通常要在比赛前的几个月就开始摄取碳水化合物，而不是在开赛前一晚才摄取。”克拉克说。

忠告 8：训练与马拉松相关的所有事情

长距离跑的目的是为了让你的双腿适应马拉松的距离，同时也让你的整个身体适应跑马拉松的感觉。跑出好成绩的一个关键因素就是学会如何在跑步时喝水，以及找到最适合自己的补水方法和功能饮料的方法。如果在马拉松比赛中你希望饮用特殊的功能饮料，那最好在训练的时候就练习喝这种饮料。你肯定不希望在到达第一个补给站时才发现自己不喜欢赛会提供的功能饮料的味道。关于该喝多少以及喝什么并没有明确的标准，因为这不仅取决于个体差异，而且也与天气情况有关，在炎热的天气里，相比于运动饮料，你可能会喝更多的水。

你必须要知道哪些食物在赛前和赛后会引起肠胃不适，并尽量避免摄入这些食物。这也是为何在马拉松训练中要加入一些比赛的原因，你需要习惯比赛的过程：如何热身、把号码别在哪里、在拥挤的人群中跑步是种什么感觉以及你选择的跑鞋是否会磨出水泡，等等。在训练或不重要的比赛时犯错，这样你就能在马拉松比赛时纠正自己的错误。

一旦你决定了比赛当天将要采用的策略，就要坚持下去，不要突然改变。俗话说得好："别总是换舞伴！"这句话千真万确。

忠告 9：减量是一种艺术，也是一门科学

对于应该在比赛前多少天开始休息，跑步教练们并没有一个统一的认识。也许本来就不应该是统一的，因为我们的学员们之间存在差异，所以赛前减量的时间可能是 3 天也可能是 3 周。我的建议是 3 周，虽然在我跑得最快的那段时期每周跑 160 公里，但我在赛前做了 10 天的减量训练，其中 5 天几乎没有跑步。

减量不仅可以使受伤或疲劳的肌肉得到恢复，而且可以最大程度地储存糖原，你绝对不会希望在比赛中腿部肌肉缺乏哪怕一点点的糖原。

在减量期间你的跑量可以降低，但速度却不应该降低。减量期是练习速度的一个很好的时机，而在这一期间你跑步的距离要短。减小公里数的方法之一就是把轻松跑的日子变为完全休息。也许在比赛日的前一天为了消除紧张你想要去轻松地慢跑一段距离，那么不要跑得太远，一定要保证自己能在比赛当天体力充沛、精神百倍地踏上起跑线。

> 在减量期间你的跑量可以降低，但速度却不应该降低。

忠告 10：没有动力，你永远也不会成功

动力来源于自身。人们有时候会低估了跑 42 公里所需要付出的努力，完成一个马拉松需要勇气和承诺。如果跑马拉松是件容易的事，那人人都会去跑了。你需要对自己的训练作出承诺。如果不把注意力放在成功这件事上，也不

愿为成功而做准备，那么你永远也不会成功。事情就是这么简单。

如果你发现很难激励自己，那就让别人来激励你吧。除了对你的朋友和家人作出承诺外，你也可以写博客，即使没有人会看你写的博客，但是在那些跑步距离越来越长、天气越来越热的日子里，这种写在纸上（或写在网络空间里）的承诺仍然可以帮助你扛过去。最有效的方法之一就是跑者间的相互支撑。

跑 42.195 公里的真谛就是：付出总有回报。那些愿意按照这 10 条忠告来进行训练的跑者将会发现跑马拉松的经历更多的是一种享受而不是痛苦。

CHAPTER 7

跑步进阶

做一名更好的跑者

作为一名跑者要怎样取得进步呢？如何能跑得更快？对于很多跑者来说，这是些关键的问题。完成首马只是在做准备，无论是依靠天赋，还是依靠一份科学的训练计划，又或者是两者同时具备，大多数的跑者都会下决心做一名更出色的马拉松跑者。只要开始这项运动，他们的下一个目标就是要做得更好，寻找能跑出最好成绩的马拉松赛，无论那是他们的第 3 场马拉松赛还是第 33 场，这并不那么容易，但也不是特别难。

如果你刚刚完成了首马，那么无须做其他的事情，只要坚持训练就会不断地取得进步。大多数针对首马的既定计划都需要持续 3 个月或更长的时间，教练会指导着学员们循序渐进，在比赛临近时逐渐增加最长距离跑的跑量（通常是 10~32 公里）。站在起跑线时，这些跑者经过充分的减量休息而变得精力充沛，经验证明这是保证他们完成比赛的最佳方法。

这是完全可行的！

安全比遗憾更好，而完赛才是最重要的。就这样，大多数训练得当的首次参加马拉松赛的跑者都完成了比赛，他们并没有为充分发挥水平而训练，但跑得很舒服，尽管比自己所能跑出的最好的成绩要慢一些。在他们完成比赛时也许会想，如果自己训练得再努力一些也可能会取得更好的成绩。他们是对的，也的确能够做到，而你也同样能够做到。

即使没有修改训练方案，通过保持相同的训练水平，大多数跑者仍然能取得进步。在 3 个月的训练之后，你会逐渐开始收获训练的成果，只要不过度训练，尽管会略微训练不足但你仍然是在进步。

在周中要坚持进行一些跑步练习，至少有一天的跑步时间达到 1 小时。在周末可以跑更长的时间：90~120 分钟，但一个月不要超过 2~3 次。就像我在初级训练计划中设计的那样，每周休息一两天。在其他的跑步时间里用不同的方式跑较短的距离，并且融入一些马拉松配速训练。过一段时间，跑量的积累将会使你得到提高，那时你也就变得更出色了。

保持一贯性

尽管再怎么强调在训练中保持一贯性也不过分，但这并不意味着你要在每个周末都跑 32 公里，而是说即使你没有在为某项赛事做准备也要保持一定的基础健身水平。

> 在训练中再怎么强调保持一贯性也不过分。

得克萨斯大学奥斯汀分校人体运动学系爱德华·科伊尔博士（Edward F. Coyle）的研究显示，跑者在训练后的 48~72 小时内就开始状态下降，而他们需要进行两天训练才能找回相同的状态。这并不是说你永远都不要休息，而是意味着如果休息的时间过长，你也就需要更长的时间才能找回状态。

这就是为什么保持一贯性对马拉松跑者来说是如此重要了。你不需要持续地保持巅峰状态，但要保持一种让自己可以训练 12 个月的训练水平。当瞄准某项赛事时，你可以略微地提高训练水平。最重要的一点就是维持一个高效的耐力基础。

美国运动医学会给出的健身指南是每周运动 3~4 天，每天 20~60 分钟，这是保持身体健康的最小运动量。按照位于达拉斯的库珀有氧运动中心（Cooper Aerobics Center）的创办人和主席、医学博士肯尼思·库珀所说，有些人会因为一些特别的原因练习。对于马拉松跑者来说，这个原因就是：为跑马拉松保持状态。至于你的跑步时间，可能要比库珀所说的更长。不过美国运动医学会给出的健身指南同样也适用于马拉松跑者。

我在密歇根市埃尔斯顿高中（Elston High School）的越野男队和女队执教了 4 年的时间，在田径赛季中我也为长跑运动员做教练。在两个赛季之间，我鼓励队员们坚持写日记，也会定期检查他们的记录来监督他们的训练情况。我发现那些不用功的队员会努力训练 3~4 天，然后又缺跑 3~4 天。他们以为自己还保持着状态，但其实已经退步了，这种退步在赛季开始时的第一次训练中就会显现出来。一直坚持训练的人肯定会取得进步，而其他人则不会。

永远不要连续两天不跑步，一天不跑没关系，那是休息，而两三天不跑就会让你失去状态。

于是，我告诉他们：永远不要连续两天不跑步，一天不跑没关系，那是休息，而两三天不跑（想想科伊尔博士的研究）就会让你失去状态了，因此一旦赛季开始将不可避免地呈现较差的状态。

找到适合自己的跑量

精英跑者在训练的高峰期每周的平均跑量可以达到 160 公里或更多。除非有很大的跑量，否则你无法在马拉松比赛中与他们竞争，甚至无法接近他们。大多数跑者在尝试每周跑 160 公里甚至只有一半的跑量时都会崩溃。要搞清楚什么水平的训练最适合你是不容易的，这可能要花上几年的时间，但是一旦能找到一个比较舒服的训练水平，那你就可以收获成功了。

找到适合自己的训练水平并不容易。而判断自己的适宜跑量水平的最佳方法是坚持记跑步日志。

判断自己的适宜跑量水平的最佳方法是坚持记跑步日志。很多跑者现在用电脑写日记，就像我在“峰值训练”应用程序中提供的那种日记方式。你可以记录每公里的分段成绩、心率和路程地图等所有的一切，也可以仅仅是在挂在墙上的日历上记录下公里数。

永远也不要低估跑步日记的作用。简单地记下跑步日记的好处在于，当发现自己取得进步或成绩退步时，你可以分析自己的训练情况并找出经验或原因。我的日记记录了自己几十年来的训练情况，它们填满了我的书柜，在我为《跑者世界》杂志和这本书进行写作时给我提供了宝贵的帮助。

在一些特定的时期，比如要准备一场马拉松赛，或为世界大师锦标赛进行大运动量训练时，我会用一张大纸板和黑色的马克笔自制一个日历表，然后在上面标出所需要的训练时间——3 个月、6 个月或 9 个月等。我会把这张大纸板钉在地下室里每天都会经过的地方。我用它来记录已经做过的事情，提醒自己必须要做的事情。另外，我也会记录下每周的总跑量，有时还会记录一些关键性的训练，比如长距离训练的距离。

我把自己的记录系统当成一种激励，同时也当成一张保护网。如果发现自己连续 4 周的跑量超过 64 公里，那我马上就会意识到：“为了避免受伤，我应该减量一周了。”

找到适合自己的训练水平并不容易，尤其是随着年龄和身体状况的改变，你的跑步水平也可能发生变化，但作为一个马拉松跑者如果还想有所提高，这一点就非常必要。

慢下来

如果说跑得快的人与跑得慢的人有什么区别的话，那就是跑得快的人不会因为跑得慢而感到不安，他们并不会为此感到羞愧。有一年，在波马比赛期间我去参加马拉松博览会，在赛前一天我沿着查尔斯河慢跑几公里。回来时，当我到达穿过斯多若车道（Storrow Drive）的过街天桥时两名肯尼亚跑者也来到了这里。

我在前一天举行的新闻发布会上见过他们,因此我对他们笑着打了个招呼，他们也冲我笑了笑。当我穿过桥跑向我们住的酒店时，我发现自己居然跑得比他们还快！于是，我不得不慢下来好避免从他们身边越过的尴尬。第二天，我在电视上看到他们在比赛中跑在第一方阵的最前面。如果跑进 2:10:00 的马拉松选手都不会因跑得太慢而尴尬，那你更应如此。

我想强调的重点并不是跑得快的选手经常在慢跑，而是说他们每天的训练是不同的。如果让我必须指出一个没有经验的跑者在提高水平时所犯的错误，那就是他们在积累跑量的过程中经常是以同样的速度跑同样的距离，这样做既缺乏多样性，也限制了他们的进步。

如果我在某一天选择慢跑，那可能是因为我在前一天的运动量较大，或者是准备在第二天跑得更加努力。想要进步，你需要在训练中加大强度，也许没有必要在跑道上冲刺，但至少应该以参加比赛时的配速来跑。很少有跑者能够日复一日地用参加比赛时的配速跑步，为了在特定的日子以较高的强度训练，我们大多数人会在其他的日子里以较低的强度来跑，这就是我们为什么要在训练中加入慢跑的原因。

从科学的角度来看，在训练中加入慢跑有以下两个重要原因。

1. 消耗卡路里

体重与新陈代谢水平的不同使跑者之间存在差异，大多数跑者每跑 1.6 公里就会消耗100卡路里的热量，而每跑57.6公里，就会消耗3 600卡路里的热量，也就会减掉0.45公斤的体重。速度在这里是没有意义的，即使是走1公里也可以消耗大量的卡路里。你的跑步姿态比那些动作流畅的精英跑者差得越多，每公里消耗的卡路里可能就越多。尽管科学家们在计较着有关卡路里消耗的精确数字，但这确实是与脚上所承受的重量有关：也就是将一个特定重量的身体向前推动所需的力量（能量）。获得最佳状态的一个方法就是达到最佳体重以及最佳身体脂肪率。你可以通过固定的长距离跑来得到这种效果，尽管进行这样的训练也许会使你比快跑要多跑上一些距离，但是受伤的风险也要小一些。

2. 节约糖原

运动生理学家说，在慢跑时，你的身体才有时间将脂肪作为能量的来源。而当你快跑时，你的身体就会燃烧糖原，这是一种碳水化合物的衍生品，也是最好的能量来源。糖原被储存在肌肉中，它是一种高效的能源，与脂肪相比，身体可以更快地代谢糖原。通过慢跑训练，你就可以训练身体更加高效地代谢脂肪，使糖原储存下来用于马拉松赛最后的那几公里。

好好休息

虽然这听起来像是老生常谈，但在“虚拟训练社区”上我还是要用这几个字来回答那些问我在感到疲劳或受伤时是该跑步还是该休息的跑者，“好好休息”。

对于马拉松训练而言，不跑步与休息同等重要。这乍听起来似乎让人有些糊涂，因为以很慢的配速来跑一个短距离跑也可以被称为“休息”，进行游泳和自行车这样的交叉训练也可以被称为“休息”。但是，有的时候活动性的休息是不够的，在不跑步或做大量其他事时，你需要彻底休息一天。虽然我一直强调一贯性是成功的关键，但有时候你还是不得不退后一步甚至停下来。我的意思是什么也不做！彻底休息一两周。是的，你可能会因此找不到状态，但当重新回到训练中准备进行更严酷的训练时，你就会发现这样做的意义非常重大。

在取得世界大师锦标赛胜利后，我整整休息了两个月！这是因为我之前持续了一年半的大运动量训练，在这一年半中我经常一周跑 160 公里。并不是我的身体要休息这样长的时间，而是我的心理需要休息。

休息是成功的保障。

知道何时减量或者休息一整天甚至更长的时间是获得马拉松训练成功的秘诀之一。要做到这一点并不容易，因为有关成功的传统经验告诉人们“越多越好”。如果我不考虑自己的身体状态就强制性地要求自己完成几个月前制定的跑量目标，那么我的训练日历就只能适得其反了。

休息是成功的保障，在我为首马跑者制订的计划中每周有两天休息时间。多数有经验的跑者都知道在马拉松比赛的那一周或前两周减少跑量对于确保比赛成功是何等的重要。在整个马拉松训练计划中，休息和减量的重要性是得到公认的。休息一天不会造成什么影响。那这与前面提到的保持一贯性，也就是保持稳定训练的重要性有矛盾吗？完全不会。谁能比那些一直坚持训练的跑者更能承受休息几天所带来的损失呢？

如果你想成为一名更好的马拉松跑者，就需要将注意力集中在一些基本的要素上：保持一贯性、跑量积累、训练强度和休息，下面让我们来说说积累跑量的好处和需要面临的挑战吧。

CHAPTER 8

跑量积累
在过多与过少之间找到平衡点

跑步专家们都有这样一个共识：每周的跑量积累对于取得所有长距离比赛的成功都十分必要。你需要使自己的双腿更加强壮、提高配速、学会同时控制身体和大脑、决定如何摄取营养，以及在 3~5 个小时甚至更长的运动时间内保持挺拔的身体姿态等。那么要达到这种状态，每周需要跑多少距离呢？

在为本书的第 1 版所做的调查中，跑步教练们普遍认为，如果仅仅是想完成一场马拉松赛,那么每周跑56公里就足够了,跑88公里就能取得不错的成绩。而大多数的精英跑者相信，每周跑 160 公里以上是非常有必要的，但是也有些研究认为只要跑 120 公里以上就是浪费。今天，对于 99% 的马拉松跑者来说，跑如此多的公里数肯定是种浪费。

在进行第二次调查时，我用的是自己的“虚拟训练社区”，42% 的跑者反映他们觉得在马拉松比赛前跑量过小了，58% 的人认为正好，但却没有一个人觉得自己跑得太多了！

到底每周应该跑多少公里呢？这取决于你的目标、能力和日程安排，有时候还取决于你听到的言论。

在 1980 年奥运会马拉松选拔赛之前，一份调查显示，几乎美国的所有选手每周的跑量都超过了 160 公里，这多少让现在那些雄心勃勃的马拉松跑者感到沮丧，因为他们一周只跑 48 公里，未来也就是想提高到一周跑 80~96 公里。

比尔·罗杰斯和弗兰克·肖特是 1976 年的美国奥运会选手，也是他们那个时代美国最成功、保持领先地位最长久的路跑运动员，他们每周跑 224 公里。"当积累的跑量非常大时，我总会感觉特别好。"罗杰斯说。1984 年奥运会的马拉松选拔赛前艾伯托·萨拉查（Alberto Salazar）一周跑 208 公里；1984 年奥运会的马拉松男子组冠军、葡萄牙人卡洛斯·洛佩斯（Carlos Lopes）平均一周跑 224 公里；1984 年奥运会马拉松女子组冠军琼·贝努瓦·萨缪尔森（Joan Benoit Samuelson）每周的跑量在 160 公里以上；挪威选手英格丽德·克里斯蒂安森（Ingrid Kristiansen）在 1985 年伦敦马拉松赛上打破萨缪尔森的世界纪录之前的跑量曾达到每周 200 公里。

怎样跑比跑了多少更重要。

但并不是每一个精英运动员都认为需要积累那么多的跑量。唐·卡东（Don Kardong）是 1976 年奥运会马拉松比赛的第 4 名（成绩 2:11:16），他每周的平均跑量是 80~90 英里（128~144 公里），少于大多数顶尖马拉松运动员的周平均跑量。"我感觉人们选择 100 英里这个数是因为 100 是个整数，很好看，"他说道，"但 88 是个更好的整数。"

让我们来看一下来自科罗拉多州博尔德的一位优秀的跑者本杰·德登（Benji Durden）的情况，他是诸多精英运动员的教练，也有较好的个人马拉松成绩。当他的每周跑量达到 176 公里时（平均配速约为每公里 4 分钟），他的 10 公里个人纪录是 29:21，马拉松成绩是 2:10:41，这使他得以入选 1980 年的美国奥运会代表队。

不过，德登感觉自己的训练强度过大了。1983 年，他减少了跑量，固定在每周136~152公里，而且创造了新的个人最好成绩。他的10公里个人纪录提高到了28:37，马拉松成绩为2:09:58，获得波马第3名。“我相信每周112~128公里这样相对较少的跑量同样能成为一名成功的马拉松选手。”德登这样说道。即便如此，对于我们大多数人来说，112~128公里并不是个较少的跑量，这仅是针对精英跑者而言的。

在肖特、罗杰斯、萨拉查以及萨缪尔森的时代，美国长跑运动员在世界上领跑群雄，但是到了千禧年时，美国运动员已经成为二流选手了。肯尼亚人占据了世界主要赛事的头几名，他们有时会一天三练。在1997年和1998年，New Balance公司连续两年拿出100万美元奖励所有能够打破美国纪录的跑者。当时美国的女子马拉松纪录是萨缪尔森创造的2:21:21，非常接近世界纪录。而男子马拉松的全美纪录是鲍勃·肯帕南（Bob Kempainen）创造的2:08:47，这个成绩比世界纪录慢了近两分钟。最终，没有人拿到奖金，最接近的是杰里·劳森（Jerry Lawson），他是一位进行大跑量训练的跑者，1997年在芝加哥马拉松赛上他跑出了2:09:17的成绩。后来，劳森在随后的4场比赛中有3场没有完赛。

梅布·凯夫莱齐吉和迪娜·卡斯托尔这两位美国选手在2004年雅典奥运会上分别获得了银牌和铜牌，他们的成绩证明了怎么跑比跑多少更加重要。在备战奥运会的9个月里，凯夫莱齐吉和卡斯托尔每周跑192~224公里。不管以什么标准来看，这样的跑量都是够高的了，但是卡斯托尔强调他们的优异表现并非来自于数量，而是来自于质量。“经过多年的训练，我已经是个成熟的跑者了，”卡斯托尔说，“这使得我可以增加训练的强度，也将我带到了更高的水平。”

对跑量的认知现状

多数休闲式的跑者甚至无法理解要达到每周192~224公里的跑量需要怎样的天赋和训练强度，其实只要他们能坚持每周32~64公里的基础跑量也能取得类似的进步。以这种跑量舒服地训练一段时间，巩固住自己跑 16~32 公里的长距离跑的能力，然后就可以将注意力放在训练强度上了，这样也就可以提高自己的跑步能力了。卡斯托尔的训练计划中有一点比较有趣，那就是在冬天她经常穿着雪地靴跑步。卡斯托尔和凯夫莱齐吉都在加利福尼亚州的马默斯湖（Mammoth Lakes）附近进行了大量的训练，那里的海拔约是 2 438 米，很难跑快。卡斯托尔常常在早晨到山下海拔仅为几百米的地方训练，那里在雪线以下，而下午她又穿上雪地靴到海拔约为 2 743 米的丛林里跑步。“如果你生活在一个多雪的地方，那你就要学会拥抱冬天。穿雪地靴跑步时感觉会略微有些不同，但是冲击力更小。另外，停留在一棵冷杉树下的草坪上将山区的景色尽收眼底是一种放松大脑的好方法，而且它还可以避免进行大跑量训练带来的枯燥感。”

那些并不打算把眼光盯在奥运会奖牌的跑者是否也需要进行大跑量训练呢？那些只想在冲过终点时能面带笑容的人，是否也需要用在周三或周四和周末都跑长距离这样的方法来惩罚自己呢？这两个问题的答案既可以是肯定的，也可以是否定的。

科学家们都认同大跑量可以帮助人们更好地利用糖原，这些物质被储存在肝脏和肌肉之中，当身体需要它们时可以将其转化为一种单糖。食物中的碳水化合物是主要的糖原来源，这也就是为什么马拉松赛前跑者们爱吃意大利通心粉的原因。糖原是跑步时身体所需的最佳能量源，但这种能量也会在 60~90 分钟内逐渐耗尽。在此之后，代谢效率较低的脂肪便成了身体的主要能量来源。

大跑量可以教会身体在消耗糖原的同时燃烧更多的脂肪，这样就可以使你的体内的糖原消耗时间从 60~90 分钟延长到 2 小时或更长时间。凯夫莱齐吉和卡斯托尔在整个比赛中同时代谢脂肪和糖原的效率都很高，这源自他们的大跑量训练，因此他们不会耗尽身体内的储备，当然也就不会撞“墙”。

大跑量可以教会身体在消耗糖原的同时燃烧更多的脂肪。

鲍尔州立大学（Ball State University）人体机能实验室研究员威廉·芬克（William J. Fink）认为大跑量训练可能会使肌肉纤维的使用更加有效率："当跑者将跑量翻倍时，我们发现，他们的最大摄氧量并没有什么变化。"可能正是肌肉纤维能力的提高使得氧气能更快地被输送到肌肉中。

运动生理学家杰克·威尔姆博士（Jack H. Wilmore）认为，大跑量同时会对跑者心理产生影响："当每周跑 160 公里时，你的腿会感觉很累。在赛前减量后，就会觉得自己更强壮了。这同样也适用于每周跑 48 公里的跑者，通过逐渐地积累跑量，他们也会有能力舒适地进行周跑量为 100 公里的训练。"

威尔姆博士认为在训练中积累的这些跑量最终将以一种科学家们还无法解释的方式来帮助你的身体适应马拉松比赛中产生的痛苦。"我在身体状况不佳的情况下跑长距离会感到很痛苦，我觉得自己的零件都快散架了。但当我为跑马拉松做好了准备并且在比赛中跑起来以后，一切都变得顺畅了。"

你一周跑多少公里?

《跑者世界》杂志向读者提出了这个问题，随后得知大部分人每周至少跑 24 公里，大多数跑者（36.9%）每周的跑量为 32~48 公里。超过这个量的跑者数量开始减少，只有 13.3% 的跑者平均周跑量超过 64 公里。这项调查的对象包括参加比赛的跑者以及那些不参加任何比赛的跑者，而在随后的一项调查显示，马拉松跑者的跑量要比其他跑者的跑量大很多（见下表）。

每周跑量（公里）	百分比（%）
1.6~14.4	4.0
16~22.4	11.8
24~30.4	16.4
32~38.4	18.5
40~46.4	18.5

每周跑量（公里）	百分比（%）
48~62.4	17.6
64+	13.4

那么这一切对于我们这些只想着获得波马参赛资格或创造新的个人纪录的人来说又意味着什么呢？“提高耐力没有什么秘诀，”来自佐治亚州斯通山（Stone Mountain）的跑步教练李·菲德勒（Lee Fidler，他的马拉松个人纪录2:15:03）说道，“你只需要增加跑量即可。我连续10年每周跑176公里，但这一跑量并不是每个人都能达到的。对大多数人来说100公里就足够了。”

那些打算跑自己的首马的人在填写参赛申请表之前的周跑量可能还是个位数，对于他们来说一周跑100公里是不可思议的，而一周跑176公里就完全超出他们的理解范围了。根据《跑者世界》杂志的调查，他们的读者平均跑量是每周跑32~40公里，当他们要为参加马拉松赛而做准备时会将跑量增加16公里。我的初级训练计划中第15周的跑量会达到最大值64公里，但也仅是那一周会达到这样的跑量，在此之前的6周内的周跑量都在50公里以内。

虽然每周只跑48公里就可以完成马拉松，但为了能取得更好的成绩，你还是应该把跑量增加到菲德勒所说的100公里左右。我的中级训练计划的最大跑量是周跑量接近80公里，高级训练计划则是周跑量接近100公里。在我们接收到的反馈中，有些有经验的跑者说我设计的跑量有些低了，他们说自己每周可以跑112~144公里甚至更多的公里数。“好吧。”我告诉他们，“但是如果你们因训练过度而导致身体崩溃可就不是我的责任了。”

我始终承认这些马拉松老手的训练方法也是有他们的道理的。总有一天你要告别将你带上起跑线的教练然后独自前进。芝加哥马拉松训练班的创始人布赖恩·派珀（Brian Piper）跑进3小时大关并获得波马参赛资格时的跑量是每周112公里。

> 质量必须与数量相结合才能取得最佳的效果。

芝加哥马拉松训练班的成员至今仍在使用20世纪90年代时派珀和我一起编写的训练计划。当时我们的注意力一直放在逐步持续地增加跑量上：长距离跑每周增加的距离不超过1.6公里，每周增加的总跑量不超过3.2公里，每3周进行一次减量以恢复体力。没错，如果你在各周持续增加跑量确实会使你变得更强壮，但同时也有可能让你更接近受伤的边缘。派珀和我觉得最好是接近那个边缘而不是触到它。在芝加哥马拉松训练班上我们教跑者们要先向前进两步，再向后退一步，然后再向前跳两步，以这种前后交替的训练方式成功地帮助他们完成了马拉松。

在此要简要地提醒一下：计算卡路里并不一定能减肥，而计算跑量也并非一定能让你创造出一个新的马拉松个人纪录，你需要关注的是有多少公里是你专心致志跑下来的。有些跑者只在意跑量，一旦没有实现当周的跑量目标就会觉得不够圆满，他们往往在星期三或星期四时就开始担心："我这周能实现目标吗？"从这一点来看,他们更多的是为了能在跑步日志上记上"光辉的一笔"，而不是为了自己而跑。他们也会把大量时间用在"垃圾跑"上（"垃圾跑"指的是那种不会对状态和表现产生效果的跑量）。

虽然进行大跑量训练有可能会提高成绩，但只是简单地增加数量并不一定就能保证比赛时会取得成功，对世界级的精英跑者是这样，对那些梦想着有一天能取得波马参赛资格的健身型跑者也是如此。质量必须与数量相结合才能取得最佳效果。这是坚持记跑步日志的一个潜在风险：你变得过于专注于这一周跑了多少距离，却忽略了自己到底跑得有多快。

美国奥运代表队顾问戴维·马丁博士（David Martin）相信精英跑者在大强度训练之间进行的那些所谓的恢复性跑步只是在削弱他们双腿的能力而已。"保持良好状态的秘诀在于限制受冲击的时间，也就是减少你的双脚撞击地面的次数。"马丁说。

有些跑者的周跑量从 80~120 公里跳到“神奇的”160 公里仅仅依靠每天增加一小段训练时间。马丁博士怀疑这种累加训练的效果是否会如跑者们想象的那么好，特别是如果那些接近精英水平的跑者采取这种训练方式会怎样。“每天早晨跑 8 公里，跑 7 天就是 56 公里。如果同下午那些大强度的 104 公里加起来，那你就可以在跑步日志中写上 160 公里了，但这样真的会使你成为一个更好的跑者吗？”

马丁博士还说道：“其实身体恢复得如何比跑了多少更加重要，因为如果你没有完全恢复，就有受伤的风险，也会持续感觉疲劳，其结果就是状态很差。因此每个人都有各自承受的极限（由于天气、地形、身体状况和生活方式等），成功的关键就是不要跨过那个崩溃的门槛。”

有一点是可以肯定的，那些成功者，无论是马拉松冠军还是跑在中间方阵的跑者，他们都能够将大跑量训练所带来的风险降到最低，而将跑量的累积效果发挥到最大程度。

找到合适的训练水平

顶尖的马拉松选手们会谈论到“红线”这个概念，这是一个来自赛车领域的专用名词。红线是测速计上的一个标识，用以区分安全区域和危险区域，如果你不断地让发动机加速，就会令它崩溃。

在跑步中，红线就意味着训练到最大效果和最佳状态，但如果经常越过红线，那你就会受伤或崩溃。

一个经过训练的初级跑者的红线可能会达到每周 48 公里、72 公里或 96 公里。要知道是存在生理极限的，过早地进行大跑量训练会使跑者受伤，比如肌腱和韧带拉伤、应力性骨折、腿部持续疲劳以及长期感觉疲劳，等等。

另外，人类还存在心理极限，有些跑者总是处理不好穿衣、跑步和洗澡这些事情，他们需要更多的时间来休息。160 公里并不仅仅意味着要跑 10 个小时以上的时间，它也意味着跑者需要大量的休息时间。精英跑者可能在每晚睡7~8个小时的基础上每天另外还需要3~4小时的休息时间。

科学家们现在还不能精确界定在训练不足和训练过度之间使跑者训练实现收益最大化的那个点，而且那一点也一定是因人而异的。有人可能每周跑50公里最合适，也有人可能需要每周跑100公里，还有人也许要跑200公里才能达到最佳效果。另外，在跑者处于不同的阶段时，他的最佳跑量的水平也会有变化，对那些老将来说更是这样，在过了40岁，特别是60岁以后，你就不可能像年轻时训练得那么狠了。

如果经常越过红线，那你就会受伤或崩溃。

总之，只要能够将数量和质量结合好，跑者就可以通过在训练中增加跑量来提高自己的水平。关键就是要逐渐地增加跑量，并且要非常小心地观察自己的身体反应。

CHAPTER 9

长距离跑

耐力是成为马拉松跑者的关键

每个跑者菜单上的“主食”都是这个：长距离跑。对于一名马拉松老手来说，跑过 32 公里是必须的。长距离训练是参加马拉松比赛的必要准备，在我的初级跑者训练计划中，在挑战 42.195 公里前会让他们先跑一次 32 公里的长距离，以此建立起信心。对于中级和高级跑者来说，多跑几次长距离是提高个人成绩的方法之一。即使是 5 公里跑者也会觉得定期跑长距离可以让他们跑得更快。

那么从生理和心理的角度来看，进行长距离跑训练的目的是什么呢？对于准备马拉松比赛有什么作用呢？长距离跑的最佳距离、频率以及训练时应该采用什么配速呢？

多数有经验的跑者和他们的教练都会认同这样一个观点，即长距离跑不仅是一种乐趣而且是取得从 5 公里到马拉松所有距离的比赛成功的关键。“在一项马拉松训练计划中长距离跑与大跑量是同等重要的。”美国司法部的健身经理艾尔弗雷德·莫里斯博士（Alfred F. Morris）说道。而辛辛那提的教练汤姆·格罗格（Tom Grogon）则认为长距离跑训练的重要性仅次于纯天赋。

达拉斯市的教练罗伯特·华莱士（Robert Wallace）曾以 2:13:00 的成绩位列 1982 年波马第 9 名。他说："我始终非常喜欢星期日的那些轻松的长距离跑，它是所有训练计划的支柱。虽然你并不会马上看到效果，这就好像是存钱一样，把硬币不断地投入一个存钱罐，但一年以后你就积累了 50~60 美元。"

华莱士在长距离训练时更喜欢慢跑。"如果将高质量（快速）跑作为一种每周的基础训练，那就太残酷了。而如果以较低的质量（慢速）跑步，那你就可以每个周末都去跑跑。我喜欢让 10 公里跑者跑 25~26 公里，让马拉松跑者跑 32~35 公里，至于他们运用的速度则需要低于比赛配速几分钟。"

亚利桑那州斯科茨代尔市的乔·弗里尔（Joe Friel）同时在线上和线下给跑者授课，他认为长距离是建立耐力基础的关键。弗里尔让他的学员每周或隔一周至少跑一次长距离。"每 10 天跑一次长距离的训练效果是最好的。但这样不太容易与工作日程相协调。"

阿肯色州莫里尔顿（Morrilton）的超马跑者戴维·科文（David Cowein）每个月跑一次 2~6 小时的长距离。"我一般会进行越野跑。如果在公路上跑长距离，那么第二天我的身体就会觉得酸疼，但进行越野跑的话我就会感觉好一些。我经常会跑很远，但速度很慢，有必要时我就走着上坡。"

跑者们常常会集结在一起跑长距离。"跑长距离时我总是会感到孤独，所以能跟着一群人一起跑就太棒了，"华莱士说，"即使是练习快跑时，我也经常和那些速度较慢的跑者一起训练长距离跑。我只想跑更长的距离而不在乎用什么配速。"

由于要为《跑者世界》写一篇文章，于是我向一些顶级教练们问了一系列关于长距离跑训练的问题，他们每一个人都同意长距离跑训练是马拉松训练的成功的关键。"逃避长距离跑是会付出代价的。"澳大利亚的前世界级跑者阿尔·劳伦斯（Al Lawrence）警告道。但是，这些教练们也并不是对马拉松训练的每一个细节都能够达成一致，下面是这些顶级教练关于长距离跑的一系列观点。

长距离跑的主要目的是什么?

长距离跑是比赛的彩排。“这是一个测试。”在线教授跑步的约翰·格雷厄姆教练说道。

> 在马拉松训练计划中，长距离跑训练与大跑量同样重要。

佛罗里达州的教练罗伊·本森（Roy Benson）也同意这一点：“长距离跑能使你习惯每小时近5 000次抬起、放下双脚。你可以练习在比赛中将会用到的一些技能，比如补充水分等。长距离跑还可以帮助你建立起信心，同样重要的是，也培养了自己的耐心。”

“很多跑者在日常训练中表现得太激进了，”纽约路跑俱乐部（New York Roard Runners Club）教练总监鲍勃·格洛弗（Bob Clover）说，“长距离跑可以让他们慢下来以更聪明的配速跑，就像他们在马拉松比赛中必须要做的那样。”

抛开训练和心理方面的作用之外，长距离跑也会给跑者带来非常重要的生理影响。罗伯特·沃恩博士（Robert H. Vaughan）是一位运动心理学家，他为在达拉斯市举办的白石马拉松赛（White Rock Marathon）训练精英运动员，同时也培训那些第一次跑马拉松的学员。沃恩给出了以下的科学根据：

> 长距离跑训练可以增加肌肉中线粒体和毛细血管的数量，因此可以提高肌肉利用氧气的能力。长距离跑也可以调动起那些未被使用的肌肉纤维，在马拉松比赛的最后阶段这些被调动起来的肌肉纤维就会起到很大的作用。另外，长距离跑还可以帮助跑者克服一些心理障碍，缓解中枢神经系统的疲劳感。

对于非专业人员来说，这样的说法太深奥了，根本不容易理解，但这确实是你需要进行长距离跑训练的最重要的原因。

最合适的长距离是多少?

并没有什么“最佳”距离。在大部分训练计划中，32 公里是最大值，这也是我的训练计划中建议的最大跑量,即使是对高级跑者来说也是如此。但是，不少人会用 30 公里作为最大值，因为 30 是个整数。大多数教练都认为，当你到达 25 公里时就属于长距离了，我同意这一点。沃恩博士曾说过 32 公里是生理和心理发生变化的一个点。但是，少数教练更喜欢用“时间”而不是距离来衡量，也就是通过小时而不是公里来界定长距离跑。本杰·德登教练认为跑了 3 小时就等于跑了 32 公里。

在 20 世纪 80 年代和 90 年代初时这可能是对的，那时大多数跑者的全马成绩的中值大约是 4 小时。今天，随着更多的人参加马拉松赛，完赛时间也比 4 小时更长了，这样一来原本较短的训练时间可能就不够了。对于一个希望在 6 小时以内完赛的跑者来说，3 小时的训练相当于仅跑了 21 公里，离完成全程所需要进行的准备还差得很远。你需要根据常识来决定是用时间还是距离来衡量长距离跑训练。

值得注意的是，跑步距离超过 32 公里就会增加受伤的危险，特别是对那些新手来说。参与调查的那些顶级教练对有经验的跑者的最高要求通常是 37 公里。培训纽约马拉松赛的参赛跑者的格洛弗教练让首次参加马拉松赛的跑者跑 32 公里，让有经验的跑者跑 37 公里，但他还设置了一个 4 小时的界限，即无论你跑了多少距离，你的用时都不能超过 4 个小时。格洛弗说:“我的目标是让初级跑者从 29 公里至 32 公里之间的距离至少跑 3 次长距离，让有经验的跑者从 32 公里至 37 公里之间的距离跑 5~6 次长距离。”

《跑者世界》杂志的专栏作者杰夫·加洛韦教练在训练计划中让学员最多跑 42 公里，但其中有很长一段距离是走着的。在超长距离跑训练方面，日本的精英跑者一般会跑 5 个小时，大约跑 48 公里。前马拉松世界纪录保持者、澳大利亚人罗布·德卡斯特隆（Rob DeCastello）和他的训练伙伴史蒂夫·莫尼赫蒂（Steve Monighetti）在马拉松比赛之前 5 周曾跑过 48 公里的长距离跑，但这也是在他们每周固定进行 37 公里的长距离训练以后才达到的。大多数跑者要是跑这么长的距离都会累到崩溃。在我还是精英运动员的某个时间段，我一度将最长距离提高到了 50 多公里，希望借此提高耐力，但却没有得到任何好处：跑那么长的距离除了花费了我更多时间外，还让我更加疲劳。

不过，跑 32 公里以上的最大问题在于增加了受伤的风险。我一直记得有一年在芝加哥马拉松赛之前参加的一场派对上，有位女士说想在芝加哥完成她的首马。她按照一位教练的计划训练，长距离的最大值是 42 公里。在比赛前一个月的最后一次长距离跑训练中，她在 38 公里处拉伤了肌肉，不得不放弃比赛。“真可惜呀。”我想。如果这一幕发生在马拉松比赛中，这位女士一定会坚持着走完那最后的 4 公里，并赢得她的第一枚完赛奖牌。

虽然如此，我并非不同意双城马拉松赛的温马克教练鼓励他最有经验的队员跑比马拉松更长的距离的做法。温马克所谓的“有经验”指的是有着参加过 10 场以上马拉松赛的经历，这样的人可能每周持续跑 80~100 公里。对于这样的“马拉松野兽”而言，受伤和减少训练时间，甚至是错过一场比赛都不算太严重的打击，但对第一次跑马拉松的人来说可就不是这样了。

教练们的共识

跑者们的背景和能力是有差异的，没有哪个训练计划对所有人来说都是最好的，长距离跑也是如此。不过，在对教练们进行的调查中，我发现他们对于进行长距离跑训练的跑量和频率达成了一些共识，特别是针对马拉松赛进行的跑量积累。而教练们对于首次参加马拉松赛的跑者和希望提高成绩的有经验的跑者提出的建议是不同的（见下表）。

类别	首次参加马拉松赛的跑者	有经验的跑者
最长距离	32 公里	37 公里
频率	1 次	3~6 次
配速（每公里）	比赛配速	比马拉松比赛配速慢 30~90 秒
每周跑量	64 公里	88~96 公里
步行间歇	有	无
速度训练	无	有

以下这两点值得我们注意：第一，如果在马拉松比赛中仅仅是想完成比赛而不在意成绩的话，那你就可以做步行间歇。有经验的跑者是要追求速度的，他们一般不会步行间歇（除非是经过补给站时需要补充水分）。第二，速度训练（在训练中采用超过比赛配速的速度）对于首次参加马拉松的跑者是有风险的。那些有经验的跑者在进行长距离跑时的速度可能比他们的比赛配速要慢，但他们可以在周中进行速度练习，其中包括以比赛配速进行的重复长跑训练。

应该跑多少次最长距离？

如果你是按我的计划训练的新手，那么你只需要跑一次最长距离跑——也就是前面提到的传统的 32 公里。几乎所有的训练计划都是让跑者逐步能跑到这样的距离，接下来让他们休息 2~4 周，最后再让他们站到马拉松的起跑线上，然后在他们的屁股上轻轻拍一下。这是有效的！大多数按照我在网站上发布的计划训练的跑者都能够比较容易地从训练中的 32 公里跑到比赛中的 42 公里。比赛中的兴奋加上几个星期的减量帮助他们跃过了马拉松这条鸿沟。在发现跑马拉松几乎比训练还容易时，人们常常感到惊讶（前提是你正确地进行了训练）。

尽管如此，你完成的首马和随后要参加的那些马拉松比赛可不是一回事。

要想提高，你可能需要跑更多次的长距离跑，而不仅仅是更长的距离。有经验的跑者不需要像前面提到过的澳大利亚人那样每周都要跑 37 公里，但是根据我调查的那些马拉松教练的观点，在比赛准备的最后阶段，他们可能需要跑 3~6 次 29~35 公里的距离。

对于初级马拉松跑者来说，跑长距离对他们产生的心理影响和生理影响一样重要。"在训练中最长距离跑得越多，他们就会越自信。"培训参加波特兰马拉松赛的跑者的鲍勃·威廉姆斯教练说道。

过多地跑长距离不仅会增加跑者受伤的风险而且还会令他们产生倦怠，只有那些有经验的跑者才能够经常尝试跑 29~35 公里，但即使是他们在跑长距离时也冒着犯错误的风险。

应该在长距离跑训练中加入步行吗?

在这个问题上，教练们的意见就不一致了。不是所有参与调查的教练都同意 1968 年波士顿马拉松赛冠军安比·伯富特（Amby Burfoot）① 于 1998 年 4 月在《跑者世界》上发表的题为《跑走结合计划》（*The Run/Walk Plan*）的文章中的观点。伯富特建议在跑步过程中加入步行间歇，他认为这种做法有助于跑者在训练和比赛中保持耐力和状态。

"不对！"有位教练怒吼道。

"我想那份杂志的名字叫《跑者世界》而不是《走者世界》。"另一位教练嘟嘟囔囔地说。

阿尔·劳伦斯是最善用外交辞令的异议者，他说道："跑者们说'我刚刚跑了一场马拉松'比说'我完成了一场马拉松比赛'时的自我感觉要好。"

① 安比·伯富特、巴特·亚索（Bart Yasso）、帕梅拉·尼塞维奇·比德（Pamela Nisevich Bede）和詹妮弗·范·艾伦（Jennifer van Allen）在《马拉松训练宝典》中介绍了有关进行马拉松训练和参加马拉松赛需要注意的方方面面。本书中文简体字版已由湛庐文化策划，浙江人民出版社出版。——编者注

长距离跑之前的休息与之后的休息同样重要。

这是那些顶级教练在 1998 年时的反应，但是当进入新千年以后，大部分教练开始承认走步也并非是个不好的策略，特别是如果你的目标不是奥运会奖牌的话。当你以每公里 6 分 15 秒或更慢的速度跑步时，这种配速与走路的配速其实是没有多大差别的。

仅仅是由于你在马拉松比赛中走了几步并不意味着你就是个跑得较慢的选手。一次短暂的步行间歇，注意我说的是“短暂的”，真的可能使你恢复一些状态，继续以较快的配速跑起来。有一年，我以 2:29:27 的成绩赢得了世界大师锦标赛 45~49 岁年龄组的冠军，每一个补给站我都是走着通过的。我的儿子凯文也曾用同样的策略跑出了 2:18:50 的成绩从而入选了 1984 年的美国奥运代表队。比尔·罗杰斯以 2:09:55 的成绩赢得 1975 年波马冠军，在那场比赛中他走了好几次，甚至还停下来系了一回鞋带。所以你不必因为自己是个走着的跑者而感到不好意思。

如果你真打算在长距离跑或马拉松赛中走步，那就按照以下方法执行吧：

- 用走的方式通过补给站是个好方法，你可以补充更多的水分，另外走着喝也比跑着喝更容易些。
- 实在跑不动时就走吧，但最好是在不得不这样做之前就走。
- 在训练中加入一些走步，主要是练习如何在短暂的步行后再跑起来。
- 如果你的教练给你制订的计划让你这样做，那就在训练和比赛中加入一些步行间歇吧。

最后，我建议我们一同感谢一下杰夫·加洛韦，他是在训练中加入有规律的步行间歇的先驱，参加他的培训班的那些学员有时被称为“加洛韦步行者”（Gallowalker）。

长距离跑后需要休息多久?

罗伯特·沃恩博士总结了一下教练们的共识："一个训练多年的马拉松跑者大约需要 48~72 小时来恢复，而一个新手大概需要两周的时间来恢复。"大多数跑者在周末的长跑之后与下一个高强度的短距离跑训练之前会进行一天的休息或轻松跑，这样的效果是不错的。因此，我们就得到了下面这个练习模式：

周日： 长距离跑
周一： 休息或轻松跑
周二： 轻松跑
周三： 高强度跑

周三的"高强度跑"并非是指又一个 32 公里。对绝大多数为参加首马而进行训练的跑者而言，在一周的中间进行高强度训练时应该跑一个 8~16 公里的中等距离跑。我在给马拉松跑者上课时称之为"次长距离跑"。而那些有经验的跑者可能更愿意在周二或周三进行速度训练。

包括我提出的训练计划在内，大多数训练计划在安排接近最长距离跑的日期之间都会安排两周的休息。我的计划是在两个最长距离跑的周末之间安排一个 16~23 公里的中等距离跑。

在长距离跑训练之前与之后进行休息是同样重要的。如果能在进行长距离跑训练之前安排一天或两天的休息或轻松跑，那你在跑前就不会过于疲惫，跑后的恢复也会更加容易，这一点对于首马参赛者尤其重要。

有什么恢复的窍门吗?

没有窍门，好好训练和补充营养吧。教练们的提议是在跑前吃能量胶和能量棒以及在跑后进行按摩。"在长跑中吃能量胶和能量棒能够加速恢复。"跑步专家乔·亨德森（Joe Henderson）说道（他出版了 24 本著作，其中包括《马拉松训练》[*Marathon Training*]）。他还说："如果想保持训练时的高效，那你就要让体内的糖原储备始终保持在一个很高的水平上。"

鲍勃·威廉姆斯认为，脱水是引起肌肉疼痛以及长距离跑中肌肉痉挛的主要原因。"在训练中饮水与在比赛中饮水同等重要。"

任何与马拉松相关的应该做的事你都应该去做。预约一次长距离跑训练 48 小时后的按摩吧，因为那时通常是肌肉最疼的时候，按摩将会帮助你恢复到原来的状态。在达到最大跑量的临近比赛的 6 周中经常做一些按摩可以帮助你降低受伤的风险，保持放松，在进行高强度或长距离跑训练之前的 24 小时做按摩也是预防受伤的一种好方法。我一般每隔一周做一次按摩，而在临近马拉松比赛或感觉伤病有所加重时，我都会增加按摩的频率。

在长距离跑中应该跑多快？

我接触的很多教练都认为在长距离跑中速度并不重要，重要的是跑步的时间。而有这样一份基于时间判定的长距离跑训练计划将目标设定为按预估的马拉松赛完赛时间来跑，不去考虑在这段时间里具体跑了多少里程。这种方法对于那些无法测量距离长度的练习是很方便的，特别是当你离开公路跑进森林时。"我们已经知道马拉松成绩在 2 小时 10 分以内的运动员（高于每公里 3 分 7 秒的配速）在长距离跑时是以超过每公里 4 分 22 秒的配速来跑的。"沃恩说道。

在长距离跑训练中，速度并不重要。

大满贯赛事给初级跑者们设计的训练计划都是让他们按比赛配速来跑长距离跑的。"那是因为我们鼓励首次参加马拉松比赛的跑者能选择一个保守的时间作为目标来确保完成比赛，"芝加哥地区跑者协会马拉松训练班的管理者之一比尔·菲茨杰拉德（Bill Fitzgerald）说道，"如果你在最后的几公里内连保守的速度都坚持不了，那就说明你的配速太快了。”

格洛弗则是这样描述的：“如果你能一路唠唠叨叨，那你的配速就没问题。”

对于有经验的跑者来说，除非能慢下来，否则一直按马拉松配速跑长距离是有风险的，既有可能受伤，也有可能造成过度训练。之所以要在一些跑步训练中使用比赛时的配速是为了让你的肌肉适应这种在比赛时将要使用的配速，我们建议最好是在周中的稍短距离中练习。“在跑得较慢时犯错误比较好一些。”阿尔·劳伦斯说。

有些时候，我也有过用马拉松配速或更快的速度跑长距离的情况，那是因为我想知道这样会不会让自己更强壮些。但我发现自己只能将这种配速保持到 19 公里或 21 公里，一旦超过这个距离就会有麻烦，而最严重的问题是我无法在这一周的其他训练中保证质量，这是典型的拆东墙补西墙。

并不是说每次长距离跑都要用相同的配速来跑，也不是说要用相同的配速跑完整个长距离。美国健身网站（USA FIT）的主管丹尼斯·卡拉布雷西（Denis Calabrese）在很多城市培训过跑者，他认为在训练和比赛中跑者都应该在后半程跑得比前半程快。“慢点跑，别让跑马拉松的兴奋和热情把你烧糊了，这一点很重要。”卡拉布雷西说道。

对于有经验的跑者，我常常推荐他们采用 3/1 训练法，这是我从 1964 年奥运会 1 500 米项目的铜牌得主新西兰人约翰·戴维斯（John Davies）那里学来的，他的教练是新西兰人阿瑟·利迪亚德（Arthur Lydiard）。戴维斯建议长距离跑中的前 3/4 的距离用慢速跑，在最后的 1/4 距离将配速提起来，当然也不要提高到马拉松配速。对于 32 公里的长距离跑来说，就是慢跑 24 公里，再以较快的速度跑最后的 8 公里。戴维斯并不建议每次长距离跑都用这个方法，他认为每隔一周或两周练习一次就够了。

多慢才是慢，多快才是快呢？如果你想知道具体数字，那么就以比你预定的马拉松配速每公里慢 30~90 秒或更慢的速度来跑长距离吧。请注意我提到了“或更慢”，也就是说我完全不在乎你跑得有多慢，只要你能完成长距离跑训练就行。有时候还可能会出现意外，要知道糟糕的天气总会使你无法按预定的配速来完成计划中的距离，而你因忙于生活琐事而产生的疲劳感也会成为影响你完成长距离跑的一个因素。

在运用 1/3 的方法进行训练中，你应该在前面的 3/4 的距离中以比马拉松配速慢 90 秒或更多的配速跑，然后将速度提高 60 秒。但这也太精确了，其实只要记住最重要的一点：在长距离跑的开始阶段要足够慢，使得你在后面还能快起来。这种策略在比赛中也非常有效。

对于不跑马拉松的人来说，长距离跑有什么好处？

参与调查的所有教练们都相信这一点。“耐力是所有参加赛跑比赛的跑者都需要锻炼的，”乔·亨德森说，“虽然 5 公里和 10 公里的选手都能从一两个小时的训练中受益，但是进行更长时间或更长距离的训练就会影响他们专项速度训练的效果了。”

“耐力是所有参加赛跑比赛的跑者都需要锻炼的。”

有规律地进行长距离跑也是减肥和保持体重的一个有效的方法，不要忽视“有规律”的心理价值，特别是如果能和一些在周中见不到的朋友们一起在每周进行长距离跑是非常有益的。很多跑者持续报名参加马拉松赛的一个原因就是因为比赛可以使他们专注且严格地进行训练。这给了他们一个长跑的理由，而且他们非常乐意去做这件事。

总之，无论是什么原因，长距离跑永远是我们的常规训练之一。

CHAPTER 10

半程马拉松

半途停下来并不总是坏事

如果跑者像玩儿股票一样投资了好几年半马，那他现在应该是个百万富翁了。2000—2010 年，半马比美国的任何一项公路赛事发展的速度都要快：2000 年有 482 000 人完赛，而 2010 年有 1 143 551 人完赛。令人吃惊的是，即使在 2010 年有 507 000 人完成全马，半马还是吸引了超过全马两倍的参赛者。

根据非营利性路跑组织“跑遍美国”（Running USA）的研究员瑞安·兰帕（Ryan Lamppa）的报告，美国 30 项超过 8 000 人参加的规模最大的半马赛事中的 20 项是在这 10 年中产生的。美国规模最大的半马赛事是在印第安纳波利斯举办的“500 节日迷你马拉松”（500 Festival Mini-Marathon），也就是所谓的“印第迷你”（Indy Mini），这项赛事有 31 046 名完赛者。全世界规模最大的半马赛事是在英国的“大北跑”半程马拉松（Great North Run），有 39 507 名完赛者，其次是瑞典的哥德堡半程马拉松，有 38 459 名完赛者。不过，在 20 项规模最大的半马比赛中有 13 个是在美国举办的。根据“跑遍美国”的调查显示，有 34.9% 的跑者选择半马为他们最钟爱的赛事。

全球大规模半马赛事

作为全马的“亲戚”，21.097 5 公里的半马成功地确立了自己的“名分”和“地位”。下表是“跑遍美国”发布的 2010 年全球大规模半马赛事。

	2010 年全球大规模半马赛事	完赛人数
1	“大北跑”半程马拉松（英国）	39 507
2	哥德堡半程马拉松（瑞典哥德堡）	38 459
3	500 节日迷你马拉松（美国印第安纳波利斯）	31 046
4	“乡村音乐”半程马拉松（美国纳什维尔）	23 799
5	巴黎半程马拉松（法国巴黎）	22 032
6	亚利桑那华谊摇滚半程马拉松（美国亚利桑纳州）	21 567
7	圣安东尼奥摇滚半程马拉松（美国得克萨斯州）	20 436
8	瓦滕福柏林半程马拉松（德国）	19 668
9	捷步拉斯维加斯摇滚半程马拉松（美国内华达州）	19 217
10	芝加哥摇滚半程马拉松（美国伊利诺伊州）	18 932
11	西雅图摇滚半程马拉松（美国华盛顿州）	17 609
12	迪士尼世界半程马拉松（美国佛罗里达州）	17 132
13	耐克女子半程马拉松（美国加利福尼亚州）	15 556
14	ING 费城摇滚半程马拉松（美国宾夕法尼亚州）	15 456
15	道奇弗吉尼亚海滩摇滚半程马拉松（美国弗吉尼亚州）	14 804
16	芝加哥半程马拉松（美国伊利诺伊州）	13 575
17	圣地亚哥摇滚半程马拉松（美国加利福尼亚州）	13 574
18	麦德林国际半程马拉松（美国利罗拉多州）	12 500E*
19	迪士尼乐园半程马拉松（美国加利福尼亚州）	12 372
20	雷丁半程马拉松（英国）	12 300

*E= 估计数字

尽管热衷于参加半马，但跑者们并没有放弃跑全马，而是成功地将半马融入了他们的比赛计划中。对于女性跑者来说更是如此，半马的完赛者有 57% 是女性，而在全马的完赛者中女性占 41%。这并不是因为女性跑者能力不足，使她们不能完成全马，而是因为她们就是喜欢半马这样的距离。半马颇为时髦，它就如同一套色彩搭配抢眼的漂亮衣服。兰帕也同意这个理论，他分析了几个关注时尚的半马赛事组织者成功的原因，其中最引人注目的是“摇滚马拉松系列赛”的赞助者竞争者集团（Competiter Group）：“竞争者集团非常成功地将半马界定为一项有趣、时髦而又具有目标性的赛事。”

不过，时髦只是众多人喜爱半马的一个原因，有三类人喜欢将 21 公里作为目标选择。

第一类：还没有达到最高水平的新手

半马是能在前方看得见的目标。

对于那些刚开始接触跑步，而且体态可能还有些臃肿或超重的新手来说，用 18 周的时间来逐渐达到参加 42.195 公里比赛水平是一种正确的选择。恢复良好的体型和减肥是许多人决定开始跑步的一个原因。如果能确定一个可实现的目标，那么他们将会取得更大的成功，但是实现这样的目标需要参加距离为 42.195 公里的比赛吗？现在不是了，初级跑者们有了更多可供选择的目标，其中最流行的就是距离为 21.097 5 公里的半马。对于他们来说，半马是能在前方看得见的目标。半马给新手们提供了一个轻松一些的测试机会，让他们判断自己是否有完成全马的运气。

我同意这个观点，而且多年来也一直在推荐这种方法。那些年轻一代的跑者的确还没有为跑全马做好准备。对我来说，直接参加全马比赛就好像是跨过了高中直接升入了大学一样，漏掉了很多乐趣。对于那些在我的“虚拟训练社区”上提问的初级跑者，我会礼貌地建议他们：“在开始执行我的 18 周计划之前，何不先跑个 5 公里或 10 公里来感受一下马拉松这项运动？”

我也知道在“虚拟训练社区”上，老手们常常会激励初级跑者，而同时他们也对那些初级跑者的无知非常恼火。他们认为，将马拉松作为人生的第一场赛跑比赛显示出了对这项运动的不尊重，因此他们不停地抱怨。尽管我并不完全认同这种观点，但我能够理解。

由此可见，如果你刚接触马拉松运动，那可以考虑将半马当成自己参加的第一场比赛。你既可以从中积累大量的比赛经验，也可以更了解自己。最重要的是，你可以决定自己是不是要继续跑更长的距离，这一切都是吸引人们参加半马赛的原因。

第二类：在停止还是继续间犹疑的半马跑者

有些跑者跑到 21.097 5 公里就止步了，而另一些人则将这个距离作为跑 42.195 公里的踏板。我认为，这两种做法都是合理的，不过最近将半马融入全马的训练计划当中变得更加普遍了。想想我的 18 周训练计划为什么会受到跑者们的欢迎，你就能够理解了。新手们在第 8 周的长距离跑训练中跑到了 20.8 公里，这给了他们一个有趣的选择：如果你准备好跑 21 公里，那么你也许会愿意参加一个只需要再多跑 0.097 5 公里的半马。这样做至少能让你体会到再经过 10 周训练后参加全马时是什么感觉，而你也可以借此测试一下所有与比赛有关的情况，其中包括赛前的饮食和赛中的补水策略。另外，你还可以看看自己刚买的跑鞋是否能让你再跑上两倍的距离也不会使你的脚起泡。

更重要的是，参加半马比赛（而不仅仅是跑一个这样的距离）能使你更适应全马比赛。预估全马成绩的一个好方法就是将你的跑完半马的成绩乘以 2 再加 10 分钟，一个以两小时跑完半马的跑者，他的全马成绩大概是 4 小时 10 分。

这类猜测方法对于20多年前买本书第一版的跑者们来说是有效的。1993年，10公里是最流行的比赛距离，将你的10公里成绩乘以4.66就可以预估出你的全马完赛时间，而乘以5得出的时间就会更准一些。不过，一直以来，以10公里成绩来预测全马完赛时间还是不如以半马成绩来估算更为准确。今天的跑者们比1993年的人们更擅长使用计算机。我经常向跑者推荐教练格雷格·麦克米伦（Greg Mc Millan）在他的网站（McMillanRunning.com）上公开的那款计算器，他认为以两小时完成半马的跑者的全马成绩是4:13:05。

我想提醒大家的是，猜测和计算这两种方法都可能导致新手们设立不现实的目标。安全总比遗憾要好，因此我建议以两小时完成半马的跑者不要把目标定得太高。将首个全马的目标定在4小时30分不仅有助于他们以较好的状态完赛，同时又能为他们未来的马拉松赛设定更好的个人纪录目标，当然这是说你会继续跑全马而不是又回到了半马。而确实有很多人会这样做，这使我们最终将他们划为一类：喜爱半马的跑者。

第三类：有经验的马拉松跑者寻求较短距离的体验

有经验的全马跑者都知道，他们可以将自己最近参加的那场半马比赛的成绩与上一场全马比赛的成绩结合起来，从而更准确地预判下一个全马成绩。在两场全马比赛之间跑一场强度较小的半马是一个不错的选择。

如果你一年参加的全马比赛多于两场，那就会给你的身体带来损耗，这是一个事实。我的马拉松训练计划要花费跑者18周的时间，恢复计划又要再加上5周，因此总计是23周。两场全马就是要花费跑者46周的时间，剩下的一点时间只能进行其他距离的训练和比赛了。

与之相反，我的半马训练计划只持续12周，而且恢复期是以天而不是以周来计算的。只专注跑半马的跑者在一年内可以轻松地完成6场比赛而不会有过度训练的风险。全马跑者也可以很舒适地将一些半马比赛加入到训练计划中。

只需要 2~3 天的减量期（而不是 2~3 周）就可以再次参加比赛，而在那之后再经过 2~3 天的恢复期你就又可以回到公路上继续为自己的主要目标——全马进行训练了。

半程马拉松训练计划

无论你是初级跑者、中级跑者还是高级跑者，都会发现半马训练计划就是在模拟全马的训练计划，两者的主要区别在于半马训练计划中训练和赛前准备的跑量较少。

以下是我为初级跑者制订的半马训练计划（你可以在本书的附录部分和 halhigdon.com 网站上看到我为中级跑者和高级跑者制订的计划）。我制订这项计划的前提是假设你有能力一周跑三四次 5 公里，如果这对你来说很困难的话，那么你可以考虑第一场比赛跑更短一些的距离，或者用更长的时间来培养一下耐力。

这项计划中提到的术语都是比较直观的，不过我还是想先解释一下：

配速：不要顾虑自己在平时的训练中能跑多快，只要以一种舒适的配速来跑即可。如果是与一个朋友一起跑步，那你们应该能保持交谈。如果做不到的话，那就说明你的速度可能过快了。对那些戴心率带跑步的人来说，目标心率区间要在自己的最大心率的 65%~75% 之间。

距离：这项训练计划要求的跑步距离是 5~16 公里，不必非常精确，但要比较接近。你可以在自己所住的社区附近或者有风景的地方选一条训练道路，而这条道路要使你能感受跑步的乐趣。然后，你需要开车或骑自行车测量一下这条道路。至于具体选择怎样的路线进行训练，你可以与其他跑者交流一下，他们可能会为你指出一条经过精确测量的路线。

休息：在训练中，休息和跑步是同等重要的。如果在周末的长距离跑训练之前和之后能够得到休息，那你就会跑得更好，同时也会减小受伤的风险。

长距离跑：准备半马比赛的关键是长距离跑训练，你要每周逐步地增加距离，这样一来经过 12 周的时间，你的最大跑量就从 5 公里增加到了 16 公里。不用担心自己如何才能从训练中的 16 公里达到比赛中的 21 公里，比赛的激情将会把你推向终点线，更何况最后一周你还做了减量。虽然我建议你在周六跑长距离，但是你当然也可以在周日或其他方便的日子跑。

交叉训练：哪种交叉训练方式好呢？答案是游泳、自行车、步行、越野滑雪、穿雪地靴走路，或者是其他一些包含力量练习的交叉训练。简言之，你可以根据自己的兴趣选择采用哪种交叉训练方式。

步行：步行是一种很棒的训练方式，不过很多跑者都会在训练中忽视它。我不是说一定要做步行间歇，但只要在训练中感觉累了或想降一个档位时，你都可以步行。

拉伸与力量：在周一和周四，你可以花一些时间来做拉伸训练和力量训练。对于跑者来说，小重量多组数的力量练习比大重量的举重练习效果要好。如果在开始执行这个训练计划之前，你从未做过力量训练，那么你还是等完成了第一场半马比赛后再进行这方面训练吧。

> 全马跑者也可以将半马比赛加入到训练计划中来。

比赛：虽然这不是必须的，但如果你没有参加过任何比赛，那么你最好先参加一场 5 公里或 10 公里的比赛，来了解自己的情况，也可以借机体会一下参加公路比赛的感受。这样一来，你就可以借此推算出完成自己半马的时间和比赛时的配速了。我在第 6 周的周末设计了 5 公里比赛，第 9 周的周末设计了 10 公里比赛。而比赛的日程表也可能会迫使你修改训练计划。

跑 21.097 5 公里并不容易，正因如此，跑完半马才有挑战性。无论你是只想完成半马，还是以此作为跳板要去挑战全马，跨过终点线都会给你带来巨大的满足感。因此，从现在开始好好训练吧。

半程马拉松训练计划：初级

初级半马计划是一个非常好的起点。第一周的训练即使对于初跑者也是没有任何难度的，周一和周五是休息日，周二到周四是短距离跑，周六是 30~60 分钟的交叉训练，这是周日长距离跑的前奏（见下表）。你应该考虑在训练的过程中参加一场 5 公里或 10 公里比赛来体会一下比赛的感觉。

周数	周一	周二	周三	周四	周五	周六	周日
1	休息	4.8 公里跑	3.2 公里跑	4.8 公里跑	休息	30 分钟交叉训练	6.4 公里跑
2	休息	4.8 公里跑	3.2 公里跑	4.8 公里跑	休息	30 分钟交叉训练	6.4 公里跑
3	休息	5.6 公里跑	3.2 公里跑	5.6 公里跑	休息	40 分钟交叉训练	8 公里跑
4	休息	5.6 公里跑	3.2 公里跑	5.6 公里跑	休息	40 分钟交叉训练	8 公里跑
5	休息	6.4 公里跑	3.2 公里跑	6.4 公里跑	休息	40 分钟交叉训练	9.6 公里跑
6	休息	6.4 公里跑	3.2 公里跑	6.4 公里跑	休息	休息	**5 公里比赛**
7	休息	4.5 英里跑	3 英里跑	4.5 英里跑	休息	50 分钟交叉训练	7 英里跑
8	休息	7.2 公里跑	5.6 公里跑	7.2 公里跑	休息	50 分钟交叉训练	12.8 公里跑
9	休息	8 公里跑	5.6 公里跑	8 公里跑	休息	休息	**10 公里比赛**
10	休息	8 公里跑	5.6 公里跑	8 公里跑	休息	60 分钟交叉训练	14.4 公里跑
11	休息	8 公里跑	5.6 公里跑	8 公里跑	休息	60 分钟交叉训练	16 公里跑
12	休息	6.4 公里跑	5.6 公里跑	3.2 公里跑	休息	休息	**半马比赛**

11

CHAPTER

全程马拉松

升级到最终的 42.195 公里

比尔·菲茨杰拉德仍记得在他成为一名跑者之前，自己看到那些在公园里跑步的人时的态度："我心想，为什么每个人都要浪费时间去跑步？这肯定很无聊，我在他们的脸上看不到一点儿笑容。"

那是 1986 年，菲茨杰拉德 36 岁。他说："这个年纪的男性常常会发现自己的健康出现了各种问题。"菲茨杰拉德在伊利诺伊州郊区长大，虽然也参加过一些体育运动，如橄榄球、篮球、棒球和冰球等，但他从来就不是个好队员。作为芝加哥污水处理区的一名安全管理员，他整天坐在办公室里办公，而他的体重也开始增加了。"我决定试试这个被称作'慢跑'的运动。"他说。

于是，菲茨杰拉德在他家附近的波蒂奇公园里开始了慢跑，他选择了一条约两公里长的穿越公园的人行道，计划着跑一圈，但却没有成功。"我对自己很生气，"他回忆道，"我发誓要跑完那一圈，每天我都会来到这里，每次都比上一次跑的更远一点。看着自己的进步，我获得了一种满足感。"当菲茨杰拉德最终完成两公里时，他觉得自己像是"获得了波士顿马拉松的冠军"。

菲茨杰拉德坚持不懈地跑下去，随后他完成了一场 5 公里比赛。他的朋友建议他去跑沙姆洛克 - 沙夫（Shamrock Shuffle），这是芝加哥每年春天都会举办的一场很受欢迎的 8 公里比赛。菲茨杰拉德并不知道该如何为这种距离的比赛进行训练，他非常不明智地将跑量增加了一倍，结果患上了外胫夹（运动后小腿前侧疼痛），因此不得不退赛。1989 年底，他在当地的一家健身俱乐部遇到了一位名叫贝克尔（C.C.Becker）的经验丰富的跑者。在贝克尔这位良师益友的帮助下，菲茨杰拉德在第二年 3 月完成了沙姆洛克·沙夫赛，又在 4 月完成了一场半马。那时，他觉得自己可以尝试全马了。贝克尔建议菲茨杰拉德参加林肯公园领路者俱乐部（Lincoln Park Pacers），这个俱乐部每周六早晨在林肯公园慢跑道边的芝加哥地区跑者协会信息公告栏处集合。然后，他们会跑 8~16 公里，再在附近的咖啡馆吃早餐。

在一次训练结束后，一位女跑者告诉菲茨杰拉德："有人要在下周开设一个培训班，培训那些准备参加芝加哥马拉松的跑者。"菲茨杰拉德和那位女士在 7 月参加了这个培训班的第一次见面会，当时大约有 35 人参加，会议是在奥沙利文公府（O'Sullivan's Public House）举行的。"那是个典型的爱尔兰式的见面酒会。"菲茨杰拉德回忆道。组织者就是布赖恩·派珀，他是一名计算机系统分析师，也是芝加哥地区跑者协会董事会的成员。派珀设计了一个以 15 周的时间将跑量逐步加到接近马拉松距离的训练计划。培训班还包括一系列学术演讲，为学员提供营养和医疗方面的建议。有一周，芝加哥马拉松的主管凯里·平克斯基（Carey Pinkowski）还来到培训班激励学员们努力训练。

派珀和菲茨杰拉德是同一种跑者，他们都因跑步能带来健康的体型而被吸引到这项运动中。派珀在高中时是个游泳健将，还因此进入了艾奥瓦州立大学，但是后来却退出了校游泳队，因为他觉得那太消耗时间了。后来，他开始同住在同一宿舍里的校田径队队员们一起锻炼。"我不得不努力跟上他们，"他说，"但我确实为了能拥有良好的体型而一直坚持着跑步这项运动。"

即便如此，从学校毕业后派珀在位于芝加哥的区域交通管理局工作，一年后他的体重还是超重了 11.3 公斤。他跑步的动力与菲茨杰拉德一样：减肥和保持体型。派珀将参加 1981 年的芝加哥马拉松作为了目标，然后就在训练和比赛中犯了所有新手都会犯的错误："我没有进行充分的长距离跑训练，每次跑步都用相同的配速，没有喝足够多的水，穿了纯棉短裤致使皮肤摩擦发炎……总之，样样都出了错。在平时，除了看《跑者世界》上的文章以外，我很难得到对训练有益的建议。"派珀以 3:54:00 完成了自己的首场全马，但是他被迫在比赛中走了很长一段距离。"在开始阶段以每公里 4 分 22 秒的配速跑了一段距离，而在最后阶段时又以每公里 6 分 15 秒的配速跑了很长时间。"他承认道。

但是派珀并没有受到挫折，他将下一个目标锁定在了波马参赛资格。为此他用了 5 年时间，最终在双城马拉松中以 2:58:25 的成绩完赛，从而获得了波马参赛资格，那时他 32 岁了。"我开始考虑是否有一些方法能使参加首马的人避免再犯我曾经犯下的那些错误。"他说道。

在 1989 年春季芝加哥地区跑者协会召开的一次会议上，派珀建议组织一个马拉松培训班。这使得派珀和菲茨杰拉德以老师和学生的身份在奥沙利文公府相遇了，而这次会面使芝加哥和其他地区的大量跑者受益匪浅。

以退为进

派珀教授的 15 周计划来源于圣路易斯田径俱乐部（St. Louis Track Club），这个俱乐部对跑者每周的基础跑量要求是：初级跑者每周跑 48 公里，中级跑者每周跑 64 公里，高级跑者每周跑 80 公里。这项计划遵循的是难易交替法，一周 2~3 天的大运动量，一个月 2~3 周的大运动量。跑者们在周二、周四和周日跑长距离（周日跑最长距离跑），周三和周六是轻松跑，周一和周五休息。具体模式如下：

周一：初级跑者休息，中级跑者和高级跑者跑 6.4~8 公里。

周二： 初级跑者跑 9.6~16 公里长距离跑，第 10 周和第 12 周为最长距离跑，中级跑者和高级跑者跑更长一些的距离。

周三： 初级跑者 6~8 公里轻松跑，中级跑者和高级跑者加 2 或 3 公里。

周四： 所有级别跑者跑本周次最长距离跑。其中初级跑者从跑 11 公里提升到跑 19 公里，中级跑者和高级跑者则要跑到 19 公里和 21 公里。

周五： 初级跑者和中级跑者休息，高级跑者跑 10 公里。

周六： 所有级别的跑者跑 6~8 公里轻松跑。

周日： 所有级别的跑者在周日进行长距离跑训练。初级跑者起初周日跑 15 公里，到第 12 周要跑到 34 公里，中级跑者起初周日跑 17 公里，到第 12 周周日时要跑 35 公里，其中有 3 次 32 公里以上的长距离跑训练；而高级跑者起初周日跑 21 公里，到第 12 周周日时要跑到 37 公里，其中有 5 次 32 公里以上的训练。

“与整个团队一起跑步会更容易坚持下去，也会有更多乐趣。”

圣路易斯俱乐部训练计划的独到之处在于其前进 / 后退的跑量积累模式。跑量不是持续上升的一条直线，而是一条波浪线：当跑量上升到一个水平时，下降跑量进行休息恢复，然后再将跑量上升到一个更高的水平。

菲茨杰拉德和其他 34 名芝加哥马拉松培训班的学员在第一年执行的就是这个计划。这种方法与菲茨杰拉德凭自己的直觉在波蒂奇公园开始慢跑的方式在很多方面是相似的，他每天都会跑得更远一些，直到最终能达到两公里。而在培训班上，他每周都会跑得更远一些，直至能达到跑完马拉松的水平。所有的马拉松训练计划在这一点上都是近似的。

菲茨杰拉德以 3:54:00 的成绩完成了他的首马，与他的老师派珀在 8 年前完成首马时的成绩恰好一样。“完赛时我的感觉可比布赖恩强多了，”菲茨杰拉德夸口道，“因为我有一个好教练呀。”

菲茨杰拉德最终在 1992 年芝加哥马拉松赛上以 3:20:54 的成绩获得了波马

参赛资格。那时，培训班每年的招收人数已经超过了几百人，而菲茨杰拉德则与派珀一起成了培训班的管理者，最终这个培训班在芝加哥市内和周边共发展了 3 000 名学员。如果你在夏天周末的早晨驱车穿过林肯公园，那你一定会看到跑者们如成群的蜜蜂般在慢跑道上涌动着，其中很多人都是在为参加马拉松赛而进行训练的。

培训班广受欢迎的一个主要原因是它的社交性：跑者与跑者相聚。“与团队一起跑步会更加容易，也会有更多的乐趣。”派珀说道。20 世纪七八十年代进行跑步运动的人是婴儿潮一代的人们，他们在想方设法地延缓衰老，而 20 世纪 90 年代选择跑步作为运动方式的是那些永远也不打算老去的“X 一代”。

当培训班进入新千年之后，有关人口统计学方面的另一个微妙的变化出现了——女性学员的数量开始增加，婴儿潮一代的女儿们开始拥抱马拉松了。“我们在城市里有了一个非常棒的约会场所，”菲茨杰拉德暗示道，“你更希望在哪里遇到未来的伴侣，是周五烟雾弥漫的酒吧，还是周六早晨的慢跑道？”

虽然那些刚参加培训班的人星期五晚上还会在外面待到很晚，但几周以后他们就会意识到要想第二天早晨跑得更好一些，就需要在载他们出去的“四轮马车”变回南瓜之前回家睡觉。而通常他们会在第 4 周和第 5 周意识到这一点，因为这时周末的跑量将达到 15 公里和 16 公里。

虽然芝加哥马拉松培训班借鉴了圣路易斯田经俱乐部的前进 / 后退模式，但现在他们的培训计划中的跑量积累方式与当时的圣路易斯田经俱乐部的计划已经不同了，他们将其变成了一个渐变而非突变的过程。1989 年在芝加哥马拉松培训班的学员们完成了自己的首马之后，派珀邀请我在庆祝晚宴上进行了演讲。几年后，随着芝加哥马拉松的规模越来越大，参加培训班的人数也越来越多，而我则同时成了这两个机构的训练顾问。

周一晚间培训班

这并不是我首次担任马拉松跑者的教练。12 年前我曾与罗恩·冈恩（Ron Gunn）一起工作过，他是位于多沃贾克（Dowagiac）的西南密歇根学院的体育教育学院的院长。当时，我的工作是教成年人如何完成马拉松比赛。那个培训班被称为“周一晚间培训班”，它是最早为成年人开设的跑步培训班之一，在此之前跑步培训班都只为在校运动员开设。

冈恩是西南密歇根学院田径队和越野队的教练，曾多次带队在美国青少年学院锦标赛中获胜。我的儿子凯文在 1978 年也随所在校队参加了锦标赛。多沃贾克是一个拥有 6 583 人口的小城镇，它是美国的养猪大镇。西南密歇根学院运动队的昵称是“路跑者”，冈恩与镇上的居民保持着较为亲近的关系，他们时常去给他的队伍加油，而他带领的运动队也常帮助当地进行慈善募捐活动。

冈恩也属于罗特利俱乐部（Rotary Club）。当时有一个叫迪克·贾德（Dick Judd）的贮木场主对他说：“你总是说跑步对你有多大的好处，什么时候能教教我们怎样跑步？”

冈恩起初对成立一个慢跑培训班并没有什么热情。首先，给学校运动队当教练的同时还得监管体育教育学院已经让他够忙的了；其次，他怀疑那些口头上说要参加培训班的人不久就会失去兴趣。于是，他故意将培训班的上课时间选在周一晚上，而这个时间正是 ABC 电视台播放《周一晚间橄榄球》（*Monday Night Football*）的时间，他估计这样就能让这个班早点终结。

事实证明，冈恩低估了他自己激励成年人的能力了。由于多沃贾克是个小镇，班上的很多人在教会或其他俱乐部里就已经认识了，这也就使得培训班上充满了轻松的氛围。培训班中的男女人数几乎相等，而且其中还有许多夫妻。班上的很多男士是罗特利俱乐部的成员，而女士们则是青少年艺术俱乐部（Junior Arts Club）的成员，另外，班上的大多数人都是第一卫理公会教会（First Methodist Church）的会员。

冈恩的培训班上有好几个人因为跑步减掉了 43 公斤的体重，还有一些人戒了烟。他们发现虽然跑步并不容易，但比想象的有趣。他们经常在跑到某个学员的家门口时停下来，然后聊会儿天或喝上一两杯啤酒。“人际交往成为保持兴趣的一个关键因素。”冈恩说道。当冈恩的培训班恰好在跑到当地的一家酒吧门前结束训练时，酒吧老板和他的妻子认为这个团队太好玩儿了，他们也想加入。一年后，在减掉了 13 公斤体重后，这对夫妇完成了他们的首马。

就是在那个时候，我和冈恩走到了一起，我们想要设计出一套训练方案，帮助中年人完成一场马拉松。根据自己的成功经验，我知道如何训练那些跑在第一方阵的人创造出更好的成绩，但是我并不确定该如何训练那些跑在中间甚至靠后方阵中的跑者，更何况他们仅仅是在几个星期之前才开始跑步的。不过，不久我就知道该怎么做了，第二年我和冈恩带领着 35 名跑者参加了火奴鲁鲁马拉松赛，他们每个人都完成了比赛，而且是面带笑容完成的。

回想起来，我当时为第一个星期一晚间培训班所设计的训练计划还是强度太大了些，现在我觉得为参加首马而进行的训练并不需要那么大的跑量。但对我来说，那是我作为一个马拉松教练的开始。基于我本人的经验以及精英跑者的训练情况，有一点是非常重要的，那就是前进 / 后退训练方式，圣路易斯和许多其他城市的那些喜欢寻求创新的教练都是用与此类似的方法来指导马拉松种子选手的。和许多教师一样，我觉得自己从学生那里学到的东西与他们从我这里学到的一样多。周一晚间培训班至今仍存在着，只不过不是每个曾经的人都还在跑马拉松，甚至有些人已经不跑步了，因为很多最初的学员现在已经是六七十岁的人了，他们将自己的运动方式从跑步改成走路了。

我从学生那里学到的东西与他们从我这里学到的一样多。

在为周一晚间培训班工作几年后，我开始训练自己的儿子凯文。他在西南密歇根学院学习了两年后转到了印第安纳州立大学，并于 1982 年毕业。凯文希望获得 1984 年奥运会马拉松选手资格，要做到这一点，他必须要达到 2:19:05 的选拔标准。对于他这个全美八大会计师事务所之一毕马威会计师事务所的全职员工来说，这实在不是一件容易的事，而且他当时还正在与后来成为他妻子的女朋友谈恋爱。

为了能有效地利用时间，我在为凯文制定的训练计划中将高强度的训练以及长距离跑安排在周末，这样一来，当他有更多的时间时，他不仅可以进行训练，也可以在进行高强度的训练后恢复身体。凯文每个周末都要进行包含长距离跑的高强度训练，周五和周一休息。凯文最终在 1983 年芝加哥北部郊区举行的莱克县马拉松赛中以 2:18:50 的成绩获得了奥运会选手的资格。

芝加哥训练法

基于以上原因，当布赖恩·派珀让我帮助他训练芝加哥马拉松培训班学员时，我已经能用到在周一晚间培训班和我儿子的训练中所积累知识和经验了。一段时间后，我和派珀对训练方法进行了一些调整，将 15 周延长到了 18 周。另外，我们意识到并不是所有参加培训班的人在开始时都具备一周跑 48~80 公里的能力（这是我从周一晚间培训班学到的），于是我们将计划中最初几周的跑量进行了削减。

> 跑步其实还是那样一件简单的事。

出于年经人的激情，很多参加培训的跑者虽然从未踏上过 5 公里比赛的起跑线，却将马拉松作为了第一次比赛的目标。他们和凯文一样每天都非常忙碌，经常没有时间在一周中间几天持续训练 1 小时以上，但他们在周末都可以做到。

周末的“填鸭式”训练成为了训练计划的关键，同时“退步”原则也十分重要。每隔两周我们便将长距离跑训练的跑量降下来，让跑者在身体和心理上得到休息和恢复，也为接下来的增量做好准备。在计划的尾声阶段，长距离跑训练的跑量将会接近最大值 32 公里，我们设计每隔一周进行一次"退步"减量。通过将较少的跑量分配在较长的时间内，我们降低了跑者受伤的风险，以增加他们成功完赛的概率。同时我们还为那些希望提高比赛成绩的人提供了中级和高级训练计划。中级训练计划中增加了跑量，而高级计划则加入了速度训练。

以下是派珀和我为芝加哥地区的初级跑者设计的计划：

周一： 休息，在周末进行过长距离跑训练后，休息是最重要的。

周二： 轻松跑，第 1 周时跑 4.8 公里，而到第 14 周时跑 8 公里这是轻松跑中需要跑的最长距离。周二和周四可以加入一些力量练习和拉伸练习。

周三： 次长距离跑，第 1 周时跑 4.8 公里，而到第 15 周时跑 16 公里，我称之为"次长跑日"。

周四： 同周二一样，轻松跑 4.8~8 公里。

周五： 休息，在周末进行长距离跑训练之前休息也是同样重要的。在我的计划中，无论是哪个级别都将周五设定为休息日。

周六： 马拉松训练的关键环节——长距离跑训练第 1 周时跑 9.6 公里，而到第 15 周时跑 32 公里，每隔两周减量一次，让跑者为下一次增量积蓄能量。

周日： 1 小时的恢复性交叉训练，可以游泳、骑自行车、走步或慢跑等。那些在周日跑长距离的跑者可以在周六进行交叉训练。

在初级计划中周跑量最大的是第 15 周，总量为 64 公里，其中包括一个 32 公里的长距离跑。一般来说，初级跑者在周中积累的跑量与周末长距离跑的跑量是大致相等的（比如，第 11 周的长距离跑是 25.6 公里跑，而那一周的总跑量是 51.2 公里）。而中级跑者和高级跑者为了提高成绩就要多增加一些跑量。

我的初级 1 训练计划尽管非常简单，但经过数千名跑者的检验证明它是格外有效的。实际上，估计有数十万的跑者通过我的网站和"峰值训练"交互式程序在执行着这一计划。最近我制作了一款 App，供那些使用 iPhone 手机的跑者下载。技术的进步使我可以通过多种途径为跑者提供我的马拉松训练计划，而跑步其实还是那样一件简单的事，你可以在第 1 周开始逐渐跑起来，在第 18 周跨过马拉松比赛的终点线。

派珀曾说："跑马拉松从来就不是一件容易的事，否则就不会吸引那么多人前去挑战了。但是掌握正确的训练方法确实可以增加你在训练和比赛中的乐趣。"

全程马拉松训练计划：初级 1

周数	周一	周二	周三	周四	周五	周六	周日
1	休息	4.8 公里跑	4.8 公里跑	4.8 公里跑	休息	9.6 公里跑	交叉训练
2	休息	4.8 公里跑	4.8 公里跑	4.8 公里跑	休息	11.2 公里跑	交叉训练
3	休息	4.8 公里跑	6.4 公里跑	4.8 公里跑	休息	8 公里跑	交叉训练
4	休息	4.8 公里跑	6.4 公里跑	4.8 公里跑	休息	14.4 公里跑	交叉训练
5	休息	4.8 公里跑	8 公里跑	4.8 公里跑	休息	16 公里跑	交叉训练
6	休息	4.8 公里跑	8 公里跑	4.8 公里跑	休息	11.2 公里跑	交叉训练
7	休息	4.8 公里跑	9.6 公里跑	4.8 公里跑	休息	19.2 公里跑	交叉训练
8	休息	4.8 公里跑	9.6 训里跑	4.8 公里跑	休息	休息	**半马**
9	休息	4.8 公里跑	11.2 公里跑	6.4 公里跑	休息	16 公里跑	交叉训练
10	休息	4.8 公里跑	11.2 公里跑	6.4 公里跑	休息	24 公里跑	交叉训练
11	休息	6.4 公里跑	12.8 公里跑	6.4 公里跑	休息	25.6 公里跑	交叉训练
12	休息	6.4 公里跑	12.8 公里跑	8 公里跑	休息	19.2 公里跑	交叉训练
13	休息	6.4 公里跑	14.4 公里跑	8 公里跑	休息	28.8 公里跑	交叉训练
14	休息	8 公里跑	14.4 公里跑	8 公里跑	休息	22.4 公里跑	交叉训练
15	休息	8 公里跑	16 公里跑	8 公里跑	休息	32 公里跑	交叉训练
16	休息	8 公里跑	12.8 公里跑	6.4 公里跑	休息	19.2 公里跑	交叉训练
17	休息	6.4 公里跑	9.6 公里跑	4.8 公里跑	休息	12.8 公里跑	交叉训练
18	休息	4.8 公里跑	6.4 公里跑	3.2 公里跑	休息	休息	**全马**

CHAPTER 12

长跑者的速度训练

如果你想跑得快，那就需要能够跑得快

对那些根本不认为在跑 42 公里时应当考虑速度的人来说，“速度训练”是一个令人恐惧的概念。那么为什么要练习速度呢？速度训练不是带有明显的受伤风险吗？大多数跑者都是想跑得更远而不是更快。在一场马拉松赛前博览会上，有位跑者曾拿起我的一本名为《Run Fast》的书嘟囔道：“我不想快跑。”

如果你是个马拉松跑者，又想在比赛中提升自己的状态，那么你可能需要进行一些速度训练。我们先来说说速度训练给马拉松跑者带来的好处吧。

首先，即使是对于马拉松跑者而言，速度训练也是一种有效的提高成绩的方式。速度训练与耐力训练相结合可以使你实现任何目标。美国司法部的健身经理艾尔弗雷德·莫里斯博士认为：“跑者们应当学会如何跑得更快，这样他们才会适应自己在参加马拉松比赛时的配速。”教练弗兰克·马里（Frank X. Mari）补充道：“对于马拉松跑者来说，在充分开发出冲刺的潜能之前，他们是不可能发觉自己的全部潜能的。”俄勒冈州波特兰市的教练基思·伍达德

（Keith Woodard）说："你必须要能在跑短距离时跑得快，才有可能在跑长距离时跑得快。"

在前面的章节中我们已经说过，首次参加马拉松赛的人并不需要过多地关注速度，他们的主要目标是逐渐地增加跑量直至能完成全马。而中级跑者也还是应当将注意力放在选择适合自己的跑量进行训练上。但是，在跑步多年后，如果你开始以秒而不是以分钟为单位来创造个人纪录，或者你的成绩开始有点儿走下坡路了，那就到该练练速度的时候了。

速度训练的好处

虽然跑长距离跑的跑者承认一套完整的训练计划应该包含速度练习，但并不是所有马拉松跑者都会把速度练习纳入到自己的训练中。其中的一个原因是，他们对这类训练不熟悉。现在的很多跑者并没有在高中或大学时参加过田径比赛或越野比赛，他们对速度训练和在跑道上跑步完全陌生。

> 不是所有马拉松跑者都会把速度训练纳入他们的训练中，其中一个原因是，他们对这类训练不熟悉。

恐惧也是一个因素，他们之所以会感到恐惧既是因为对这类训练缺乏了解，又因为担心自己会由此受伤，而过高的训练强度的确有可能会给自己的身体带来伤害（请注意我说的是"过高"，在后面我们会谈到这个问题）。

不可否认，速度训练确实有可能让人受伤，而且在速度训练中胸口的灼热感和来自双腿的疼痛感确实会让你觉得这类训练比疲劳度较低的公路慢跑更有风险。通常在进行高强度的速度练习后，你的腿会持续疼痛好几天，特别是在赛季初期这种情况更是普遍。

另外，当你在速度课上狂奔时也无法进行正常的交谈。如果你带着 iPod，几圈速度跑下来你可能就得把它扔在一边了，直到你开始放松时才能继续听音乐。这样做的原因很简单：要想好好地练习速度，就需要全神贯注，而听音乐会干扰你的注意力。无论如何，对于马拉松跑者来说，练习速度有以下 10 个很好的理由。

更好的表现。这是最具有说服力的理由，通过速度训练你可以跑得更快。这是确定无疑的，无数的实验室都已证明了在培养耐力的基础上加入速度训练可以将 5 公里跑的成绩提高数秒，将马拉松赛的成绩提高数分钟。欧明道大学（Old Dominian University）人类机能实验室的梅尔文·威廉姆斯博士（Melvin H. Williams）解释道："通过速度训练，你可以增强那些帮助你加快速度的特定肌肉，同时也提高了自己的无氧门槛，这使你可以在较快的配速下保持有氧状态。如果你能在较短的距离内跑得更快，那也就提高了你跑长距离时的有氧能力。"

姿态。我所知道的改善跑步姿态的最佳方法就是进行速度训练。如果你能学会跑得更有效率（生理学家常说的"经济性"），那也就有可能在跑任何距离时都表现得更出色。这也许是因为你使用了不同的肌肉群，也许是你迫使自己跑得更加平稳，也许是你学会了如何比马拉松配速跑得更快使自己能在比赛中跑得更轻松，也许是因为以上所有的原因，但不管是因为什么，速度训练确实有用。

多样性。日复一日地用同一配速在同一道路上跑同样的距离是会变得乏味的。为了保持跑步的兴奋度，你需要做一些改变，也就是增加训练的多样性。很多路跑俱乐部每周安排一次速度课作为给会员的福利。我和妻子冬天会住在佛罗里达州，有时我会同星期三晚上在杰克逊维尔市博尔斯高中（Bolles High School）田径场碰面的跑者们一起训练。我到那儿去跑既是为了提高速度，也是为了结交朋友，而且我发现，去那里训练的人大都非常认真。

兴奋。沿着一条风景优美的道路跑步当然会令你感到快乐，但是在操场上跑步时周围正在进行的其他体育运动也可以使你产生兴奋感。在跑步生涯的早期，我经常在芝加哥大学校园内的斯塔格操场训练，在操场上通常有 6 项运动在同时进行：操场中央有一群人在玩橄榄球，场边有一些人在玩网球和棒球，孩子们在沙坑里练跳远，田径运动员在练习着各项运动。在这里，我能感受到来自体育运动的非凡魅力。

速度狂魔

当打算参加首马的跑者问我，他们是否应该进行速度训练时，我会说不应该。如果你还没有能完成一场马拉松赛，那么现在还不是练速度的时候，除非你现在是按照我的高级训练计划每周进行一两天的速度训练，否则最好还是等到不为比赛做准备的时候再说吧。

扫描码关注“庐客汇”，
回复“速度狂魔”，
听听他们怎么说。

尽管那些所谓的专家们警告说速度训练可能会增加受伤的危险（如果你训练得当的话，其实也未必经常如此），然而那些追求成绩的跑者迟早会走上田径跑道。最近，我在“虚拟训练社区”上做了一项调查，86.4% 的回复者承认自己是“速度狂魔”。这与我在 10 年前为这本书的早期版本做的调查结果几乎一致，那次，有 87.5% 的回复者承认他们是“速度狂魔”。

方便。每个城市中都会有一些田径场，你很容易就能找到进行速度训练的场所。还有一点很重要，那就是进行速度训练可以让你用最少的时间获得最大的收益。我之前的教练弗雷德·威尔特教过我一个方法：在操场上跑 8 圈共 3 200 米，前 4 圈的 1 600 米用舒适的热身配速跑，不要停，快跑 200 米，再轻松跑 200 米，接下来在剩下的 3 圈内不断地重复这个过程。你只需要大概 20 分钟就能完成训练。这种间歇训练被称为“4 × 200”。最后的 200 米进行放松整理，然后你就可以驾车回家吃晚餐了。（学会了这种方法后，你就可以在跑道上、公路上和跑步机上都进行这样的练习。）

注意力集中。区分一名运动员是否优秀的一个重要指标就是看他能否在整场比赛的过程中始终保持专注。对初级马拉松跑者来说，分散些注意力是个好的策略，但如果你想跑得更快的话那可就不是这样了。在马拉松比赛中，大脑走神无疑将使自己的速度慢下来，而集中注意力才能使你的整个身体系统专注于保持稳定的配速、节省自己的能量、保持跑步的姿态。在运动场的跑道上练习快跑能让你集中全部的注意力，一旦掌握了这项技能，你就可以将其应用到路跑当中了。

安全性。在跑道上跑步你不用担心自己可能会被汽车撞到或是被狗追赶，跟其他同伴一起跑也可以降低被抢劫的风险。在冬天或夏天,如果你感觉过冷、过热或太累，那可以停下来回到车里或更衣室，而不必担心还要拖着沉重的步子从 5 公里之外跑回家去。另外，在运动场附近一般都有饮水处和洗手间。

伙伴。当臭名昭著的银行大盗威利·萨顿（Willie Sutton）被问到为何要抢银行时，他的回答是：“因为钱就在那儿。”运动场就是跑者“在”的地方。在运动场上，你可以找到自己想加入的训练团队和一起训练的伙伴，如果你想快得更快的话，跑友是十分重要的。有时，独自一人很难激励自己努力训练，和其他人一起练间歇跑往往会使人提高得更快。但是，有一点要注意：和跑友一起跑的危险在于你可能会过度训练，最终导致力竭或受伤。不过，总的来说，如果你能找到一个可以使你享受训练的跑友，那么你的跑步能力就一定会得到提高。

动力。教练也可以帮助你提高跑步水平，在运动场跑步也符合威利·萨顿的说法。对教练来说，很难观察散布在公路上跑步的跑者们的优缺点，因此他们更愿意让跑者们一组一组地在跑道上做速度训练。其实一个教练可能给你的最大帮助就是提供动力，任何一名跑者都可以在这本书中或网站上选择一个计划，然后再找一个可靠的教练来激励和指导你正确地完成这个计划。

愉快。就如同打网球的人完美地击球过网和高尔夫球手一杆将球打上果岭的那种感觉一样，快跑也能使你获得同样良好的感觉。对于任何运动，如果做得好都能获得一种真真切切的愉快体验,我将跑步中获得的这种体验称之为“轻风抚摸发丝的感觉”。而体会快跑带给你的快乐方式就是短距离快跑加上充分的休息，这就是速度训练。由于速度训练一定会提高你的比赛能力，因此它也将给你带来非常多的快乐。

不同种类的速度训练

在《Run Fast》这本书中，我将速度训练定义为“所有以等于或高于比赛配速进行的训练”。在那本书里，我主要针对的是那些希望提高 5 公里赛和 10 公里赛成绩的跑者，因此我所说的比赛配速只指 5 公里或 10 公里的配速。如果你的马拉松成绩是 4:30:00，那么你的配速就约为每公里 6 分 30 秒，如果以这种配速出去跑个 10 公里（大多数有经验的跑者都能比较容易地做到），这并不叫速度训练。对于马拉松跑者来说，速度训练的配速要大大高于马拉松配速，10 公里的配速则是一个非常好的基准。

如果要再进一步地定义速度训练，那么我还要将快速跑（等于或高于比赛配速）以及快速跑之后进行的一段慢跑或休息也考虑进去。这个部分之所以重要，是因为大多数跑者只有在动力十足并且休息充分的情况下才能以比赛配速坚持跑很长的距离，换句话说，他们只有在比赛时才会这样。在训练中要想以比赛配速跑，就需要将他们的比赛距离切成一段一段的，在每一段之间进行休息。如果你是个专攻 5 公里跑的运动员，那么你可以跑 12 × 400 米，在每组间进行短时间休息，通过训练比赛配速来模仿比赛的强度。尽管马拉松跑者并不需要在一次训练中就将 42 公里全都分段跑完，但原理其实是一样的。

速度训练有多种方式，有些训练更适合马拉松。在做这些练习时你甚至不需要测量距离和时间，用一个心率监测设备或是自我的努力感知度来测量训练强度就可以了。现在的 GPS 设备也可以精确地测量快速跑动的距离。在《Run Fast》一书中，我给出了每种速度训练的相关图表和解释。总之，针对马拉松有多种形式的速度训练，而且它们各有各的针对性。

重复跑。在重复跑训练中，你需要跑得非常快（一般距离很短），然后用一个相对较长的时间来恢复，再重复跑相同的距离。在重复快跑的间歇，跑者要用慢跑或休息的方法来充分恢复。在训练高中长跑运动员时，我经常让他们在两组之间走上 5 分钟，这样就可以使他们得到充分的休息，以便在接下来的一组中跑出最快的速度。休息 5 分钟并没有什么神奇之处，不过每次都精确地按照这个时间来休息可以让他们熟悉自己的休息基准线。

长距离重复跑

大多数马拉松教练认为长距离跑训练时的速度应当低于比赛配速，否则伤病的风险就会增加。不过，他们也同意跑者应该进行一些比赛配速的练习以便让大脑和肌肉熟悉这种配速。那么什么时候进行这类训练，又该如何以比赛速度进行训练呢?

答案就是长距离重复跑。

中距离跑运动员在田径场上以很快的配速进行 10 × 400 米或 16 × 200 米的训练，每组间以慢跑或步行进行恢复，而有经验的马拉松跑者也可以将长距离重复跑作为一种速度训练的形式。5 公里跑和 10 公里跑的选手同样也会从长距离重复跑中受益，不过我不建议第一次参加马拉松的跑者做这类练习。

长距离重复跑最好是在有里程标识的公路上进行。如果没有这样的道路，那你可以用 GPS 来测量距离，虽然有时这不是十分准确。较好的长距离重复跑距离为 800 米、1 600 米、2 400 米和 3 200 米。以比赛配速来跑任一距离，然后用慢跑或步行的方式休息 2~3 分钟，接下来进行重复跑。经过几周或几个月的时间，你可以逐渐地增加重复的次数，但是你需要始终用比赛配速来跑，因为熟悉比赛配速是这个训练的最主要的目的。

下表是不同比赛距离的训练方案，先以较少的重复次数开始，经过一段时间逐渐地增加到一个较高的次数。

比赛目标	开始训练时的计划	目标训练计划
5 公里	3 × 800 米	6 × 800 米
10 公里	3 × 1.6 公里	6 × 1.6 公里
半马	2 × 2.4 公里	5 × 2.4 公里
全马	2 × 3.2 公里	5 × 3.2 公里

在重要比赛之前的 2~3 周要进行减量，如果你的目标不是针对某一项特定的赛事，那么你可以在不同的距离间进行交替训练。而如果你的目标是以较快的速度完成马拉松赛，那你可以从 5 公里的重复练习开始逐渐过渡到马拉松训练的方案。

间歇跑。在进行间歇跑训练时，你要控制好两组快速跑之间的休息时间（也称间歇时间）。通常来说，间歇跑的组数要多于重复跑的组数，而间歇的距离（或时间）则要相对少一些。这种训练的关键是不要让心率在进行下一组快跑之前降到过低的水平。请注意，“间歇”指的是两组快跑之间的时段，而不是两组快跑时段。间歇跑比其他速度训练的强度都要大一些，因为你没有时间真正地放松下来，此时疲劳是持续累积的，基于这个原因，很多经验丰富的长跑运动员都躲着这种练习。不过从另一个角度来看，间歇跑可能是提高速度的最有效的方法。

冲刺跑可以提高速度，而速度是比赛成功的基础。

冲刺跑。冲刺跑就是在短距离内全力奔跑。如果一个运动员的训练水平很高，那么他全力冲刺的最长距离可能是 300 米左右。长跑运动员在训练中练习冲刺跑的距离要更短些：50~100 米，这也就是田径场上的直道或高尔夫球场的球道的距离。冲刺跑的目的是在提高速度的同时改善你的跑步方式，这种方法比耐力跑的效率更高。另外，这也是拉伸肌肉和加大步幅的好方法。

为什么马拉松跑者要练习冲刺呢？在整个比赛过程中，他们并没有机会跑到这种速度啊。其原因就是冲刺跑可以提高速度，而无论是什么距离，速度都是比赛成功的基础。如果你能提高 100~1 600 米的基础速度，那么你必将成为一个更快的马拉松跑者。

跨步跑。跨步跑就是慢速冲刺跑。通常我会在速度训练或比赛前将跨步跑作为热身。我一般会慢跑 1.6~3.2 公里，拉伸，然后再来一个接近比赛配速的 4×100 米。有时，我也会在训练的尾声进行跨步跑。

我喜欢用比赛配速来练习跨步跑，无论我的比赛目标是 800 米还是马拉松，因为这样做可以让我记住比赛时我打算跑多快。在马拉松比赛的前一天，我通常会先慢跑 1.6 公里来热身，然后找个草坪以马拉松比赛的配速轻松地跑上 3~4 组跨步跑，接下来再慢跑 1.6 公里来放松一下。在比赛日，虽然 4 万人挤在一起很难做热身，但我还是要做两组配速跑来进行热身。

加速跑。加速跑是在长距离跑或比赛当中进行的冲刺跑。当然，在比赛中不可能用这种方式跑太远。在马拉松比赛中，你不应该过于频繁地做加速跑，否则的话你可能就得登上为不能完赛的跑者准备的收容车了。虽然在合适的时间加速可以帮助有些人夺得奥运会金牌（就像琼·贝努瓦·萨缪尔森在 1984 年奥运会时做到的那样），但是对于那些想通过在整场比赛中平均分配体力以发挥最佳水平的中等水平的跑者而言，这并不是个好的比赛策略。不管怎样，加速跑是个有效而又令人愉快的训练方式。因为即使训练得再好，在比赛中也会有些难熬的时刻，而加速跑则可以帮你度过这些时刻。另外，有时候较快的加速跑也能像慢跑一样使你得到恢复。

法特莱克。法特莱克就是将上面提到的所有方法放到一次训练当中，而这种训练通常需要远离跑道，到树林中进行。这是一个瑞典词，大概意思是“速度游戏”。法特莱克包含快跑和慢跑，甚至还包括步行。基本上你是根据自己的情绪来进行慢跑、冲刺和比赛配速的快慢交替练习。

虽然法特莱克最好是在丛林小道上进行，但马拉松跑者也可以将这种方法应用于路跑训练中。这是一种没有定式的速度训练，有经验的跑者可以根据自己身体的讯息来调整而无须受限于跑表和任何距离测量工具。

节奏跑。运动学家告诉我们，节奏跑是提升乳酸门槛的最有效的方法，也就是说可以使你在以较快的配速奔跑时不会在血液中积累乳酸，而乳酸的堆积可能导致你最终停下来。这种训练是让你在介于理论上的有氧跑和无氧跑的交接点上进行训练。

有些教练将所有的匀速快跑都称为“节奏跑”，我对节奏跑的定义与他们有所不同。我认为，节奏跑在开始阶段要轻松地慢跑，然后逐渐加快到接近10公里比赛的配速，保持几分钟，最后再逐渐降低到开始阶段的慢跑配速。一个40分钟的节奏跑应该是这样的：慢跑10分钟，加速10分钟，以接近10公里比赛的配速跑10分钟，降速慢跑10分钟。这种10+10+10+10=40的模式并没有什么神奇的，节奏跑也可以是任何一种模式，只要你能让自己处于乳酸门槛的边缘即可。

我认为，这种驼峰模式的节奏跑不仅是提高速度的一种最有效的方法，而且还很令人享受。我经常在完成节奏跑后感到精神百倍，好像已经为超越全世界做好了准备一样。

总而言之,所有的速度训练都可以使你变成一个更好的跑者或马拉松跑者。如果你打算提高跑步水平，那就必须要学会快跑。

CHAPTER 13

自我保护性的跑步策略

如果你受伤了，就不可能打破个人纪录

如果你想成为一个成功的马拉松选手，那么首先就要保证自己能健康地站在起跑线上。不能开始也就谈不上完成，而要做到这一点就要避免受伤。因此，自我保护性的跑步策略就成了训练的一个关键部分。如果你想有一个漫长的跑步生涯，那就得界定一下哪些情况最容易使你受伤，然后尽量去避免，特别是错误的训练导致的过度性损伤。

有些医生会让受伤的跑者放弃跑步，在我的跑步生涯的早期就有些医生给了我这样的建议，于是我便不再去找那些自己不是跑者，也不理解跑者心态的医生了。大多数跑者都不会选择永远放弃跑步，而是想要跑得更远、想要远离伤病。不过大跑量的训练是可能招致伤病的，火奴鲁鲁马拉松的创始人小杰克·斯卡夫博士认为，跑马拉松本身就意味着伤病，他并不是在建议人们不要跑马拉松，而只是陈述了他所认为的事实。

佛罗里达州立大学运动科学中心主任迈克尔·波洛克博士（Michael L. Pollock）最近指出，训练强度是导致跑步伤病的最普遍的原因。“人们如果只

是以慢速进行短距离的走步或跑步是不会受伤的。”他说道。

俄勒冈州尤金的整形外科医生斯坦·詹姆斯博士（Stan James）在琼·贝努瓦·萨缪尔森夺得1984年奥运金牌的前3个半月为她进行了关节镜手术。他宣称，大部分的跑步伤病都是因为错误的训练造成的，如果能避免这些错误，你就可以无伤害地跑步。波士顿儿童医院运动医学部的创始人、《健康跑者手册》（*The Healthy Runner's Handbook*）一书的作者莱尔·米凯利博士（Lyle J. Micheli）也同意这个观点：“我们发现很多伤病其实是可以避免的。”

包括本书中所提供的计划在内的大多数训练计划都是在不同的渐进理论基础上建立起来的，即通过增加跑量或提高配速来逐渐地给身体增加负荷。而要获得最佳训练效果，你的训练强度需要刚好处于身体面临崩溃的红线下方。

大多数精英跑者的崩溃点大约在每周160公里的跑量左右，但并不是每个人都有这样优秀的运动能力。足病专家告诉我们在他们诊室外面挤满了那些每周跑48公里或多一些的普通跑者。48公里是个奇怪的跑量，软骨软化、足底筋膜炎、跟腱炎以及其他主要伤病似乎都会在你跑过这个数字之后找上门来。

从逻辑上来看，人们因此就不应该在一周内跑超过48公里的距离，但对于马拉松跑者而言，这可是远远不够的。《跑者世界》的调查显示，当跑者们决定要跑马拉松时，他们会在一段时期内将每周跑量增加16~24公里——从32公里左右提高到48~64公里。如果足病专家的说法是对的，那么在达到这种训练水平之后，很多跑者就该与他们预约门诊了。

马拉松跑者的每周跑量

当跑者们为参加马拉松比赛进行准备时，他们当然要增加周跑量，但应该增加到多少呢？我和跑者世界网站执行编辑马克·里米（Mark Remy）[①]合

① 马克·里米，《跑步的197条守则》作者。在这本书中，他以生动幽默的笔触向跑者提出近200条建议。本书中文简体字版已由湛庐文化策划，浙江人民出版社出版。——编者注

作对 runnersworld.com 的访客进行了一项调查，来了解他们的训练习惯。5 年前，撰写这本书的第 3 版时，我也做过一项类似的调查。

调查的结果令我们大为吃惊（参与调查的共有 2 345 人，这一人数足以使我们得出结论了），与前两次调查相比，现在很少有人在最大跑量周（我计划中的第 15 周）只跑 32~46 公里了，每周跑 80~95 公里这样的大跑量的人数变得越来越多，跑者的训练跑量正在不断上升（见下表）。

每周跑量（公里）	2005 年跑者占比（%）	2010 年跑者占比（%）
16~30.4	2.25	2.73
32~46.4	23.87	7.85
48~62.4	39.41	21.11
64~78.4	21.06	28.57
80~94.4	8.33	20.34
96~110.4	3.83	8.36
112 +	1.24	11.04

显而易见，如果你想更好地完成一场马拉松比赛，就要为之付出努力。

如果你是一名追求比赛结果的马拉松跑者，就要判断出自己周跑量的崩溃点，并在训练中偶尔略微冲破这个点，试着通过长期的持续训练将自己的崩溃点推到一个新的水平，这样就能使自己完赛或者在比赛中跑得更快。

将崩溃点向后推移是需要时间的，精英跑者要用很多年的时间才能使自己的身体适应周跑量 160 公里的强度。他们并不能从这个月的 80 公里一下子就在下个月跳到 160 公里，而且还能保证不会受伤。对那些初次跑马拉松的人来说，如果尝试将周跑量 30 公里过快地提升到超过 50 公里也有可能让自己陷入麻烦，那样的话他们一定会遇到伤病或者由于过度训练而使自己的状态下降。

你是否过度训练了？

过度训练本身并不是一种伤病，你并没有受伤，没有什么地方红肿，也没有什么地方骨折，只是跑步时总感觉自己的双腿是僵硬的，训练和比赛情况开始变糟，跑步的乐趣也越来越少。过度训练将把你置于受伤的危险境地，不好的事情必定会发生。值得注意的是，不是可能发生，而是必定会发生。

马拉松跑者比其他跑者更容易过度训练，这是因为他们的训练量要求所造成的。训练量越大，过度训练的风险也必然会越大。

马拉松跑者比其他类型的跑者更容易过度训练。

过度训练的一个症状就是缺乏糖原，这种像糖一样的物质是肌肉的燃料，也是最高效的能量。当你摄入的碳水化合物无法补充消耗的卡路里，或难以合成足够多的糖原时，就会出现糖原匮乏的症状。虽然原因还没有彻底搞清，但过度训练似乎确实会妨碍体内的燃料转化为能量。

有些跑者用增加训练水平来减体重，他们将马拉松当作一种减肥的方法。但是人们通常容易犯的一个错误就是，在增加跑量的同时降低卡路里的摄入量。马拉松跑者经常向我抱怨他们缺乏能量，特别是在长距离跑训练的最后阶段。而我发现他们无一例外地都是在增加跑量时节食或执行低碳水化合物摄入法，以致没有足够的碳水化合物来支撑大跑量的训练。这些人既是由于训练习惯也是由于饮食习惯而造成过度训练的。

过度训练的跑者也许能保持速度，但他们的跑姿却可能较差，而且能量的消耗也更大。鲍尔州立大学人体机能实验室的戴维·科斯蒂尔博士（David Costill）说，他的早期训练中只需自己 60% 的有氧能力就可以跑到每公里 3 分 45 秒的配速，当过度训练之后，他需要以 80% 的有氧能力才能保持同样的速度。的确，过度训练跑者能以计划的配速来跑，但他们难以持续很长的时间或跑很远的距离。

当运动员调动起所有肌肉纤维来维持他们的配速时，总是会在慢肌纤维消耗之前先耗尽快肌纤维的能量。这就是跑者在比赛中减速的一个原因：在大强度训练中，他们的快肌纤维已经被消耗了。

不过糖原匮乏并不是唯一的问题，撕裂、磨损、丧失弹性（就如同被反复拉扯的橡皮筋那样）等都会在微观上对肌肉纤维产生损害。尽管进行了血液和尿液分析，研究人员还是觉得很难确定过度训练导致肌肉能力下降的原因和方式。

识别过度训练的信号

最简单的保护性策略就是坚持记跑步日志，这样做的主要目的是为了确定你在哪里犯了詹姆斯博士所说的"训练错误"，而吸取教训才能使自己避免再犯这样的错误。跑步日志可以提示你是否过度训练，假如你总是感到疲乏，那就可能是训练过度了。"运动自觉量可以给我们提供最重要的信息。"威斯康星大学运动心理学博士威廉·摩根（William P. Morgan）说道。下面是你需要注意的其他一些征兆。

> 最简单的保守性策略就是坚持记跑步日志。

沉重的双腿。你的双腿失去了力量，速度变缓，出现这种情况的原因可能是糖原耗尽了。"这时你会感觉自己的鞋底上就像是抹了胶。"科斯蒂尔说。

脉搏加速。测量是否过度训练的简单方式就是在每天早晨起床前测一下自己的脉搏，如果超过了平时的正常值就需要在训练中减量。

睡眠出现问题。难以入睡，夜间还可能醒几次，早晨起床困难……"睡眠功能紊乱常常是压力过大的信号之一。"科斯蒂尔说。

性欲衰退。你的生活不再浪漫，这也许是由于训练而产生的疲劳使睾酮水平下降从而让你对性生活失去了兴趣。

惧怕训练。如果你觉得每天早晨出门跑步不那么容易了，总是坐在那里磨蹭，那么这就是你的身体在告诉你需要休息了。“这是过度训练的一种心理影响。”科斯蒂尔说。

肌肉疼痛。你的肌肉特别是腿部肌肉十分僵硬，甚至碰一下都觉得疼，其原因是由于你在路面上经受过多的撞击致使肌肉损伤。有时在经过大强度训练后，感到肌肉疼痛属于正常情况，但如果这种疼痛持续很久就是过度训练的信号了。

我坚信使用我的计划的跑者在训练时受伤的概率会比较低，但如果有人受伤，那往往是由于以下三种原因之一：

- 在开始执行训练计划之前没有足够的跑量基础。
- 首次进行马拉松训练的人因为已经跑过几年，不希望被视为“新手”或“慢跑者”，而选择了中级训练计划而不是初级训练计划。
- 在长距离跑中采用比赛配速或更快的速度，他们相信这样能使他们创造更好的个人纪录。

小心感冒

感冒等上呼吸道疾病在过度训练的跑者中十分普遍。

另一个过度训练的信号就是感冒，特别是在参加一场重要比赛之前患上感冒。亚特兰大疾病控制与预防中心的运动生理学和流行病学专家格雷戈里·希思（Gregory W. Heath）称，感冒等上呼吸道疾病在过度训练的跑者中十分普遍。他说，一般而言，跑者患上呼吸道疾病的比例只是普通人的一半。由于生活方式的缘故，跑者的身体要更健康一些，但是希思博士说如果你参加比赛，特别是参加马拉松比赛，那么你就会失去这些优势。

阿巴拉契亚州立大学的人体机能实验室主任戴维·尼曼博士（David C. Nieman）调查了洛杉矶马拉松赛的参赛者，他发现有40%的人在赛前的两个月曾患过感冒。由于大跑量的训练，跑者们的抵抗力下降，更容易被感冒病菌所感染。尼曼发现，如果跑者的跑量每周超过96公里，他们患感冒的风险就会翻一倍。他还发现，比赛后的一星期内，有13%的马拉松完赛者会患上感冒，而没有比赛的跑者只有2%患感冒。

我相信训练不足比训练过度要好。在我的高级马拉松训练计划里，最大跑量也在每周96公里以下。我并不是在告诉跑者们少跑点儿，我只是想要告诉他们，在执行一个更激进的训练计划之前应该知道自己将要面对的是什么。那些每周经常跑96公里而且身体已经适应了这样高负荷的跑者可能不会面临更多的风险，他们不会过度训练，而会训练得更好。在训练不足与过度训练之间有一条界线，但找到这条界线并不是件容易的事。

跑者常患的伤病

最常见的跑步伤病是什么呢？在写《老将跑步》（*Masters Running*）一书时，我对500多名超过40岁的田径运动员进行了调查，希望发现他们常患哪些伤病。下表是此次调查的结果（由于参与调查者可以多选，因此频率总和会超过100%）。

伤病	发生概率（%）
肌肉拉伤	32
膝伤	30
足底筋膜炎	26
非跑步伤病	22
髂胫束损伤	20
跟腱炎	17

伤病	发生概率（%）
胫纤维发炎	16
应力性骨折	9
其他健康问题	8
无伤病	10

如果你能判断出最令你困扰的是哪种伤病，那么就可以设计出最佳保护性策略来避免它，而跑步日志往往是帮你判断出训练错误的最好的工具。

你应该在感染感冒风险较小的阶段（春季至秋季之间）进行大跑量训练。尼曼认为，每年至少要注射一次流感疫苗，通常要选在秋季注射疫苗。也许你不能因此彻底避开流感的侵袭，但注射疫苗至少可以帮助你减少感冒的症状。

打好坚实的训练基础可以使你不会由于一周左右的因病停训而损失得太过惨重。为了防止问题发生，你要有足够的减量时间。最后，在比赛临近时，要格外小心。“病毒的接触传染要甚于空气传染。”因此，希思建议跑者要远离感冒人群，与这类人群接触后要洗手，特别是在比赛前后尽量使自己隔离病毒。

感冒时要减少训练量，患流感时就要完全停止训练。

如果感冒了，就要减少训练，而如果患了流感，并伴随发烧的话，就要彻底停止训练，这一点非常重要，因为当你的身体非常虚弱时，伤病的风险会相应增加。你可能在感冒不严重的情况下完成一场马拉松赛（脱水可能是你面临的最大问题），但是在患流感的情况下跑马拉松就肯定是不明智的了。尼曼认为，也许你能完赛，但可能会极大地损伤自己的免疫系统并且引发持续更长时间的健康问题。

渐入佳境

防止伤病的第一道防线就是不要休息了一段时间后马上全力投入训练。有很多运动员都是在春季受伤的。在休息了一个冬天之后，跑者们想马上开始以秋季的跑量进行训练，其结果就是接踵而来的伤病。

我当高中教练时发现，年轻的运动员特别容易在春天和秋天赛季刚开始的几周内受伤。这是因为他们在赛季之间没有恰当地训练，而后又过快地加大训练量。在每个赛季的开始阶段外前夹就像传染病一样地扩散着，学生们从零公里快速进入大跑量，然后他们就受伤了。

> 在训练不足与过度训练之间有一条界线，但找到这条界线并非易事。

这种情况在成年跑者中也会出现，特别是那些先前还未跑起来却突然受到激励而决定跑马拉松的人。如果这种激励来自全马比赛的一年之前，你可能还有时间从零至 42 公里慢慢地按计划训练。而如果时间已经不够了，那你就应该选择 5 公里、10 公里或半马作为阶段性目标，将首场全马延后。值得庆幸的是，越来越多的新手似乎已经将半马作为全马的过渡阶段。

交叉训练也会给人一种安全的假象，不要过高地估计不跑步的非赛季训练的效果。有一段时期，我整个冬天都会待在美国中西部，由于进行越野滑雪，我的心血管状态非常好，但是当冰雪开始融化时，我还是要非常小心地将滑雪训练时的强度带入跑步之中。

我设计出了两种预防这个问题的策略。第一，下雪后我并不是完全地将跑步换成滑雪，而是保持了一定强度的跑步运动，至少每隔一天跑一次。我通常会慢跑 1.5 公里或者拿着滑雪用具在被雪覆盖的高尔夫球道上慢跑。而一旦冰雪融化，我就会在冬春交替的过渡期降低训练的强度。

增加多样性

如果能巧妙地进行交叉训练，它仍然是一种预防伤病的重要方法。出现跑步伤病的一个主要原因就是，你的脚在跑动中成千上万次地撞击地面所带来的压力。游泳、滑雪、骑自行车和走路都不会造成这样的冲击。

我和妻子罗丝在佛罗里达州蓬特韦德拉海滩挑选了一处离海滩仅有几分钟脚程的住所，这里的土地平坦、紧实却又有足够的弹性来最大限度地抵消冲击力，是完美的跑步路面。而且，在我的房子和海滩之间还有一家健身中心，在海滩跑完步后，我可以用健身器械练练力量，再游会儿泳或做水中跑步，然后浸泡在浴池里放松酸疼的肌肉。

在健身房，我会尽量模仿跑步的状态来进行练习，但大多数的交叉训练都不是按照跑步的方式练习肌肉的。这既有好处也有缺点，但是要想做一个成功的跑者，你就需要按跑者的方法训练。

“交叉训练不会使人受伤”这只是一种神话。

过量的交叉训练也可能会使自己受伤。由于使用了不同的肌肉（看似“不疲劳”），跑者在高强度跑步训练之间进行的交叉训练可能会过量。如果不注意的话，你可能会受伤。“交叉训练不会使人受伤”，这只是一个神话。

我们有时也会很焦虑。一位进行马拉松训练的女士在我的“虚拟训练社区”上留言，她担心在3周的减量期间会丧失状态，她问我是否能用交叉训练来补充跑量的缺失。我告诉她，如果她习惯做交叉训练则可以接着做，但如果突然加入新的交叉训练则是不明智的，特别是在马拉松比赛之前。

减量的根本目的就是通过大幅度减少运动量使全身肌肉得到放松。在跑完马拉松之后的一周如果因为肌肉太疼不能跑步而进行交叉训练也是不明智的。我在网上发布了一个马拉松赛后的计划，提醒跑者不要在马拉松比赛后过早地恢复训练，做到在赛后的3天内既不去跑步也没有交叉训练。

总之，如果你比较容易因过度使用肌肉而受伤，可以用一些强度较低的交叉训练来代替跑步，这样可以降低受伤的风险，尽量避免状态下滑。如果能在训练中避免伤病，那么你无疑将成为一名更好的跑者。

谨慎地进行速度训练

我所认识的每一位教练都认为速度训练是最有效的提高比赛成绩的方法，但过量训练就会有危险了，在马拉松训练中更是如此。

在我的“虚拟训练社区”上最爱提问题的就是那些听说速度训练可以提高成绩的跑者。他们应该到跑道上开始速度训练吗？如果他们刚刚接触马拉松训练而且从未上过跑道，那么答案就是否定的，那些为首马而训练的提问者就更不必如此了，甚至对那些有过速度训练背景的人我都要说不。只有我的高级训练计划才包含速度训练，而这些计划是为那些做过类似练习的老手设计的。

速度训练本身并不会给你造成伤害，但速度训练加上大跑量积累就会带来风险了。在跑步生涯的早期，我明白了自己可以提高跑步的质量（速度），也可以提高数量（距离），但不能在没有伤病风险的前提下同时获得。马拉松跑者可以进行速度训练，但应该是在大跑量积累和相应的减量休整后进行。

仔细挑选跑步路面

我喜欢越野跑，部分原因是我喜欢穿越树林，另外还因为在柔软的地面上跑步受伤的风险较小。不过，我也注意到有些跑者在跑越野时并不适应那些有可能使人受伤的复杂路面。我所在的越野队在秋季初期会遇到这种问题，田径队在漫长的冬歇期后刚开始越野训练时也会遭遇这种情况。在赛季间训练较少的队员不是被树根绊倒就是踩进土坑崴了脚，但是那些常年坚持越野训练的人似乎从未出现这些状况。

沥青路面不如水泥路面坚硬，但也不属于柔软的路面。尽管如此，如果你准备在马路上参加比赛，仍需要在马路上持续练习，以让自己的肌肉适应路面的冲击。在为马拉松赛做准备时，相对于在跑道上练习或参加越野赛，我会花更多的时间在马路上练习。

随着健身房和跑步机的增加，很多跑者开始在室内训练，特别是在冬季和炎热的夏季。尽管阿拉斯加人克里斯蒂娜·克拉克（Christine Clark）的大部分训练是在室内进行的，但她仍然获得了2000年奥运会马拉松选拔赛的冠军，而且在户外表现得非常好。

春季，从在跑步机上训练转到在公路上训练会产生一些细微但却很重要的变化：跑步机的履带会一直协助你跑步，但是在公路上就全靠你自己了。那些相信跑步机上显示的配速的人有时会吃惊地发现，在户外他们很难保持同样的速度。跑步机的缓震效果都比公路要好，它可以预防冲击所带来的伤病。但是如果你将跑步机的倾斜角度设定得过高，以至于你不得不过多地用脚尖跑步，则可能引发其他伤病，特别是足底筋膜炎和跟腱炎。

减震跑鞋

减缓地面冲击的一种方法就是穿一双能适度缓震的跑鞋。跑鞋生产厂家花费数百万美元为跑者来设计这类能预防伤病的跑鞋。他们使用了各种吸收能量的材料，还在鞋中内置空气气囊，以便减少跑者在沥青路面或水泥路面上所需承受的冲击力。

近半个世纪以来，男子马拉松的成绩提高了接近20分钟，这其中的一个原因可能就是出现了更好的跑鞋，跑者们在训练中更少遭受伤病的困扰了。值得注意的是，过软的跑鞋缺乏足够的支撑可能会削弱足部的稳定性导致受伤。谨慎地选择跑鞋是重中之重。举个例子，与体重较小的跑者相比，体重较大的跑者自然就要选择支撑性更好的鞋。

你也可能需要不止一种跑鞋，我有很多种田径鞋，每双鞋都有特定的用途。在跑慢速轻松跑时我会穿较重的、保护性较好的跑鞋，在练习速度时我更愿意穿一双轻盈的跑鞋，在速度训练中我通常穿比赛鞋，而跑长距离时则穿轻重适中的跑鞋。当在平坦的小路上跑步时，我会穿一双灵活轻便的鞋，而要跑崎岖不平的山路，我则可能需要穿鞋跟带钉的跑鞋；在田径场上练重复跑时，我可能会穿带钉的田径跑鞋。另外，我还有骑行鞋、滑雪靴以及适用于在海滩上跑步的户外运动鞋，我甚至还穿着极地探险家拥有的那种裘皮长靴在雪地上跑过。

每个跑者的鞋柜中的跑鞋都有各自的用途，特定的鞋在某种情况下是最为适宜的，在另一种情况下可能就不适合了。穿不合适的跑鞋在崎岖不平的地面上跑步会增加受伤的风险。对那些只在周末才跑步的人来说，越野鞋也许是适合的，但对那些认真训练的耐力运动员则是完全不适合的。

关于跑鞋信息的最佳来源是那些雇用跑者作为职员的商店！有的商店有跑步机，这样工作人员就可以观察客户穿着跑鞋跑步的情况。他们也可以在店门口观察你在人行道上跑步的情况，只要你别跑得太远！

> 如果你能在训练中避免受伤，那么你无疑将可能成为一名更好的跑者。

有时候我不穿鞋，至少是在天气温暖时，在畅销书《天生就会跑》（*Born to Run*）兴起一股赤足跑热潮之前，我已经这样做了很多年了。在草丛、沙地或深水中跑步时，我会光着脚，因为我这样可以拉伸并强化脚部的肌肉。斯坦福大学的一些颇具创造力的教练规定，他们的田径运动员一周内要赤脚跑上几公里。我甚至还赤脚参加过比赛，1972 年我在伦敦水晶宫田径场赤脚参加了 5 000 米的比赛，并刷新了一项保持了 25 年的纪录。尽管赤足跑并不会让跑鞋公司更喜欢我，但这是我进行保护性跑步的一种方法。

保持肌肉的放松和强壮

拉伸是减少伤病的另一种方法，而拉伸肌肉的最好时机是在热身之后。田径运动员通常会先慢跑 2~3 公里，然后在做强烈运动之前进行拉伸或做操。

长跑者通常不太愿意在长距离跑的过程中进行拉伸，虽然他们其实可能更需要这样做。我会在长跑前和高强度跑步训练之中做拉伸，但我最喜欢的还是跑后的拉伸。每一位跑者都应该做一些既方便又舒适的拉伸。

每一位跑者都应该做一些既方便又舒适的拉伸。

力量训练对于强化能力和防止伤病都十分重要。我会定期地做举重训练和器械训练，但你最好在跑量积累期间减少这类练习。对于马拉松跑者来说，小重量多组数的训练似乎是最合适的。如果你想成为一个成功的马拉松跑者，那么就不要不停地、过量地进行力量训练。在赛前的 3~6 周，当你的最长距离跑接近 32 公里时，我建议你减少或停止举重训练。在受到某种特定的伤病威胁时，我会立刻向负责力量训练的教练或理疗师咨询，有些训练可以加速身体复原，但有些则相反。

我能成为一个长期跑者的部分原因就是为尽量避免患上那种需要很长时间才能恢复的伤病。在超过半个世纪的跑步时光中，我只患过几次伤病：偶尔跟腱和膝盖有点儿疼，有过一阵子足底筋膜炎，并没有做过手术。这或是因为我够聪明，或是因为我运气好，又或是因为我是科斯蒂尔博士所说的那种“金刚不坏之躯”，也就是说符合生物力学的原理。虽然这其中的两个因素都是不可控的，但你确实可以聪明地将拉伸和力量训练融入自己的常规训练当中。

防止伤病复发

当伤病很严重时，跑者不仅需要咨询医生，还要通过跑步日志来确定为什么会受伤。在摆脱了伤病或者减小了一段时间的训练量之后，跑者们常常又会受伤。南卡罗来纳大学哥伦比亚分校运动科学系主任拉塞尔·佩特博士（Russell H. Pate）说：“跑者会想‘终于又可以每周跑64公里了’，但是他们的身体并没有准备好。”通过跟踪调查600位跑者一年的日常训练状况，佩特发现了两个导致伤病的主要原因：旧伤和大训练量。“如果你受过一次伤却又没有调整自己的训练规划，那就有可能会伤第二次。”

有三个因素决定了大训练量的跑者们是否会再次受伤：频率、跑量和是否要跑马拉松。关键在于跑者的训练方法。“过快的跑量积累是导致伤病的关键性因素，”佩特博士说，“你需要知道自己的极限。”当你确定了自己的极限后，才能调整自己的训练方法，防止伤病的发生。

我预防伤病的另一个方法是做按摩。通常，我每两周做一次按摩，为了准备某项赛事而加大训练量时，我会增加做按摩的次数。在马拉松比赛终点进行免费或低价格的按摩会让你感觉不错，不过最好是在赛后24~48小时内进行按摩，因为这时你的肌肉还在恢复中。

专业田径运动员做按摩的频率更加频繁。有些按摩师说，按摩能修复疲劳的肌肉，但相关研究的结果并不能证明这一点。而我不需要科学家告诉我按摩是否有效，我觉得按摩最大的益处就是能让我放松，而放松的肌肉更不容易受伤。

训练计划要与年龄相匹配

虽然基础的训练原则适用于所有跑者，但不同跑者的具体训练计划还是存在差异的。尽管跑步有助于减缓衰老，但当你的年纪越来越大时，有些事情就要引起注意了。

在高强度速度训练或长距离跑训练之后，你可能需要两天甚至更多的休息时间，而不是之前一天的休息时间。标准的训练计划也可能因容易使你受伤而变得不再适用。不管这本书或者其他的书里怎么强调要提高训练水平，到了一定的年龄时，你就必须要减掉那些对你来说有伤病风险的训练内容，其中可能包括田径场上的间歇跑、跑坡、法特莱克训练法以及其他包含“起步 - 停车”形式的运动。能坚持跑步是最重要的，年龄较大的跑者都知道耐力跑的秘诀就在于无伤害。你所要做的所有事情就是每天坚持跑步，无论是否有提高，而那至少会让你保持最佳的状态。

纽约路跑俱乐部教练总监鲍勃·格洛弗将休息比喻为“动态修复”。他认为，在所有成功的训练计划中最容易被跑者忽视的就是休息，有时候较少的训练反倒是最好的。“当教练感觉有点儿拿不准时，就会建议把训练强度降低一些，每年我的训练强度都会变得越来越柔和。通过循序渐进的方法来提高能力，同时最大程度地降低伤病风险，你就一定能取得成功。老一辈教练的想法曾经是‘物竞天择、适者生存’，可是又有几人能幸免于伤病呢？”

毫无疑问，如果能避免伤病，你就能最大限度地延长跑步寿命，而保护性跑步策略可能是最好的训练策略。

CHAPTER 14

为最佳状态做准备

想成功就需要将全部注意力集中于一个目标

对长跑项目来说，集中精力去关注一项关键赛事是获得最佳状态的最好方法。迎接这项赛事的方法就是循序渐进地进行训练：从一个低起点起步逐渐到达一个很高的水平，然后完成一场比赛或一系列比赛：10公里赛、半马、全马。随后，你可以放松下来开始思考自己的下一个目标。也许在这期间你会做一些速度练习，在回归耐力基础训练之前先提高一下速度。

这就是教练们所说的“周期”。新西兰的阿瑟·利迪亚德教练在推广这种方法方面拥有极高的声誉，这得益于他的队员默里·哈尔伯格（Murray Halberg）和彼得·斯内尔（Peter Snell）取得了奥运会金牌。在一年的不同时期，你可以采用不同的训练方式，有时你需要在盯住终极目标的同时设定一些阶段性的目标。对于本书的读者来说，终极目标就是跑完一场马拉松赛或努力在比赛中跑得更快。

周期

“周期”是教练们用来形容在一段时期内（几周、几个月甚至是几年）的一套训练体系。虽然利迪亚德不是这个词的发明者，但他确实是为了达到某一特定目标而将跑者的训练计划分成不同阶段的先行者，对于利迪亚德手下的那些男孩子来说，比如默里·哈尔伯格和彼得·斯内尔，这个目标就是奥运会金牌。

以下是让那些刚刚结束一场马拉松赛，正为下一场做准备的跑者进行周期训练的方法，其中有些阶段是混在一起的。

休息：在跑完一场马拉松赛之后，你需要 3~6 周的动态休息时间，然后再开始高强度的训练。

耐力训练 I：大跑量是练习长跑的成功关键。利迪亚德甚至让斯内尔跑 37 公里作为基础训练。很多马拉松跑者都会跳过这个阶段，或是推迟跑量积累。

力量：要想跑得快，就需要更强壮的肌肉。利迪亚德指导的队员通过跑坡和在田径场上练习间歇跑提高了他们的力量和速度。不过，如果要跑得更快，你就需要在这个阶段减少跑量。

速度：马拉松跑者可以通过跑短距离来提高速度，特别是 5 公里和 10 公里。最佳时机是在你还没有加大跑量的阶段就练习速度，而速度训练和力量训练可以重叠着练习。

耐力训练 II：这是真正为马拉松比赛而设计的跑量积累阶段，我的 18 周训练计划使跑者的最长距离跑从 10 公里提升到 32 公里。

减量：不要忽视这个重要的阶段，除非休息得很好，否则你不可能在比赛中发挥出最佳水平。

马拉松赛：在比赛中以你最快的速度跑，然后为下一个赛事重复这样的周期。

与其他运动相比，马拉松都更适合这种方法。虽然有些跑者一年会参加6场以上的半马或全马，但大多数长跑者在12个月中还是只跑一两场，很多人一辈子只跑一场马拉松。通常他们会早早决定好，这样他们就有充足的时间训练，从而使自己在比赛中发挥最佳水平。

怎样达到最佳状态呢？怎样为某场特定的比赛调整训练计划呢？怎样才能确保自己能够通过完成训练计划而获得成功呢？对于跑者来说，没有什么神奇的模板，尽管如此，还是有一些帮助你达到颠峰状态的指导性方法的。

时间决定一切

不管是马拉松还是距离为1 600米的比赛，只要你希望在某场特定的比赛中发挥最佳水平，那你就需要时间。你需要时间来做计划、打基础、逐渐进步，还需要时间进行适当的减量。

那么这需要多长时间呢？对于田径场上的短距离比赛或公路上的10公里赛和半马来说，至少需要2~3个月的准备时间。而对于大多数首次跑马拉松的人来说，用4~5个月来准备就足够了。我的训练计划需要18周，但前提是假设在开始执行这个计划时，你已经具备了一定的健身水平。至于那些想提高马拉松成绩的老手6个月的准备时间恐怕是最短的，12个月会更保险些。前世界级马拉松跑者、来自科罗拉多州博尔德的本杰·德登（Benji Durden）为我写的书《如何训练》（*How to Train*）设计了一个84周的训练计划。这个计划包括了如何为一场测试性的马拉松赛以及为创造个人最好成绩而进行训练，其中以半马作为中间阶段性的目标。那些要参加奥运会的人则必须提前4年就筹划好。但是，即使你的目标不是奥运会，也需要做同样的事情。跑马拉松是为了完成一个人生愿望吗？参加长跑比赛会使你生活方式发

只要你希望在某场特定的比赛中发挥最佳水平，那你就需要时间。

生重大变化吗？如果你是首次参加马拉松赛，可能并不知道这些问题的答案，但要想获得成功，你就需要为成功而早早筹划。

你需要足够的时间来执行计划，以最好的状态站在比赛的起跑线上。如果不这样做，你就不可能发挥出最佳水平，也就没有掌握训练周期的应用方法。

为什么需要一个目标？

在制订一项计划之前，你需要一个目标。如果你只是想随心所欲地训练，什么时候想参赛就什么时候参赛，那也行，跑步并不需要总是不间断地追求一场又一场的大赛。我们都需要缓一下，让自己休整一下再去迎接下一轮挑战。有时，在非常重要的训练和比赛结束后，我会休整一年或更长的时间。

比尔·鲍尔曼是俄勒冈州立大学的一位伟大的田径教练，同时也是耐克公司的创始人之一。在写文章时，我经常提到鲍尔曼关于高强度训练日与轻松日交替的训练方法，不过我对他的方法进行了扩展，我的计划经常是高强度训练年和轻松年相交替。有时，一年都没有明确的训练目标对马拉松生涯来说可能更合适。

通常我会在每年的年初设定目标，有时我的目标可能是提高一些不同距离的比赛的成绩,有时则可能是要在同一项赛事中取得更好的成绩。很多年以来，我将世界大师锦标赛设定为促使自己达到最佳状态的赛事，这项赛事每两年举行一次。我也因此总共赢得了 4 枚金牌和 9 枚其他奖牌。除此之外，我的目标是马拉松。

马拉松是一个目标，因为无论是在训练中还是在比赛中，人们都需要付出超乎常人的努力，而这也是马拉松的神奇之处。设定目标并不仅仅需要选择赛事，还包括在这项赛事中你想得到什么：你的目标是完赛还是创造新的个人纪录？是赢得冠军还是只想将跑步视为乐趣？无论如何，你需要首先确定自己的目标，然后再开始做计划。

有时，你也可以有子目标或一系列的目标，你还可以先参加一些比赛作为目标赛事的过渡。首次参加马拉松赛的跑者需要先参加从 5 公里至半马的一些比赛，只有这样他们才能获得完成全马所需要的知识。有时，我会先设定一个初级目标，比如在一场马拉松比赛中以较快的速度完赛，并希望以此作为踏脚石，来完成一个更大的目标——以更快的速度跑完马拉松赛。

不过，目标过多或过于分散则有可能让你无法完成自己的主要目标。

改善你的计划

一旦确立了目标，你就可以制订计划了。这时你应该翻看一下自己的跑步日志（特别是对于那些有多年跑步经验的跑者），或在脑海中回顾一下以往哪些训练对自己有效而哪些无效。

我曾在参赛归来的飞机上制订过很多个初步的训练计划。当然，回到家中我还会继续修改。虽然我们的生活被网络所包围，但我觉得最舒服的制订计划的方式还是用纸和笔。我用一个大纸板画出日历，将主要的事件标注在合适的时间栏里，通常在我会用红笔标出自己希望发挥最佳水平的那一天。我会列出特定的训练内容或者我准备完成的跑量（每天或每周）。我也会用这个日历来记录训练情况，记录长距离跑训练的距离和周跑量，提前标出速度训练的关键日期并记录下训练结果。我还会用同样的方法来标注比赛并且记录比赛的情况。这是对我的日常跑步日志的一种补充，而在日常的跑步日志中，我会更详细地记录每天的训练情况。

在我办公室的书架上，有我记录了 30 年的跑步日志，不过现在我用电脑来记录训练情况了。很多跑者到我的网站上下载训练计划，或者注册我的 App，这样一来他们每天都可以收到我的教学邮件。这些跑者可以很方便地为某场特定的马拉松比赛而调整日程安排和训练量，也可以在每次训练后或简或繁地记录训练的细节。从很多方面来讲，坚持记训练日志就好像是在给自己写情书一样。

设定目标

跑者们擅长设定目标吗？根据一份对刚刚完成秋季马拉松赛事的跑者们进行的在线调查，我发现答案是肯定的（见下表）。

目标	设定目标人数比（%）
还未为下一年设定目标	16.2
已计划好春季要参加的马拉松赛	41.9
已计划好秋季要参加的马拉松赛	9.3
已计划好春季和秋季要参加的马拉松赛	18.6
设定的目标内不包含马拉松赛	11.6
设定了超过一个自然年的目标	2.3
对于下一年没有目标	0

“如果没有目标，为什么还要训练呢？”来自俄亥俄州芬德利（Findlay）的葆拉·苏拉赛尔（Paula Sue Russell）问道。

渥太华的社会工作者朗达·霍姆菲尔特说：“现在大型赛事周边的酒店很快就爆满了，如果不早做计划，就只能参加一些小型赛事或睡帐篷里了。”

“对我而言，为避免赛后陷入低潮期就一定要做好计划，”达拉斯的安伯·巴比尔（Amber Balbier）说，“从减量期开始我就会觉得低落，因此计划好下一个目标对我保持状态很有帮助。”

有一位跑者表示：“我将目标阶段和无目标阶段交替安排，如果没有缓冲期，那就像踏上了一台永不停歇的跑步机一样，要不断地向前追逐目标了。”

设定目标有什么不好吗？恐怕只有当你实现后才会觉得不好，因为此时你需要设定下一个目标了。伟大的登山者莱因霍尔德·梅斯纳（Reinhold Messner）曾经说道："每一个目标的达成都相当于一次梦想的破碎。"因此，跑者们需要不断地设定新目标，同时不断地完善自己。

计划将时间和目标结合在了一起。如果你以一个特定的时间段来配合一个特定的目标，当然就可以按照这个目标安排计划。尽管无法预测天公是否会作美，但你仍可以设计出一项全面的训练计划，这样就能为在比赛中发挥自己的最佳水平做好准备。

"找到训练计划中的重点，"拉赛尔·佩特博士说，"以这些重点为核心安排一些恢复性的运动，使自己能坚持下来。要以优先排序的方法来制订训练计划，优先安排最关键、强度最大的部分。"

按照佩特博士的方法和我的初级马拉松训练计划，重点的训练是每周的长距离跑，次重点是周中的次长距离跑。在我的高级训练计划 2——这是强度最大的训练计划中，周末有背靠背的跑步训练，另外每周二和周四的速度训练也非常重要。

佩特博士总结说："长跑成功的秘诀不在于你做的是哪种类型的训练或以哪种强度来训练的，而是这些训练如何构建出一个特定的计划，从而与你一年的训练相融合，甚至与你的终生跑步生涯相融合。"

休息

休息到底有多重要？比我们大多数人意识到的更重要。在设定目标和制订计划时，你需要考虑放松的问题：一个有计划的休养，不一定要停止跑步，但不要再以最大的强度来训练。

休息有时是必须的，如果你刚完成了一场马拉松赛，则可能必须要进入一段复原期，这段时期可能是一个星期、一个月，也可能是更长的时间，利用这段时间来进行调整不仅可以使疼痛的肌肉得到恢复，也可以重新振作精神。

精神可能比肌肉需要更长的恢复时间。精神病学家写到过关于在马拉松赛后，跑者会陷入低潮期的问题，在芝加哥马拉松赛之前的讲座中琼·贝努瓦·萨缪尔森将其称之为“PMS”，很多女性跑者起初以为她是在说经期综合征，当萨缪尔森解释说她的意思是马拉松赛后的一种症状时，所有跑者都笑了。

至少是在刚刚完成一场比赛时，跑者通常会有一段兴高采烈的时期，这不仅因为此时他们处于巅峰状态，更由于他们为这场比赛进行了充分的准备。首次参加马拉松赛的人比别人更加激动，因为无论结果如何，他们都经历了一次非常特别的体验。他们会问自己：“接下来，我该做什么呢？”通常他们并不能马上回答出这个问题。

无论你是否立刻设定了下一个目标，都要在采取行动之前先让自己充分休息一下。

稳住训练节奏

从很多方面来说，不注重配速和距离的轻松跑算是休息阶段的一种延续。通常，在比赛一周后肌肉的疼痛感就基本消失了，你又可以开始舒服地跑步了。但是，此时你需要稳住自己的训练节奏，不要马上全力投入到为下一个目标而进行的训练当中。如果这样做，在几周或几个月后你就有可能崩溃。

跑者们都喜欢舒适的训练强度，因为那可以使他们轻松地维持一定的周跑量，对一些有经验的跑者来说，这个强度大约是 24 公里或 32 公里。他们并不是故意要完成这样的跑量，这只是一种自然而然的结果。大部分人都喜欢运动，所以我们每周会跑 3~6 天，而并不考虑要以怎样的速度来跑以及跑多远。一个跑者可能会在自己的跑步日志中记录下本周跑了 24 公里或 32 公里，但他并不在意这个数字。这就是作为跑者所需要维持的训练强度，跑者通过这样的训练强度来保持的健康状态。

随后，当我们确定要参加某一场半马或全马时，就需要按下按钮重设空调温度。首次报名参加马拉松赛的跑者有自己的常规训练方法，并要用同样的方法继续训练，从一个较低的健身水平达到一个较高的健身水平。

米洛和公牛：从少到多的渐变

几乎每一位初级跑者的训练计划都是以周为单位逐渐将跑量提高到最大值的。我估计没有比这更好的训练方法了，这就像古希腊摔跤手米洛和公牛的故事。米洛起初先举起小牛，等他能举起那头长成了大公牛的小牛后，也就有力量在古代奥运会上把人扔出圈外了。

跑步也是同样的道理：人们从每周跑 24~40 公里开始，在 18 周内每周加一点儿公里数，最后周跑量接近 64~80 公里。经过 18 周的训练，一名能跑 1 小时（或 10 公里）的跑者逐渐能跑 3~4 小时或者更长的时间（或 32 公里）。

如果要最大程度地挖掘出自己的潜力，你就需要在超过 4 个月的时间里每周增加 1.6 公里且增加跑最长距离（32 公里）的次数。你要花费大量的时间来积累足够的训练基础，至少在马拉松比赛的前两个月达到最佳状态，并要将其保持住。只跑一次 32 公里的长距离是不够的，为调整到最佳状态，你需要提高反复跑 32 公里的能力——2~3 次，而且是在不过分疲劳和过度训练的情况下。

有些人在训练中会跑比马拉松更长的距离。曾经有一段时间，我在训练中跑到过 50 公里，但我最终认为，至少对我而言，这样做是起反作用的。跑这么远的距离要花费非常长的时间，我不得不通过大幅降速才能跑完，而且还需要更长的恢复时间。

我相信一定有更好的增加跑量的方法，而我的解决方法就是在周中加入一次次长距离跑，其距离通常是周末长距离跑的 2/3。也可以同时增加长距离跑和次长距离跑的公里数，但更明智的方法是先将长距离跑稳定在接近 32 公里的距离再开始提高次长距离跑的公里数。

千万别忘了我在这本书里反复强调的一个词：休息。每隔 2~3 周，我就会根据自己的身体状况多休息一两天。我还会减少周跑量或跳过那一周的长距离跑，这使我能重新恢复体力稳步地提高自身的水平。

增加强度

对精英跑者来说，另一个使自己在比赛中达到最佳状态的方法就是在训练中增加强度，其中增加整体训练强度的一个方法就是提高长距离跑的速度。当你增加跑步的距离、提高状态时自然提升速度是一件好事，但在短时间内，速度提高得过快、距离增加得过长就会增加过度训练和伤病的风险了。

一般来说，最好以一种舒服的配速来进行长距离跑训练，而在速度训练的环节再增加强度。实际上，大部分有经验的跑者都会在从长距离跑训练转换到速度训练时略微减少跑量，转向各种形式的速度练习，特别是间歇跑。

典型的速度练习是先以每 400 米跑 90 秒的速度来完成 10 × 400 米，每组间歇 400 米慢跑，然后每周以每组 400 米提高 1 秒的速度进行训练，直到通过 10 周的努力能以每 400 米跑 80 秒的速度完成 10 × 400 米。另一种方法是以 5 × 400 米开始训练，每周以相同的配速增加一组练习直到可以完成 10 × 400 米或更多组 400 米速度练习。

别被这些数字吓倒，只有谨慎地开始而且不设定一个超出你的能力范围的目标，以上提到的强度训练才会奏效。很多跑者都感到只是跑一个 400 米都很难用 90 秒跑完，以此作为起点的人就更少了。这无关紧要，我们都是在力所能及的情况下尽力而为。

跑坡训练是另一种增加训练强度的方法，你可以在冲上山坡进行速度练习或者在山道上跑长距离跑。由于波士顿马拉松赛包含下坡道的点对点的赛事，因此我也会做一些下坡跑练习。下坡跑可以让你展现出自己的速度，但也要对由此带来的冲击力（特别是对股四头肌）有所准备。

跑坡训练

如果你计划参加包含坡路的马拉松赛，那么至少应该在坡路上进行几次训练。提高跑步机斜度来模仿上坡也是一种较好的方法，有些高级的跑步机还能模仿下坡。如果你打算参加犹他州的圣乔治马拉松或波士顿马拉松，那么练习下坡就是必不可少的了。在圣乔治马拉松的赛道中，要下降近 800 米，你可以像滑雪一样速降，但如果没有训练过股四头肌，承受因此而带来的压力可就是另一码事了。波马赛道全程都是坡道，但下坡多于上坡：出发地霍普金顿的海拔 150 米而终点处的海拔只有 0.25 米。

我经常把重复跑坡作为速度训练的一部分：以 3×400 米开始跑起，每周增加一组练习，以达到 8×400 米的强度，我会努力地跑上坡然后在下坡时慢跑，不断重复。

为准备波士顿马拉松，我也练习过下坡重复跑，隔一周或每两周练习一次，下坡跑所产生的冲击力确实有造成伤病的风险，但要想在波马中发挥更好，除了练习上坡跑，还得练下坡跑。波马的前一年，奥运冠军罗德·德黑文（Rod DeHaven）在跑步机尾部下方垫了一个木块来进行练习，最终他跑出了 2:12:41 的成绩。

如果你住在山区而要备战如芝加哥马拉松这样的平地马拉松赛，那你遇到的问题是一样的，只不过训练方法要倒过来：找平坦的地方训练。

进行高强度训练的好处就是，当你的能力变得更强时你的训练水平也会变得更高，这种方法为准备在某项比赛中发挥最高水平的跑者提供了强大的心理支撑。在以长距离跑来训练耐力，快速跑加强了力量之后，你可以用短距离速度训练来调节自己的速度。

数字带来的麻烦

盲目地执行任何以数字为基础的训练系统都是会产生问题的，其中一个变量就是天气，冷、热、风、雨都会对跑步的距离和速度产生影响，而你的跑动距离并不能反映你的训练质量。

巴里·布朗（Barry Brown）是一位顶级跑步老将，他穿梭在自己位于纽约州和佛罗里达往州的办公室之间。布朗在训练时会戴心率带，这样他就可以只测量训练的强度而不用考虑其他变量了。他曾经对我描述过在两个地区间进行1.6公里重复间歇跑的情况。在纽约州较为凉快的天气中，他每跑1.6公里的平均用时为5分20秒，而第二周在佛罗里达州的热天中，他的平均用时是5分40秒。“我的脉搏是完全一样的。但是如果看我的跑步日志中的记录，你可能会觉得我在第二周是跑得较为放松。”

再举一个例子，有一位住在科罗拉多州博尔德的空姐在三角洲航空公司工作，该公司的总部位于亚特兰大，而她经常要飞到波多黎各的圣胡安市。海拔和气候等多种因素的变化使这位空姐非常担心如何调整和测量自己的训练强度。其实，有些时候你只需要放轻松而不要去对比各周的训练数字。如果变成了数字的奴隶，那些可以测量我们的训练状况的电子设备就可能成为陷阱。

> 跑步可以变得更加容易而不是更加麻烦。

疲劳、饮食以及睡眠都会影响训练的强度。而在训练中监测强度恐怕是最需要技巧的一件事了，甚至对于那些有经验的跑者来说也是如此，这也是一位知识渊博的教练可以帮助你提高马拉松比赛成绩的原因之一。激进的自我训练跑者可能会在训练初期就使自己受伤，而如果他们参加团队训练的话，有时团队带来的动力也可能使他们忽视正确的直觉，而遇到同样的麻烦。

基于这些原因，我不建议跑者进行整年的间歇训练或任何形式的速度训练。但无论如何，这是一种渴望达成某个特定目标的积极的训练方法。

回顾训练进程

在备战马拉松赛的各个阶段，我喜欢回顾自己的训练进程。我还在执行计划吗？我是否训练过度需要减量了？我现在的状态如何，对我的马拉松配速会有怎样的影响？

一次芝加哥马拉松赛上，有位跑者对我说，他会在训练前先登录我的网站看看马拉松训练计划，看他那天应该怎么跑，在训练后又会到网上看看他是否做对了。也许你会觉得这样很好笑，但他确实获得了有益的训练帮助。现在，很多不能直接接受经验丰富的教练的指导的跑者都将互联网当成了他们的教练。

在每一次回顾训练进程中，我都会降低自己的训练水平。如果你觉得自己落后于训练计划了，那么你或者需要降低自己的期望值，或者应该选择一场时间靠后的比赛。

心率监测设备

走进任何一家跑步用品商店，除了鞋和服装外，你还会看到很多新鲜玩意儿：GPS 手表、音乐播放器、心率监测设备（有时这些功能会集中在一个设备中），跑者们都喜欢这些属于自己的“玩具”。如果要我必须从中选择一个对训练最有帮助的设备，那么我会选择心率监测设备。

最近，我对我在网上指导的学员做了一项调查，问题是：“为什么要使用心率监测设备？”这一调查的结果非常有趣（答案允许多选，见下表）。

使用心率监测设备的原因	百分比（%）
可以帮助我分析自己的训练状况	32
它教会我了解自己的身体	15.3
它帮助我了解当前的健康状况	15.3
我用它来分析比赛的结果	10.3
我能借此掌控自己的训练强度	7.7
它使我不再重复同样的错误	7.7
它可以激励我去训练	6.4
它能帮助我制订训练计划	5.1
它用起来很有趣	5.1
在长距离跑训练中使我保持配速	5.1

我觉得以上理由都很正当，其中我最喜欢的是那个“它用起来很有趣”的想法。在写本书第 1 版时，我用心率监测设备做的事情就是教练们常说的那句话：“‘倾听’你的身体。”在训练中我观察数字，并在训练后分析自己的反应。

“在恢复性跑步和节奏跑中，心率监测设备能发挥非常大的作用，”伊利诺伊州的吉姆·马尔卡希说，“我的心率在轻松跑时的波动很大，今天可能是 148，第二天可能因为疲劳就变成了 160。上次我在心率不变的情况下每英里所用的时间缩短了 10~15 秒，因为我当时的状态比平时更好一些。”

马萨诸塞州卡莱尔市的马丁·范沃尔斯萨姆确信他的心率监测设备可以使自己的训练变得更加高效：“每次去跑步都要有一个目标，而知道自己的心率处于正确的训练范围内可以使我保持最佳状态。”

《心率训练》（*Heart Rate Training*）一书的作者罗伊·本森（Roy Benson）和德克兰·康诺利（Declan Conndly）认为：“心率训练的好处在于它是基于跑者一年 365 天中每天的整体状态在心血管系统上的反应。当疲劳、过度训练、生病、感冒或发烧时，你的心率都会有变化，这样一来就可以据此修改训练计划。从运动角度来看，更重要的是它可以及时且连续地向你反馈训练的强度。”

本森和康诺利确定了以下在训练中可用来作为参考的心率区间，其中的心率百分率指的是你的最大心率的百分比（见下表）：

心率（%）	强度水平	配速	目标
60~75	轻松	慢速	耐力
75~85	中等	中速	精力
85~95	困难	快速	经济性
95~100	非常困难	冲刺	速度

在你购买新的跑步设备之前，我需要提醒你的是，你需要具备良好的数据解读能力来解读从监测设备上得到的那些数据。我发现，在马拉松比赛中，这些数字只有在我“撞墙”时才有意义，我的心脏依然活蹦乱跳但身体的其他部分却使不上劲儿了。而当我的速度慢下来以后，心率也会大大低于目标心率，而我对此却无能为力。

最重要的是，专家经常给出的最大心率公式并不适用于每一个人。肯·库珀博士推荐的一个常用公式是用 200 减去年龄的一半，我的脉博频率一般较低，最低每分钟脉博会跳 30 下，但是我通过这一公式算出来的最大心率是 160，所以这个公式并不适合我。“一开始，你可以使用某一个公式，”罗伊·本森说，“但是你的身体感觉很快就会否定这些数字，使你对照训练强度水平时感到不是过快就是过慢了。”测量最大心率的最好方法是在有经验的心血管专家或运动专家的监测下进行测量，这样也可以更准确地使用上述的心率百分率来衡量自己的身体状况和训练状况。

确定自己的健康状况的一种方法就是参加长跑比赛。你很容易就可以找到一场 5 公里比赛或 10 公里比赛，当然最好的测试是参加接近马拉松距离的比赛，这就是我建议在训练期间参加一场半马的原因。在为某场重要赛事提升状态的过程中，我不太喜欢过多地参赛，特别是在跑全马之前。为了能以最佳状态参加比赛，我需要在赛前休息几天，至于赛后恢复也需要几天的时间，而在我意识到这点之前，自己已经失去了一周良性训练的时间了。基于这个原因，我尽量将测试赛的次数限制在一月一次。

和我一起为芝加哥马拉松培训班工作的团队主管曾经半开玩笑似的谈论过有关铁人三项的问题。每年夏末在芝加哥都有一场铁人三项比赛，于是有些人既想参加铁人三项赛又想参加马拉松比赛。“你可以两项比赛都参加，”我们通常会这样告诉他们，“但是你很难在两项赛事中都发挥得很好。”我们建议他们先确定优先顺序，然后将主要精力放在对他们来说最重要的那场比赛上。这可能意味着减少铁人三项赛的游泳和自行车训练，将这项比赛作为一次高强度训练而非比赛，或者将马拉松放在第二位，放松地跑 42.195 公里而不去关心成绩。

无论如何，参加一些比赛是有益的。如果你是一名新入门的跑者，那么你就可以体会到站到起跑线上那种激动人心的感觉。测试赛的成绩可以帮助你预测自己马拉松的用时及选择合适的比赛配速。但不要因此过于自信，也许你需要根据比赛时的天气和赛道难度等因素而作出相应调整。

达到最佳状态

如果准备充分的话，你就会达到最佳状态。对你来说，跑步可以变得更轻松而不是更麻烦，你也可以始终保持匀速地完成每周的长距离跑，并且第二天不会觉得太过疲劳。而在田径场上进行速度训练时，你跑得更快了，自我感觉良好。当我的岳母看着我说“你瘦得快要皮包骨了”时，我就知道自己的状态不错。

所有这些积极信号都会在比赛时给你提供心理支撑，当你知道自己处于良好的状态时，会更加坚信自己可以在比赛中发挥最高水平。而精神的力量可能与身体的力量同样重要，但是精神上的自信是来自于身体的训练状况。

大多数初次参加全马的跑者在赛前会很快练到能跑 32 公里，但是如果他们得到了良好的指导就不会试图在参加全马时竭力达到最佳状态，而是把这个目标留到将来再去实现。有经验的跑者都喜欢让自己的训练强度达到最大，并且将这种强度保持 4~6 个星期，当你有能力跑几个 32 公里时，就更有可能发挥出自己所希望的最佳水平了，这时你的比赛成绩也会比第一次参赛时的成绩提高几分钟。

需要注意的是，设计发挥最佳水平的训练计划还需要涉及减量，也就是在比赛即将到来前将训练量逐渐降低。这一点非常重要，我会用一整章的篇幅来谈这个问题。

关于减量的一个关键因素就是休息，这是很多执着的跑者难以做到的。在站在起点线之前，你需要已经得到了充沛的休息、所有的疲劳都已消失并且做好了充分的准备，这三点是发挥最佳水平的前提。后面我们会继续谈这个问题。

CHAPTER 15

女性马拉松

在训练时，女性应该与男性有所区别吗？

1966 年我参加波马时，身体状态非常糟糕。两年前，我还在牛顿山的比赛中获得了前 5 名，此后我就将注意力转向了组织家庭。不过，那年我正好到波士顿出差，当时突然心血来潮想参加一场马拉松赛，看看自己能不能取得一个好成绩。那时，波马还没有参赛资格一说，你只需要到达霍普金顿，填写一份表格再领到一块号码布就可以参赛了——但前提是你是个男的！

当时，业余体育联盟的规定对女性非常不平等：女性跑者最远只能在越野比赛中跑 2.4 公里。对于罗伯塔·吉布（Roberta Gibb）这个热爱跑步的年轻女孩儿来说，这实在是不公平，她每天带着她的狗跑 1 小时，有时还会从在温彻斯特郊区的家门口跑到海滩，这一段路程距离有 21 公里。1965 年，吉布观看了波马比赛，决定在第二年参赛。吉布根本不可能不知道只有男性才能参赛！

当吉布准备参赛时，赛会管理者乔克·森普尔（Jock Semple）以业余体育联盟的章程为由拒绝了她。但是，吉布决心无论如何都要参赛。

1966 年 4 月 19 日下午，波马开赛枪响了，吉布耐心地站在路边等着在适当的时候加入男士们（也包括身体状况不佳的我）的队伍，随后她跑进了，并冲向了终点。在 29 公里处，由于体力不支，我上了收容车，这时我看到了吉布。收容车向她鸣笛，当收容车从她身旁经过时，我从她的步伐中看不出丝毫的疲劳，所有人都挤到车窗上来看这个闯入者，我听到有人嘟嘟囔囔地说道："如果他们允许女人跑波马，我就退出！"吉布可没有退出，她最终以 3:20:00 的成绩完赛，由于是非法参赛，她的成绩没有被赛会记录。

第二年，锡拉库什大学（Syracuse Uniuersity）的一名女学生凯瑟琳·斯威策以 K.V. 斯威策的名字报了名，森普尔没看出这是位女士，就给她发了一块号码布。对于森普尔来说，斯威策"骗取"号码布的行为比上一年吉布的非法参赛更加令他不能忍受。当森普尔在赛道上看到斯威策时，他曾试图从斯威策的 T 恤上撕下号码布。这一事件被刊登在了报纸上，当时冲突的照片被全世界转载。这一事件引发了女性在各项体育赛事中争取平等地位的运动，而正是吉布和凯瑟琳的参赛催生了美国宪法《第九修正案》。

> 吉布根本不可能不知道只有男性才能参加波士顿马拉松赛！

40 年后的今天，女性即使没有在长跑项目中占据统治地位却也取得了骄人的成就，所有的马拉松完赛者中有 40% 是女性，而在半马完赛者中这一比例占到 57%。"跑遍美国"的赖安·兰帕（Ryan Lamppa）说："在所有的比赛的完赛者中女性的比例是 53%。"更有意义的是，现在一些主要城市的赛事主管也是女士，这些城市包括匹茨堡、孟斐斯、印第安纳波利斯、双城、西雅图以及世界上规模最大的马拉松赛事纽约马拉松（传奇人物弗雷德·勒博［Fred Lebow］曾经担当过这项赛事的主管，而现在由玛丽·威滕伯格［Mary Wittenberg］任职该职位）。《跑者世界》半数以上的读者也是女性。

如今，女性出现在路跑赛事中太正常了，不过如果进行深入的思考，男性和女性还是有所区别的。兰帕说："女性越来越多地是被一些慈善跑或'时髦'赛事所吸引，比如为治疗疾病而进行的赛事或是主题半马赛。女性参赛者的数量之所以会增长得如此显著是因为她们更喜欢社交，她们比男性更喜欢拉上同伴一起追求一个新的目标。如果有位女士第一次跑半马，那么你有很大的概率看到她最好的朋友一路始终陪在她的身边。”

女性该如何训练?

我在网上发起了一项调查，问题是：“女性在进行马拉松训练时，应该与男性不同吗？”有 85% 的女士认为，她们在训练时应该与男性没有区别。而 66% 的男性认为，两性间不应有任何不同。“女性和男性的训练方式应该是一样的，”北卡罗来纳州格拉哈姆的凯西·凯泽（Kathy Kyzer）说，“虽然训练是个性化的，但并不是基于性别。”

不过，亚特兰大的工程师米歇尔·基恩表达了与此略微不同的观点：“我认为，女性的训练方法应该有别于男性，这并非是因为我们女性不能完成相同的训练量，而是因为男性和女性的体格和生理特点是有区别的。我们应当基于我们的跑步方式、伤病史以及家庭状况选择适合我们的训练方法，男士也应该选择适合他们的。”

凯泽也提出了一点异议，那就是关于女性怀孕的情况：“这时训练必须让位于生命中最重要的一件事情：生养一个健康的宝宝。这是我们独有的特权，男性在训练时就不受这种制约。”

男子马拉松世界纪录是 2:03:59，而女子的世界纪录是 2:15:25，相差约 6 分钟，9.2% 的差距。但是，普通跑者的相差就略微加大了，根据最近几年的情况统计，男子马拉松选手的成绩中值是 4:13:36，而女子的成绩中值是 4:41:26，相差近半小时，11% 的差距。从统计学上来讲，这两者间的差距并不大，但却显示出很多女性跑者将马拉松当作一种娱乐而不是一种竞争，就像兰帕提到过的那种“朋友因素”在发挥作用。在睾丸酮的作用下，男性有可能比女性的马拉松训练方法更为激进。

在睾丸酮的作用下，男性的马拉松训练方法有可能比女性的更为激进。

但有些女性与男性一样勇于竞争。根据波士顿体育协会的统计，在波马的全部参赛者中靠成绩获得参赛资格的男女比例是一样的（15%）。女性跑者也在使用我的高级训练计划，一周的中间几天有速度跑，周末有背靠背的马拉松配速跑和长距离跑。不过，更典型的女性跑者是那些为追求这项运动所带来的快乐而不是赢得奖牌的人。

再回到讨论女性在进行马拉松训练时是否应该与男性不同这个问题上。很多女性的训练计划确实与男性的有所不同，也与其他女性跑者的训练计划不同，或者说训练计划因人而异。我写过一本名为《如何训练》（*How to Train*）的书，书的副标题是“给所有年龄的跑者的最佳训练计划”，这本书里包含了“女性”这一章，加拿大温哥华的长跑冠军戴安娜·帕尔梅森（Diane Palmascn）将这本书中的内容作为她的训练指导方针。有趣的是，帕尔梅森在多年前还曾是有关女性跑步方面的一个反面教材。她出生在尼加拉瓜大瀑布附近的加拿大安大略省，1954 年，赢得了英联邦运动会 200 米比赛的冠军，这是在那个时代的田径比赛中允许女性参加的最长距离了！她的成绩是 24.9 秒，这是一个大部分男性都难以达到的速度，可是后来她发现自己真正的强项是更长距离的比赛项目。帕尔梅森在 1984 年的双城马拉松赛中跑出 2:46:21 的成绩，是 45~49 岁年龄段加拿大人的最好成绩，这项纪录保持至今。她还赢得了世界大师运动会 800 米和 1 500 米的双料冠军，并且创造了加拿大老运动员参加从 100 米至 10 000 米的全部竞赛纪录。

帕尔梅森和莫琳·卡斯蒂 - 罗本（Maureen Custy-Roben）在科罗拉多州组织了一个女性跑步训练营。在这个训练营中，她们与学员们一起探讨女性的训练方法是否应该与男性不同。卡斯蒂 - 罗本是美国顶尖的运动员，在 2008 年奥运会选拔赛中，她以 2:33:19 的成绩获得第 7 名。而我将那些学员们的反馈写入了《如何训练》这本书中：

通过讨论，帕尔梅森了解到，女士们感觉经期前2~3天对训练产生的影响比经期时产生的影响要大。“她们的生理和心理上都会产生问题，”帕尔梅森解释道，“在生理上，她们感到自己的身体变得浮肿和沉重，那可能是因为体内水分滞留。在心理上，她们感到压抑和急躁，这是典型的经前症状。”

女士们觉得，当她们在经期开始时跑步其实会感觉更好一些。“不是那种大运动量，”帕尔梅森说道，“而是一种轻松的恢复跑。”

帕尔梅森还了解到，在经期前有些女性的血液中铁的水平似乎会下降，卡斯蒂-罗本用自己的血液测试证明了这一点。现在，她会额外地补充一些铁，缺铁的女士可以通过吃一些红肉来补铁，而不吃红肉的女士或素食者可以吃一些补铁的保健品。

“女性比男性更喜欢限制卡路里的摄入，”帕尔梅森说，“因此她们的蛋白摄入量可能过少。对她们来说，即使是在绝经后还需要补充大量的铁。而年轻女性也需要关注自己的钙摄入量，这样才能在雌性激素下降之前尽可能地加强骨密度。绝经的女性则需要补充更多的钙，另外还需要进行一些力量训练以强化全身的骨骼而不仅是髋部、腿部和脚步的骨骼。”

基于帕尔梅森提供的信息，我制订了几种训练计划，其中包括一个为公路比赛，特别是5公里比赛设计的计划。这个计划并非特别为某项赛事设计，而是提供了一种模式，几乎所有的训练计划都可以据此按4周的经期循环进行调整。前3周为正常训练，第4周（经期）进行较轻松的训练。“帕尔梅森训练模式”在经期前的那个周末参加比赛，随后在经期开始的那周进行了减量，第4周后4天代表经期（见下表）。

周数	周一	周二	周三	周四	周五	周六	周日
1	力量训练	高强度训练	交叉训练	高强度训练	走步/休息	长距离跑/轻松跑	中距离跑/轻松跑

周数	周一	周二	周三	周四	周五	周六	周日
2	力量训练	高强度训练	交叉训练	高强度训练	休息	长距离跑 / 轻松跑	中距离跑 / 轻松跑
3	力量训练	高强度训练	高强度训练	高强度训练	休息	轻松跑	5 公里比赛
4	休息训练	交叉训练	短距离跑 / 轻松跑	中距离跑 / 轻松跑	休息	短距离跑 / 轻松跑	短距离跑 / 轻松跑

这个 5 公里计划要如何应用，又是如何与初级 1 等耐力训练计划相结合呢？现在，我用初级 1 马拉松训练计划来举个例子，我将 6~8 周的计划进行调整了（见下表）。

周数	周一	周二	周三	周四	周五	周六	周日
5	休息	5 公里跑	8 公里跑	5 公里跑	休息	16 公里跑	交叉训练
6	休息	5 公里跑	8 公里跑	5 公里跑	休息	11 公里跑	交叉训练
7	休息	5 公里跑	10 公里跑	5 公里跑	休息	19 公里跑	交叉训练
8	休息	5 公里跑	10 公里跑	5 公里跑	休息	21 公里跑	交叉训练

以下是调整训练计划的一种方法：首先将第 8 周的长距离跑改为 11 公里跑，这样在经期那周的周末长距离跑就会稍短一些；其次，将周二和周三的计划移到周一和周二，将周一的休息改为周三，也就是经期开始的前一天（见下表）。

周数	周一	周二	周三	周四	周五	周六	周日
5	休息	5 公里跑	8 公里跑	5 公里跑	休息	16 公里跑	交叉训练
6	休息	5 公里跑	8 公里跑	5 公里跑	休息	19 公里跑	交叉训练
7	休息	5 公里跑	10 公里跑	5 公里跑	休息	21 公里跑	交叉训练
8	5 公里跑	10 公里跑	休息	5 公里跑	休息	11 公里跑	交叉训练

你可以根据自己的情绪来进行调整，不过要让总跑量维持不变以保持计划的完整性。对于那些因工作或家庭等原因而需要减少训练量的男士们，我也建

议他们采用同样的方法。女性跑者对经期的调整越早越好，但这要取决于你预测周期的能力。

不是所有的女性都会在经期回避训练。“我很少因经期而改变计划中的长距离跑，”伊利诺伊州肖尔伍德市的律师卡琳·普鲁斯·库尔特说，“我想，我总有可能在经期中赶上周末的比赛，因此我应该准备一下。也许我会因疼痛而调整一天，但这与因天气或是因工作而调整一天没什么区别。”

“对于大多数女性来说，这不是什么问题，”辛辛那提的一位全职妈妈纳塔莉·沃尔夫（Natalie Wolf）补充道，“她们也许会在某一时间觉得疲劳，但不会时时刻刻都是如此，而且有很多女性表示运动会使她们感觉好一些。如果哪位女士因流血或疼痛而必须减少跑步，那么她可以休息一天或吃点儿药。”

印第安纳州布卢明顿的高级护士温迪·米勒（Wendy Miller）说：“马拉松训练可以极大地缓解经期的不适，有些时候还会使这种不适消失。女性同胞们总会面对经期，我真的觉得我们已经习惯了。至少对我和我认识的朋友而言，我们不会因那一天是否可能在经期而选择参不参加某场马拉松或某场比赛。”

米勒还解释了女性可以为长距离跑和马拉松比赛而调整经期时间：“比如说只要知道马拉松比赛的日期，女性可以通过服用某些特定药物（如避孕药）来改变经期。我们在结婚日和假期中一直都是这样做的。”

差异万岁！

如果你是一位女性跑者，那么在制订自己的训练计划时就要考虑以下这些方面的问题：

- 女性跑者与男性跑者之间是存在差异的，与每个跑者之间的差异相比，这种性别差异是微乎其微的。
- 最显著的差异是在生理方面：女性有乳房、更宽的骨盆和略高一些的身体脂肪率。而跑得最快的女性的生理状况与那些瘦得皮包骨的男性非常相近。

- 不要低估了心理方面的差异，男性更喜欢与同类竞争，而女性则更喜欢相互支持。当然也有酷爱竞争的女性以及随和的男性。
- 女性必须面对经期的干扰。尽管如此，她们可以对这种 4 周一次的循环置之不理，也可以对训练计划稍作调整。
- 你是否该在几个月之前就根据经期来挑选下一场马拉松比赛呢？不用这么麻烦！通过吃药调整经期就可以了！
- 女性在减轻体重方面比男性更困难一点儿，这使得女性要想成为更高效的跑者就需要更注意自己的饮食。而由于每月的血液流失，她们需要吃更多含铁的食物或保健品。
- 女性跑者与男性跑者更重要的差异在于在社会生活，特别是工作和抚养后代方面。要考虑跑步在你的整个生活中扮演着怎样的角色，而不仅仅是关注几个月后的 5 公里比赛或马拉松比赛。

女性在进行马拉松训练时是否应该与男性有所区别这个问题很可能是没有意义的（即使我问了这个问题），这是因为我们每个人都有不同的能力、欲望、天赋和目标。马拉松与足球或篮球不同，它不是团队项目，它需要我们自己鼓起干劲儿，通过几周和几个月的专注训练去参加属于我们个人的比赛。当你高举双臂微笑着冲过终点线时，无论男女，这都是你的胜利，是所有支持你的人的胜利。

跑得最快的女性的生理状况与那些瘦得皮包骨的男性非常相近。

CHAPTER 16

赛前减量

最后几周是成功的关键

在几个月的跑量积累和长距离跑训练之后，比赛终于临近了，许多问题渐渐开始在你的脑海浮现：马拉松训练的最后几周应当做什么？如何让自己在身体上和精神上做好准备？应该进行多长时间的休息呢？在训练中应当如何减量？减量的时间应该是多长？

很多马拉松跑者在比赛前的最后几周内会犯下严重的错误，他们没有运用任何一项训练计划中都包含的一个关键性因素，也就是本书多次强调的：休息！

鲍尔州立大学的戴维·科斯蒂尔博士认为，跑者们在临近马拉松比赛之前的几周内往往训练量过大。他曾经对我说："他们觉得自己还需要'再把螺丝使劲拧一下'，结果自己却崩溃了。"

20 多年前，教练们和跑者们还没有认识到减量是成功的关键，那时这种现象也更加普遍。在过去，即使是在大满贯赛事之前，很多跑者的减量时间都不到一周。但是，在 20 世纪 90 年代末接近 21 世纪时，越来越多的马拉松赛事为跑者们提供了更多的跑步培训班，也有越来越多的教练开始为数量众多的新学员授课。随着互联网上涌现出的大量训练建议，特别是为初级跑者提供的建议，人们得出了答案：为了获得最佳的比赛状态，需要在赛前进行若干星期的减量。通过对游泳运动员的研究，科斯蒂尔博士发现，通常在赛前减量 3~6 周的情况下，他们会打破自己的纪录。

科斯蒂尔博士认为游泳运动员在训练不足时往往表现更佳。他让一组田径运动员在一场比赛前的前 3 周减量，在这段期间每天只跑轻松跑 3 公里。这样便出现了两个问题。第一，心理测试显示跑者们担心自己的状态下降并且为此而感到焦虑，这是正常的。在我的“虚拟训练社区”中，我经常看到这种情况。第二，在 5 公里预赛时由于休息得很好，使他们错估了自己的能力，导致起跑过快而在后程降速。但是，在随后的比赛中，他们都能更好地按照自己的配速跑，并且创造了自己的最佳成绩。

科斯蒂尔博士得出的结论是，提早做准备可以使长跑者在比赛中取得最佳成绩：“基础是最重要的，跑者们需要在较早的时间就开始马拉松训练，这样他们才能在赛前有 2~3 周的减量时间。你需要在赛前的几个月而不是几周前就开始训练，这是成功的关键。”

> 为了获得最佳的比赛状态，你需要在赛前进行若干星期的减量，这也是成功的关键。

我们都应当注意这个信息，有时想要取得成功的动力最终却往往使我们过度训练，对于那些马拉松老手来说更是如此。他们对自己的常规训练感到非常舒适而无论自己的周跑量是 80 公里、90 公里、100 公里还是更多，而且他们不愿意减量。

可能你不知道减量后节省下来的时间要做什么，或者即使已经到了比赛前一周，你也不想放弃周末与朋友一起进行长距离跑。接下来就是饮食问题，如果不想增加体重，也许你需要在减少跑量的情况下也减少卡路里的摄入量。而很多人在相信减量有可能使他们在比赛中获得最佳状态的同时又害怕 2~3 周的休息会使自己的整体状态下滑。

减量焦虑症

3 周的减量有可能在给你带来生理方面的积极作用，但也可能对你的心理上产生负面的影响。当跑者在赛前跑得越来越少时，他们突然发现自己有了过多的空余时间。另外，他们享受跑步而且感到跑步可以使自己放松：跑步既可以在清晨把他们唤醒，也可以在晚上把他们从繁忙的工作中解救出来。

伊利诺伊州渥太华的社会工作者朗达·霍姆菲尔特说："跑量的减少让我产生了焦虑感，我开始怀疑自己在过去 15 周的训练的成果，并且担心最后 3 周的休息会使我失去一切。而我最担心的就是对某些东西失去控制。"

我发现，当人们不被允许去跑步时，他们就会转向电脑，而大量的无聊信息会突然增加。对此，我们可以将其解释为：减量焦虑症。

当被问到是否存在减量焦虑症时，有 3/4 的跑者承认有这种东西。达拉斯市的安伯·巴尔比说："随着减量的持续，我变得更加焦躁，有更多的时间就意味着有更多的担忧。"

针对这种情况，并没有什么灵丹妙药，交叉训练并不能解决问题，狂吃一顿来缓解情绪更是个极坏的主意，用多出来的时间与配偶进行沟通可能是最好的选择，除非你的配偶也跑马拉松。

不过，并不是所有人都相信有减量焦虑症这回事，伊利诺伊州的斯科特·卡利纳（Scott Kalina）称："这完全取决于是你要让大脑控制你，还是要控制自己的大脑。"

总之，咬牙挺住吧，告诉自己 3 周后那一天就会来了。

减量的方法

不管怎样，如果你想在马拉松比赛中有出色的表现，就必须在最后的几周作出以下 5 个方面的改变。

减少总跑量。我们中的很多人都是跑步日志的奴隶，不停在日志中记录下稳定的跑量使自己感到踏实。这很好，持续的训练确实能带来好的结果，但这并不包括马拉松比赛之前那 2~3 周。而大跑量其实还可能会阻碍你的发挥。

科学研究证明，减量可以使腿部肌肉更加有力并且能减少乳酸的产生。高强度训练却有可能造成伤病以及消耗腿部肌肉最需要的燃料——糖原。

应当减多少量呢？这是个难以回答的问题，因为我们每个人的身体状况和训练状况存在差异，我们的目标也不尽相同。作为一个通用的法则，我建议在临近比赛的那 3 周内将总跑量至少减少 50%。

减少训练次数。减少总跑量最简单的方法就是减少训练的次数。当我以精英跑者的水平进行训练时，每天会训练两次，在距比赛还剩 10 天时，我则会将两次训练减少为一次。

也许你不是一天两练，但如果你遵循的是高强度训练与轻松的训练相结合的训练模式，那么你需要采取的方法是近似的——取消轻松跑，将高强度训练日之间的 5 公里轻松跑变为完全休息。你的身体会更充分地从高强度训练中得到恢复，而且不会丧失任何状态。

减少距离而不是降低强度。研究显示，你需要在高强度训练日继续以马拉松比赛时的配速或近似的配速进行训练。麦克马斯特大学的邓肯·麦克杜格尔博士（Duncan MacDougall）对比了那些每周平均跑量在 72~80 公里的训练良好的跑者进行的不同的减量方法。在减量周，有些跑者完全不跑，有一些跑者则以轻松跑的方式跑 29~30 公里，还有一些跑者减少了公里数但仍继续进行快跑训练。而研究人员决定在减量中包含一小部分快跑训练而取消那些慢速的轻松跑。

麦克杜格尔博士的研究小组甚至还对参加 5 公里比赛的跑者的训练计划进行调整，先将他们的减量训练设定为以比赛配速跑 5 × 500 米，然后在后面的 5 天内每天减少 500 米，直至最后一天完全休息，即 5 × 500 米、4 × 500 米、

3 × 500 米、2 × 500 米、1 × 500 米、休息。

麦克杜格尔评论道："尽管我们仍然不知道最佳的减量方案是什么，但我们了解到，如果你打算做一周的减量，那么在大幅度减少公里数的同时保持较高的训练强度十分重要。"

如果将这一观点应用于马拉松训练的话，也就是说，要在减量时保持马拉松比赛配速但要减少训练距离。起初要从 13 公里减到 10 公里，然后减到 6 公里、3 公里。但在训练中，你要以自己已经在大部分训练中习惯的配速来跑，而在速度训练中以麦克杜格尔博士的研究小组的方法逐渐减少重复次数。

减少举重类训练。如果你是某家健身房的常客，且每周进行 2~3 次或更多的举重类练习，那么这有助于你维持身体健康和自己的状态，但是在马拉松比赛临近时，你也需要减量了。

在最后 3 周，你需要让自己在健身房里进行的训练与公路上的跑步训练相协调。不要做大重量练习，减少训练组数，因为这会儿当你拿着浴巾走向浴室时的感觉应该是兴奋而非筋疲力尽。

对于做举重练习的人来说，提前 3 周减量往往是不够的，特别是对那些在成为跑者之前很少进健身房的人来说更是如此，在 6 周前让跑量达到最大值的同时减少举重练习就可以同时降低跑步和举重给你带来的受伤风险。

减少卡路里的摄入。最后一点就是注意饮食了。如果你的跑量减少了，那么卡路里的消耗也就小了，这意味着你可能会增加 0.5 公斤左右的体重，这没有什么大不了的。

在减量期间，要避免吃垃圾食品。

在比赛那周的前 3 天，你要特别注意控制摄入量避免体重增加，在后 3 天你则要比平时多吃一些，特别是要增加碳水化合物的摄取。为避免体重的增加，在减量期间，你要避免吃那些垃圾食品。而在平时训练期间，要用富含碳水化合物的食物（如土豆、苹果、意大利面、面包等）代替甜品或软饮料。

精确减量

要知道如何正确地在赛前调整训练是需要经验的，即使是那些有经验的跑者在找到有效的方法之前，也会犯一些错误。因为这其中包含了太多的变量：为了某场比赛，你应该准备多长时间，训练的效率如何，最后阶段是训练不足还是过度，你是否对比赛有充足的信心，等等。

一位了解你的能力和训练模式的教练可以告诉你应如何减量，特别是如果他一直帮助你进行日常的训练，就更有可能非常准确地告诉你该如何减量。虽然我经常在网上或各种书上为跑者们提供训练计划，但是任何一个计划都不可能适合所有的跑者。尽管如此，我还是想为大家提供有关比赛前 3 周的建议。

最后 4 周

减量的原则对于第一次跑马拉松的人与希望冲击波马的参赛资格的老手同样重要。你应该在这几周以平日训练时的配速和强度跑较短的距离，在最后的几天要充分休息。在本书附录部分，你可以看到，在 18 周高级训练计划 1 中最后 4 周的安排，其中包括第 15 周的跑量达到最大值，随后是 3 周的减量（第 16~18 周）。初级和中级计划都是与此类似的。

赛前 3 周

在完成了最后 32 公里长距离跑以后，在比赛的前 3 周你就要开始可以减量了。你的马拉松训练结束后，就不要想着再多练一周自己才会达到最佳状态。因为这样做存在更多受伤的风险，同时也会降低自身的免疫力从而增加感冒的风险，而这些都是对比赛最大的障碍。

在训练中，你可能因伤病而缺席了一两周的训练，这时千万不要想着要把这些缺席的训练补回来。

在所有的马拉松训练计划中，我都将最后的 32 公里长距离跑安排在 3 周的减量期开始之前。在随后的几周内，长距离跑从 32 公里下降到 19 公里再降到 13 公里，而第 4 周就是马拉松比赛日。与各类跑者接触得越多，我就越感觉这是个令人感到舒适的减量模式。

在减量的第一周将跑量降到 75%，而大多数跑者都会从这种轻微的减量中尝到甜头。在上一周跑 64 公里的跑者这一周应该减至 48 公里。降低总跑量的一个简单方法是将一天或两天的轻松跑变为完全的休息，再将一天或两天的常规跑距离减少一半，但不要降低已有的强度或配速。而在速度训练中，你可以减少组数，却不要降低速度。

赛前 2 周

在减量中，少量的速度跑训练比跑较长时间的慢跑更重要。

在参加比赛前的 2 周，如果你在上一周没有大幅度地减量，那么现在就要这样做，因为这是减量的最短时间了。在我的运动生涯的高峰时期，我是在赛前 10 天开始减量的。现在，我延长了减量的时间。如果你认为自己必须在赛前两周跑一个 32 公里那么一定要保证这是最后一次。在为跑者制订的 12 周取得波马参赛资格的训练计划中，我将最后一次 32 公里长跑安排在赛前的第 15 天（波马在周一举行），不过拥有波马参赛资格的跑者是能承受较短的减量时间的。

如果在上一周你将跑量降低到 75%，那么在这一周就要降低到平时跑量的 50%，即如果你平时的周跑量是 64 公里，那么这周你的跑量就应当是 32 公里。不过，不要降低配速，你肯定不希望自己太快忘记比赛配速的感觉。

请记住，跑量的下降会导致卡路里消耗的减少，因此如果你不想增加体重，那么也要相应地减少卡路里的摄入。

赛前 1 周

在赛前 1 周必须马上减量！即使是最狂热的训练分子也会承认休息对比赛是有帮助的。你真的认为离比赛还有 7 天时跑一个 32 公里有助于提高状态吗?

在赛前的 7 天，你要开始补充碳水化合物，整个星期都要摄取富含碳水化合物的食物。你并不需要 7 天内每天都吃意大利面,即使你倾向于以肉为主食，多吃水果、蔬菜和谷物也会使你保持 60% 的碳水化合物水平。如果你还在两餐之间吃一些垃圾食品或者还没有引起重视，那么现在必须停止！

这一周不仅要停止高强度训练，还要停止所有类似训练。此时，你的训练计划中不应再有关于强度、速度、长距离这样的训练。如果你以接近比赛配速来跑的话，那么你所跑的距离一定要短一些。

现在，你原先的训练计划中需要停止的还包括交叉训练。人们有时会用有一定强度的交叉训练来补充那些减少了的跑量，但此时，不要再去健身房，也别去骑自行车、游泳或登山了，用这些多出来的时间与家人共处或更好地工作吧。

半马训练的减量

对于全马，我建议在赛前 3 周进行减量，但如果是半马或其他短于 42.195 公里的比赛，那这样的减量就太过分了。我的半马计划是 12 周，5 公里比赛和 10 公里比赛的计划是 8 周。较短的比赛距离可以用较短的训练时间来取得好成绩，也仅需较短的减量时间。

就半马而言，即使对于那些完全没有比赛经验的跑者来说，有一周的减量时间也是足够的。而对于距离小于半马的赛事，有 2~3 天的减量也就足够了。

至于究竟要进行多长时间的减量，这要视个人的比赛经验和身体状况而定。如果你考虑将 10 公里或半马作为全马的锻炼，那么你甚至不需要减量。可以将比赛作为一次训练，在赛前和赛后各休息 1~2 天即可。

下面是我制订的初级半马训练计划最后一周的减量情况：

周数	周一	周二	周三	周四	周五	周六	周日
12	拉伸/力量训练	6公里跑	5公里跑	3公里跑	休息	休息	半马比赛

准备出发

如果离比赛还剩下三天时间，那么我几乎会选择完全休息。请注意我说的是“几乎”，我一般会休息两天，跑一天。以下是我的方法：

- 距离比赛还有三天时休息。
- 距离比赛还有两天时休息。
- 距离比赛还有一天时，如果我是经过长途旅行才到达比赛地点，那么我就会做一些慢跑或一些短距离的跨步跑。

跨步跑是以比赛配速进行的一种可控的冲刺跑，如果我是坐车或坐飞机来到比赛地点的，那么我会先慢跑3公里热热身，跨步跑的距离一般较短，通常是150米为一组，而且最好是在不那么坚硬的路面上跑，在每组跨步跑的间歇，我会步行而不再慢跑。

如果可能的话，我更喜欢至少提前两天到达比赛城市而不是在比赛前一天才到达，因为旅途会使我感觉疲劳。而参加国际比赛还需要在飞机上过夜，这就需要我更早地到达。对于在跑道上举行的较短距离的国际比赛，我则会提前两天到达，而如果参加的是全马，我就需要用一周的时间来调整状态。有一个不错的原则就是每跨一个时区就提前一天到达。

最后 24 小时

在最后这 24 小时里，你需要记住的最重要的一点就是，如果你已经做好了准备，那么就只有饮食会在较大的程度上影响你的比赛了。在这个时点上，精神上的准备恐怕比身体上的准备更重要。

度过这一天的一种方法是去展览跑步设备的马拉松赛博览会逛逛，这将会是你马拉松经历的一个重要部分。不过，可不要一整天待在那里，因为那种水泥地对你的双脚非常不利。

另一种选择就是去看看赛道的状况，有些跑者认为提前看赛道从而对比赛中将遇到的情况做到心里有数是很重要的。对我而言，提前查看赛道在我过去希望夺得名次时非常重要，现在则不同了，我现在认为提前看赛道的重点是坡道。不过通常我希望能在比赛中再看到它们。

无论在哪里吃及吃的是什么，比赛前吃的最后一顿饭一定要吃富含碳水化合物的食物，但是千万别吃太多，即使是免费的也不要这样款待自己。只吃一份普通的晚餐，喝平时常饮用的饮料就可以了。过去，我常看到很多跑者在马拉松赛博览会上一直拿着水杯，但是现在很少看到这种现象了，据此我想大量饮水的方法可能已经过时了。大多数专家都反对喝啤酒，因为那是一种利尿剂，但如果你习惯在吃饭时喝点啤酒或来一杯红酒，而且觉得这样可以使自己更放松的话，那么也许喝一点儿酒确实能让你更放松些。

鲍尔州立大学的研究显示，在赛前的晚上以 4 小时为间隔吃两顿少食的晚餐比一次吃很多的晚餐似乎要好一些。科斯蒂尔博士建议，在睡觉前吃一份富含碳水化合物的快餐可以为跑者的肌肉充分地补充糖原。要避免喝含咖啡因的饮品，因为它可能会使你难以入睡。我平时的咖啡因摄入量限定在一杯普通杯的咖啡或一杯软饮料，但在比赛前的晚上我是不会碰它们的。

无论是否饮用了含咖啡因的饮品，我都会在夜里时不时地醒来。这曾经使我非常担心，但现在不会了。我过去认为，醒着躺在床上也是在消耗体力，但其实只要是平躺着，你就仍然处于休息的状态。与比赛前一晚相比，更重要的是这一晚的前一个晚上。对于周日举行的赛事，你一定要确保在周五睡一个好觉，不用为周六那一晚而担心不已。

此时想的多比吃的过多更重要。

另外，还有一个十分重要而又微妙的问题：比赛前夜是否可以过性生活？这要看情况，也是你和你的丈夫或妻子要作出的选择。纽约扬基队的著名经理人凯西·施腾格尔（Casey Stengel）称，令他的队员们在比赛当天状态低迷的原因并不是前一天晚上的正常性生活，而是他们整晚都在四处寻找艳遇。

我还想提醒跑者们一点：最好提前将号码布别在背心上（也可以多带几支别针以防万一），提前将装备准备好。要不然就是大多数读过我这本书之前版本的跑者都模仿了我的这种古怪的行为。要确保你在离开家之前将所有的参赛用品都带好了。我的一个朋友对我忏悔说，有一次，他在波士顿马拉松的当天早晨穿鞋时才发现自己带去的是他妻子的跑鞋，款式相同却不是同样的尺码。那些聪明的马拉松跑者还会在坐飞机时将跑鞋随身携带而不是托运，以避免随行李丢失的风险。

总之，对于马拉松比赛，你不能冒任何风险。

周数	周一	周二	周三	周四	周五	周六	周日
15	8 公里跑	16 公里跑	8 公里跑	8×800 米	休息	16 公里 比赛配速跑	32 公里跑
16	8 公里跑	13 公里跑	8 公里跑	6× 坡道跑	休息	6 公里 比赛配速跑	19 公里跑
17	6 公里跑	10 公里跑	6 公里跑	30 分钟 节奏跑	休息	6 公里跑	13 公里跑
18	5 公里跑	4×400	3 公里跑	休息	休息	3 公里跑	比赛日

17

CHAPTER

长跑者的饮食

你需要足够的能量来应对 42.195 公里

更好的营养能造就更好的田径运动员吗？当我向位于内布拉斯加州奥马哈的国际运动营养中心（International Center for Sports Nutrition）的主任安·格兰琼博士（Ann C.Grandjean）提出这个问题时，她回答了一个词："基因"！格兰琼博士的意思是，那些有较好的运动基因的运动员通过适当的训练和营养摄取能比运动基因相对较差的运动员跳得更高、投得更远、跑得更快。她认为，对于长跑者来说，摄入大量营养虽然不能为成功打包票，但至少不会使他们因营养不良而导致失败。

良好的营养究竟有多重要？1992 年奥运会男子马拉松选拔赛之前，俄亥俄州立大学的弗雷德里克·哈格曼博士（Frederick C. Hagerman）在哥伦比亚组织召开了一场关于参加马拉松赛和进行其他耐力运动时摄入营养方面的会议。在会上，田径选手们问的一个非常重要的问题就是："吃什么能使我跑得更快、跳得更高、体能更强？"（最重要的问题是："我应当如何训练？"）哈格曼称，太多运动员对如何通过适当的饮食使自己达到最佳状态没有任何概念。这些运动员同样没有意识到，好的状态是从胃的吸收而不是从训练开始提升的。

关于长跑者的饮食，有三个重要的方面，第一是总体营养状况，也就是在训练中始终保持很高的能量水平；第二是赛前营养，也就是在比赛前的最后几天所吃的东西能确保你具有良好的体力状况；第三是在比赛之中你的饮食（主要是补充水分）能使你发挥出最高的水平。本章将介绍前两方面的内容，至于第三方面，我将在第 21 章详述。

找到适合你的燃料

在跑长距离时，你对能量的需求是不断增加的。沃尔特·弗龙特拉博士（Walter R. Frontera）和理查德·亚当斯（Richard P. Adams）在《医生和运动医学》杂志（*The Physician and Sportsmedicine*）中刊登了一篇有关耐力运动的文章，他们写道："在进行诸如马拉松这样的运动时，身体对能量的需求相较于休息时要增加 10~20 倍。"跑者需要吃更多合适的食物来为他们的肌肉提供燃料，他们也需要喝更多的水，特别是在炎热的天气中。

在上文提到的在哥伦比亚市召开的运动营养大会上，亚利桑那大学的注册营养师琳达·霍特库珀（Linda Hcutkooper）更加清晰地指出，耐力运动员应该主要从碳水化合物中获取卡路里。

耐力运动员应该主要是从碳水化合物中获取卡路里。

碳水化合物被认为是最适合耐力运动员的燃料，它既容易消化又容易转化为能量，还可以迅速地转化成为葡萄糖以及糖原。蛋白质也可以转化为葡萄糖和糖原，但是要消耗更多的能量才能完成转化；脂肪则是以体脂的形式被储存在体内的。人们通常可以在肌肉中储存 2 000 卡路里的碳水化合物（糖原），这一能量足够支撑跑者跑动 32 公里。

摄取碳水化合物的重要性是没有争议的，问题是在琳琅满目的超市中跑者们需要知道哪些食物富含碳水化合物。除非你准备一天吃三顿意大利面（而即便是意大利面也含有 13% 的蛋白质和 4% 的脂肪），你还是需要看一下商品上的标签。

霍特库珀博士解释说，人体需要至少 40 种营养物质，这些营养可分为 6 大类：蛋白质、碳水化合物、脂肪、维生素、矿物质和水。“我们的身体是不能产生这些营养物的，因此必须来自于靠摄入食物来获取。”她说。此外，食物内含有的大量活性化合物和植物化学物使我们得以保持健康。她按重要性列举了全部营养物质的选择顺序：水果、蔬菜、谷物 / 豆类、瘦肉、低脂奶制品、脂肪以及甜食。

人们每顿饭的健康结构应该是这样的：55% 的碳水化合物为基础，15% 的蛋白质为辅助，另外还有 30% 的健康的脂肪作为口感的调剂。这是我在线回答跑者关于营养问题时给他们提供的黄金标准。但并不是所有的碳水化合物都一样，他们分为简单的和复杂的碳水化合物、糖和淀粉、精加工的和未加工的碳水化合物、“好的和不好的碳水化合物”，因此这是一个非常复杂的题目。

精加工的碳水化合物包括糖、蜂蜜、果酱、糖果以及软饮料。营养学家认为，在人们的饮食中，这种精加工的简单的碳水化合物只占 10% 的比例，因为它们的营养成分很少，只能提供极少的维生素和矿物质。而你应该更多地从水果、蔬菜、面包、意大利面和豆类中摄取高质量的碳水化合物。

从事耐力运动的田径运动员特别需要富含碳水化合物的食品，因为他们每天都需要补充肌肉消耗的糖原。他们要比不运动的人更专注于摄取碳水化合物。一位周跑量在 40~48 公里的普通男性跑者每天大约需要摄入 3 000 卡路里以保持肌肉中的糖原储备。而随着跑量越来越大，你就需要吃更多的食物，这也是为什么很多跑者跑马拉松的原因，他们的格言是“我是个吃货”。但是，我要提醒一句：有些跑者是一种所谓“久坐型运动员”，他们可能会非常努力地跑一小时，然后坐上一整天。这样一来，他们消耗的卡路里可能比自己想象得要少，而过度进食则有可能会使他们增加体重。

对于跑者来说，艾特金斯饮食法（Atkins Diet）是一种灾难，而任何一种限制碳水化合物摄入的减肥饮食法都不适合跑者。一旦使用这些方法，你可能就会迅速地减少体重，这种减重往往很明显，它会使人变得更加执着于这种方法并且不断地减体重。减体重是件好事，但是不停地减就不妙了，因为体内的蛋白质与碳水化合物的比例的改变会造成体液的流失。（你的身体以糖原的形式每储存 28 克碳水化合物便储存了 84 克的水，而当你减少碳水化合物时，水分也就减少了。）

脱水对马拉松训练或比赛来说，都是很危险的。低碳水化合物的饮食结构，也就是多纤维的水果、蔬菜以及全谷物的摄入不足的话还可能会造成便秘，使身体感到不适。

在临床上被诊断为肥胖的人可以通过这种脱水的方式在短短几周内就减掉 2.3~4.6 公斤的体重，但是如果他还想继续减的话，就需要限制碳水化合物的摄入量了。在减体重方面，没有什么神奇的饮食法，完全是摄取卡路里与燃烧卡路里的比例问题，最有效的方式就是造成微小而又安全的卡路里摄入不足。

有些大跑量的田径运动员还需要饮用富含碳水化合物的饮品来确保每天有足够的能量来支撑他们的训练。“但是你还需要蛋白质。”《聪明地吃，刻苦地练》（*Eat Smart, Play Hard*）一书的作者、加利福尼亚州州立大学的莉兹·阿普尔盖特教授（Liz Applegate）说道，她建议马拉松训练者每天至少摄入 70 克的蛋白质，而更大跑量就需要更多的蛋白质。她说最重要的是在训练刚结束时立即补充蛋白质，特别在跑量超过 16 公里时更是如此。

“吃百吉饼或糖棒这样的东西来迅速补充燃烧掉的卡路里是不够的，”阿普尔盖特教授说，“最好是吃点儿金枪鱼三明治和水果。为了恢复体力，你需要摄入 3~4 倍的卡路里，碳水化合物与蛋白质的比例是 4:1。而跑的距离越长，训练越紧凑，这种能量补充就越重要。”在长距离跑后遵循 4:1 原则更加重要。阿普尔盖特提示，如果你要在长跑前或跑后吃能量棒，则需要注意阅读商品的标签，因为有些能量棒的主要成分是碳水化合物，而有些还含有大量的蛋白质。你需要同时富含碳水化合物和蛋白质的能量棒。请注意，跑后恢复是从跑前餐开始的，因此在训练的前后你都需要摄入碳水化合物和蛋白质。

碳水化合物的统治地位

碳水化合物在跑者需要摄入的营养物质中占据统治地位。对于认真训练的跑者来说，每 0.45 公斤的体重需要大约 3~4 克的碳水化合物。如果你比较瘦，比如体重是 68 公斤，则需要每天摄入 450~600 克的碳水化合物。摄取如此多的碳水化合物可以持续地为你的肌肉储存糖原，这是一种在训练和比赛中都非常重要的燃料。由于跑量比较大，除了复杂的碳水化合物外，你也可以多摄取一点简单碳水化合物，最好是从纯果汁和新鲜的水果中获取，甜点和棉花糖等虽然也能为肌肉补充燃料但对健康不利。

我也部分地遵循那些时髦的低卡路里饮食方案，这些方案建议的食物比例为 40% 碳水化合物、30% 蛋白质和 30% 脂肪。人们用这些饮食方案来减肥，研究者称其主要是依靠减少卡路里的摄入来达到减重的目的。谈到减肥时，所有的营养学家都一致认为最好的方法是饮食与锻炼相结合，而仅仅少吃一点就可以造成卡路里的略微不足。

> 你需要比不运动的人更专注于摄取碳水化合物。

对男人来说，跑步是一种燃烧脂肪的有效方法，每跑 1.6 公里可以燃烧大约 100 卡路里。如果在跑后不吃过多的食物的话，跑 57 公里燃烧 3 600 卡路里就可以减掉 0.45 公斤的体重。若按照我的 18 周训练计划进行训练，你将跑大约 800 公里，那么至少应该减掉 6.8 公斤的重量。这种假设的前提是你不会因身体对能量需求的提高而增加卡路里的摄入，至少对女性来说这种假设不太容易成立，因为她们往往运动越多食欲越旺盛。体育锻炼很容易刺激女性的胃口，使她们想吃更多的东西。从进化论的角度来说，似乎是自然界需要女性更丰满从而更具生育能力，而男性则需要更瘦以便更利于狩猎。

有些人希望完成自己的第一个马拉松赛，但他们觉得自己还得减肥，于是尝试节食。如果你能谨慎地设计好自己的饮食方案，那么这是有可能实现的。但是,那些按照时髦的减少碳水化合物摄入量的方法来减肥的人就大错特错了，因为这些方法无法提供耐力运动所需要的能量。举个例子，按照区域节食法（Zone Diet），如果你一天摄入 3 000 卡路里，那么你只摄取了 300 克的碳水化合物，这比阿普尔盖特教授建议的 400 克要少得多。她说："执行区域节食法的人会碰到这样一个问题，他们从周一至周四用这种方法，但是在周末要做长距离跑时会缺少能量。因此，他们需要在周五'休息'一天——不是停止跑步而是停止节食。因此对这些正在节食的跑者来说，要么就是在训练中崩溃，要么就是心怀愧疚地吃一顿富含碳水化合物的大餐。"

富含碳水化合物的食物

马拉松赛前的传统食物就是意大利面，但每天吃意大利面可就要令人感到厌烦了，特别是在比赛前一周你要尽量多地补充碳水化合物的话。不过幸好，还有很多食物也可以保证你在训练期间和赛前摄取充足的碳水化合物。

在《南希·克拉克运动营养指南》一书中，一位波士顿地区的私人训练营养师列出了以下富含碳水化合物的食品。

水果	面包、糕点和饼干	饮品
苹果	百吉饼	苹果汁
香蕉	硬面薄饼	可乐
橙子	潜艇卷	橙汁
杏脯干	松饼	杏梅露
水果卷	薄烤饼	酸果蔓汁
葡萄干	华夫饼干	

英式松饼
皮塔饼
全麦面包
全麦饼干
咸饼干

蔬菜	谷物类早餐	谷物、豆类、土豆
西兰花	低脂麦粉	烘豆
四季豆	葡萄坚果麦片	烤土豆
冬南瓜	燕麦片	意大利面
胡萝卜	格兰诺拉燕麦卷	扁豆
豌豆、西葫芦	牛奶什锦早餐	米饭
玉米	葡萄干小麦片	含馅儿的食品
番茄酱		

克拉克提醒跑者们某些富含碳水化合物的食物中可能在脂肪里含有很高的卡路里，这些食物包括羊角面包、薄皮比萨和格兰诺拉燕麦卷。由此，克拉克建议，当你不确定某种食品的成分时要查看它的标签。

阿普尔盖特教授对大多数含少量碳水化合物食品的唯一兴趣在于它们有较多的蛋白质。她觉得，那些只将目光盯着百吉饼和软心豆粒糖，而绝对不吃肉或其他蛋白质的跑者对自己实在是太狠了。

你也不是必须要光顾意大利餐馆才能保证自己摄取了充足的复杂的碳水化合物，有时我也会去中餐馆，因为米饭也是富含碳水化合物的食物。南希·克拉克说，在大部分的美式餐馆中，你都可以获得充足的碳水化合物。如果你的主餐配以汤（如蔬菜面条汤，或含有豆类、米饭或面条）、土豆、面包、蔬菜以及餐后一小块苹果馅饼，那么你摄入的碳水化合物会多于脂肪和蛋白质。

检查你的饮食

我没怎么花过时间来分析自己是怎样吃东西的，不过曾有位营养师给我做了一次评估：我的日常三餐平均含 12% 的蛋白质、19% 的脂肪和 68% 的碳水化合物，我摄入的全部卡路里中有 52% 来自复杂的碳水化合物、16% 来自简单的碳水化合物。阿普尔盖特教授如果知道这一评估结果，可能要说我的蛋白质有些摄取不足，而糖分又有些高了，不过我后来对自己的饮食进行了一些调整）。对于多数跑者而言，最好是每餐摄入 55%~65% 的碳水化合物、10%~15% 的蛋白质和 20%~30% 的脂肪。① 当你评估自己的日常饮食时一定要用正常客观的数据，这样才能看到自己的真实情况。

饮食分析结果也显示出我摄入了比“膳食许可量”（RDA）所需求的更多的维生素和矿物质，高于日常维持生命所需的复合维生素的摄入量。另外，我最近的胆固醇检查显示我的总胆固醇是 154，包括 54 的好胆固醇，这是一个非常好的比例。我认为，自己的饮食非常健康有两个原因：健康的早餐和乔安妮·米尔克莱特（Joanne Milkereit）的电冰箱。

健康的早餐。一份好的早餐是一个好的开始。每天早晨我都会喝 200 多克橙汁与蔓越橘汁混合的果汁，吃一些高纤维全麦面包、葡萄干、香蕉以及草莓、山竹和蓝莓等。

我还曾经在早餐时吃过两片抹上黄油的吐司，有时还有半熟的鸡蛋。不过，在我的跑量下降后，为了保持体重，这些东西被我从菜单中抹去了。有时周日在进行长距离跑训练和去教堂之前，我和妻子会做一顿特别一些的早餐，我们会吃些点心、薄饼、华夫饼干或法式吐司、培根以及配马苏里拉奶酪的煎蛋。研究显示，如果你准备吃任何“危险的”高脂肪食品，那么最好是挑选能大量消耗卡路里的日子吃，因为你可以快速地代谢这些食品。这样就可以像克拉克

① 如果你想要分析自己的饮食结构，可用 FitDay.com、SparkPeople.com、MyDailyPlate.com 等网站上的工具来测试一下。

说的那样，“90% 是高质量的食品，还有 10% 是调味品”。

乔安妮·米尔克莱特的电冰箱。 让我来说说乔安妮·米尔克莱特的电冰箱。米尔克莱特曾经是芝加哥大学附近的高级杂货店的一位注册营养师，1997 年，我们合作写了《跑者食谱》（*Runner's Cookbook*）这本书（米尔克莱特现在在南加利福尼亚州查尔斯顿做营养顾问）。

在我们一起制定食谱时，米尔克莱特告诉我，所有的跑者都应该在他们的冰箱上贴上这句话：“多吃各种轻加工食品。”她所说的“各种”指的是尝试所有的食物种类。米尔克莱特说：“吃轻加工的食品不仅使你能吃到食物中所含的所有的维生素和矿物质，还能吃到植物中的纤维。”这个观点至今依然有效。

多吃各种轻加工食品。

米尔克莱特说的“轻加工”究竟是什么意思？就是要小心那些被包装在塑料袋中的食品或从快餐店买到的东西。米尔克莱特说：“坦白地说，我觉得有时我们过于热衷于快餐店了。对于快餐店，我们有很多选择，但对于其他类型的餐馆我们却没有多少选择。”

另一个关于食品的规则来源于 1984 年和 1988 年的奥运会选手皮特·菲特津格（Pete Pfitzinger）。他曾告诉我：“我绝不把近 25 年发明出来的食品放到自己的嘴里。”这可能有点儿极端，但如果你能吃到更原生态的食物，而且又是本地产的食品的话，那么也许在饮食上就不会犯太大的错误。

印第安纳福特韦恩的注册营养师朱迪·蒂拉珀夫（Judy Tillapaugh）认为，虽然跑者们都理解在马拉松比赛之间补充碳水化合物的重要性，但他们在每天的膳食中还是无法对碳水化合物予以同样的重视。蒂拉珀夫说：“耐力运动员需要不断地用碳水化合物来补充能量，用低脂而又充足的蛋白质来维持肌肉组织。但有些对体重很敏感的跑者吃得不够多。只有经过最好的训练才能获得最好的结果，而只有每天聪明地摄取能量才能保证最好的训练。”

在一天中你应该以少食多餐的形式来摄取卡路里，可以选择在两餐之间吃一些健康的小吃，比如水果、全麦饼干、酸奶或全麦百吉饼等。如果你每天需要 3 500 卡路里，那么你就不能仅在一两餐中摄取能量。运动员常常忽略早餐然后又纳闷为何在晨跑时会感到疲劳。

任何高级补品都不能替代食物所带来的营养。过量地摄取维生素是一种浪费，而且脂溶性维生素（A、D、E、K）会令你的健康出现隐患。阿普尔盖特教授建议，至少每隔一天要吃一些含铁和锌的复合维生素。“年轻女性比绝经后的女性需要更多的铁。”一周吃 2~4 次 85 克红肉就可以替代维生素补品，也可以一周吃两次鱼（我两样都吃）。

吃药会提高运动表现吗？从运动员在奥运会和大部分专业比赛的情况来看似乎是有作用的。在很多比赛中，服药似乎司空见惯，但在现实中恐怕很少有运动员还会用类固醇或其他兴奋剂来提升自己的极限。在重要的赛事中和赛场外进行药物的监测不仅是为实现公平竞争、找出作弊者，同样也是为了防止因他们犯错而缩短自己的运动寿命。

马拉松比赛前的营养摄入

意大利面已经成了马拉松跑者的赛前常规膳食，几乎每个大满贯赛事在比赛之前都会有意大利面之夜，这已经成了一种仪式。

当然，意大利面晚餐不仅仅是一种仪式，我们吃富含碳水化合物的意大利面是为了让自己的身体有充足的糖原，在肌肉中注满燃料以确保最高效率的能量代谢。身体储备的糖原越多，你就越能以较快的速度进行长时间的奔跑，而当糖原耗尽时，你的肌肉的收缩能力就严重下降了。此外，一个其体内“燃料”充足的运动员还需要为他的肝脏储存足够的糖原，因为那是一座负责将燃料通过血液输送给肌肉和大脑的“加工站”，因此除了要让你的油箱充足外，你还需要有一个运转良好的化油器。如果发生低血糖的状况，你的大脑就缺乏燃料了，而你也会变得无法集中精力，还会后悔来参加比赛，其结果就是表现非常糟糕，心情也很坏。

各种各样的饮食设计都是为了确保身体最大限度地储存糖原，讨论运动营养方面的书籍有很多，但是关于马拉松比赛前的饮食的讨论却没那么复杂，你只需要摄入与训练期等量的碳水化合物，并且在赛前减少训练量就可以了。对于大多数摄取高碳水化合物的耐力运动员来说，他们不需要做太多改变，因为你肯定不希望在准备要跑 42 公里时，自己的整个身体系统发生过大的改变。这是由于更多的变化应该发生在训练上而不是饮食上。

如果比赛是在城市之外举行的，那么你可能需要带点小吃，这样就可以在意大利面晚餐与第二天的比赛之间吃点东西，这时干果是个很好的选择，特别是当你因在国外参赛而对当地的饮食有些不习惯时，更是如此。

遵循良好的饮食方法就不用再吃补品了吗？对于一个普通的健康人来说，我有 16% 的卡路里是从简单碳水化合物中摄取的，而这一比例似乎算高了。但对于一个要求成绩的运动员而言，这一比例并不算高。

“运动员们都会被告知要远离垃圾食品，”安·格兰琼博士说，“而实际情况是假如你一天摄入 4 000 卡路里，如果你能明智地选择食物的话，那么先吃进去的 2 000 卡路里就已经能使你得到全部的营养了，你不需要再担心没能摄入足够的维生素和矿物质。因为需要能量，你的身体也能承受摄入一些高糖，也就是所谓的垃圾食品。而你很可能没有时间吃那么多的东西。”不过，我要再强调一遍，南希·克拉克反复告诉我们的是，高品质的营养才是健康的保证。

归根结底，运动营养是一个管理方面的问题。

最后一刻的补充

你不应该只在意大利面晚宴上补充碳水化合物。科学家们说，直至站在起跑线上，我们都应该持续地补充能量。在比赛前一天，你吃什么来补充肌肉的燃料，那么在比赛日你也要吃同样的东西。俄亥俄州立大学的运动科学家、运动营养学家迈克尔·舍曼博士（W.Michael Sherman）对自行车运动员进行了室内测试。他让运动员在运动前 3 小时按每公斤体重摄取 5 克碳水化合物的方法进行了补充，结果他们的力量和耐力都得到了提升。对于一个体重 75 公斤的自行车运动员来说，这相当于吃了 12 个百吉饼或 7 个烤土豆所摄入的碳水化合物的份量。舍曼博士解释道："这能让他们在感到疲劳之前以更好的体力坚持更长的时间。"

其他的一些研究显示，在进食后的 4 小时内，运动员的运动表现都能得到提升。"我们可以非常确定的是，如果你在马拉松比赛前 3~4 小时补充了碳水化合物，那么你就可以提高自己在运动时的表现。"舍曼博士说。

可以肯定地说，马拉松跑者和自行车运动员一样都受不了在运动时胃里被装得满满的，舍曼博士建议跑者们可以将前一天的意大利晚餐推迟到较晚的时间再吃，或者早点起床吃一些含高碳水化合物的早餐。如果你不打算在赛前补充，南希·克拉克建议，你可以在前一晚睡觉之前吃第二天的早餐，这些食物将会使你的血糖保持在一个正常水平上，也可以使你头脑清醒地享受比赛。

对于在黎明举行的比赛来说，喝高碳水化合物的饮料可能是最有效的，不过舍曼博士提醒跑者应该在训练或小型比赛中先尝试一下这种方法。因为你也许会由于在赛前喝太多饮料而不得不在比赛前和比赛中把时间浪费在排队上厕所。

实际上，你可以试试自己从未想过的赛前进食方式，其中包括在开赛前 1 小时吃固体的食物。"你可以训练自己的身体做任何事情。"蒂拉珀夫说。她自己最中意的赛前小吃是一块百吉饼或低脂饼干。

"最主要的是，别做任何与平时不同的事情，"1988 年和 1992 年的奥运会马拉松选手埃德·艾斯顿（Ed Eyestone）说，"不过，你还是必须要具有足够的适应性，跟所有人一样吃那些你仅能找得到的东西。如果计划着能恰好在马拉松比赛之前 7 个小时吃到薄饼，那你很可能会失望。"

经验告诉我，在赛前 3 小时进餐可以给我的胃足够的时间进行消化并且排空肠道，这样我就不必担心要在跑到 8 公里时躲进树丛"方便"了。而如果再晚吃早餐，对我来说就是在自找麻烦了。在火奴鲁鲁这种马拉松赛中会有一点儿困难，因为跑者们是在黎明前出发的，不过我曾经在凌晨 2:30 起床吃早餐，而且发现并不是只有我才这么做。

我会点一些橙汁、吐司或丹麦酥饼、苹果酱，还有一杯咖啡，这使我更容易排空肠道。咖啡因虽然被认为有利尿的作用，其实并不会导致脱水，反而有提高兴奋度和耐力的作用。

如果咖啡店还没有开门，随身带的小点心就要发挥作用了。每个酒店的楼层都有软饮料贩卖机，我经常用一罐软饮料作为早晨比赛前的最后一顿早餐。

在比赛前两小时，我会停止喝东西，这大概就是液体从入口至膀胱所用的时间。在即将开跑前，再喝上一两杯水可以使你的身体多储存一些水分，而这部分液体在到达膀胱之前就会被消耗掉。如果在赛前两小时喝了过多的水或饮料，那么你很可能在跑出去几公里后就要担心上厕所的事了。

史蒂夫·斯彭斯（Steve Spence）是 1991 年世界锦标赛的铜牌得主，他告诉《跑者世界》的记者，自己喝了太多的水，因此在比赛中不得不在保持速度的情况下去了 3 次厕所。

营养总量

与在比赛前补充营养不同，营养总量指的是跑者因训练而需要获得足够的能量。与一般人群不同，你也许需要吃更多的东西来保持体重。假如你体重有 68 公斤、每周跑 48 公里，那么你需要比同样体重的久坐不动的人每星期多摄入 3 000 卡路里。有太多的跑者为了他们在早晨时进行的训练而在一天中的其他时间里保存体力，这也就是有些人吃得不够多的原因。

在运动中消耗的大部分卡路里都应该来自碳水化合物，而由于碳水化合物比脂肪和蛋白质的量大，因此大训练量的跑者饮食的总量便成为了一个问题。

格兰琼博士说，在她提供咨询的运动员中，长跑运动员是最具有营养知识的，因为他们需要补充大量的能量，而那些最出色的顶尖运动员往往是营养最好的。荷兰林堡大学营养研究中心的弗雷德·布劳斯（Fred Brouns）在实验室和比赛中对环法自行车赛选手进行了研究，他发现最先到达终点的正是那些在饮食管理方面最为成功的选手。“耐力运动员要想保持很高的能量水平就必须要非常关注食物的摄入。”布劳斯说道。

在环法自行车赛中，运动员经常一天要消耗 5 000 卡路里！他们不可能每天既骑行五六个小时，又有时间吃那么多的东西，因此他们都是在骑行的过程中补充液体形式的碳水化合物。虽然大多数跑者不可能像这些环法选手一样消耗那么多的能量，但确实有一些大跑量的跑者会使用高碳水化合物的饮料来补充体能。

参加过 1987 年世界田径锦标赛和 1988 年奥运会的美国顶尖运动员南希·迪茨（Nancy Ditz）所使用的就是一套非常明智的饮食方案。在两场马拉松比赛之间，她连一丁点儿的状态都不想丢失，在 1983 年纽约马拉松赛冠军、新西兰奥运会选手罗德·狄克逊（Rod Dixon）的建议下，她去寻求了营养方面的建议。

迪茨并没有去找专业的营养师，而是与旧金山 49 人队（San Francisco 49ers）的助理教练杰里·阿塔韦（Jerry Attaway）进行了交谈，阿塔韦负责球队的力量训练、体能恢复和饮食安排。阿塔韦认为，根据迪茨每周 160 公里训练量的能量消耗，她应该摄取比现在更多的碳水化合物。

“即使吃得很好，我的碳水化合物摄入量还是不够。”迪茨回忆道。所以，她开始饮用富含碳水化合物的饮料（这种饮料可以被人体迅速吸收，在练习结束后立即补充非常有效）。另外，她还需要补充更多的钙，因此开始在进餐时喝酸奶。现在的跑者都偏爱喝一大杯脱脂巧克力奶来补充碳水化合物和蛋白质。

只有最好的训练才能带来最好的比赛成绩。

迪茨很怕阿塔韦会要求她停止吃肉桂卷，这是她最爱吃的早餐。不过，阿塔韦要求她放弃的是午餐三明治上的蛋黄酱。“这虽然是一个较小的调整却较大程度地调整了我的体内的脂肪与碳水化合物比例。”她说道。一大匙蛋黄酱相当于摄入 200 卡路里，那可是 100% 的脂肪。

阿塔韦找出了在迪茨的饮食中最不利的食品，然后问她："你真的最喜欢吃的是哪种食品？"他让迪茨保留了自己最喜欢的食品，把其他不利于训练的全部禁止了。

饮食与运动表现

在参加汉城奥运会之前，我在 1988 年 10 月的《跑者世界》上发表了一篇名为《饮食能发挥什么作用？》（*What's Diet Got to Do with It?*）的文章。我和营养咨询师安·格兰琼以及美国奥林匹克训练中心的人员合作对美国马拉松代表队的 6 名运动员（3 男 3 女）的饮食状况进行了分析。其中两名女运动员和一名男运动员对饮食与运动表现之间的关系非常清楚，另一名男选手在一定程度上是凭直觉吃东西。但是，第三名男选手的碳水化合物摄入量只有 44%，另一名女选手则只有 33.8%，而且经常不吃早餐！

在那篇文章的末尾，我根据他们的饮食状况对他们在奥运会上的成绩排名进行了预测，但是在文章发表之前，《跑者世界》的执行总编安比·伯富特（Amby Burfoot）[1] 和我都认为，这样做会带给这些运动员过多的压力，于是我们删掉了最后的预测，但结果证明我是对的：饮食状况最差的那名男选手没有完成比赛，虽然是因为他的脚底起了水泡。

尽管如此，那两名饮食状况较差的男女队员仍然分别以 2:12:00 和 2:30:00 的成绩战胜了那些摄取更多营养的跑者而获得了奥运会参赛资格。对一个成功的马拉松跑者来说，营养是一个关键的因素，但却不是唯一的关键因素——意志坚定也是一个关键因素。

① 安比·伯富特与巴特·亚索（Bart Yasso）、帕梅拉·尼塞维奇·比德（Pamela Nisevich Bede）和詹妮弗·范·艾伦（Jennifer van Allen）等人合著了包罗万象的《马拉松训练宝典》一书。本书中文简体字版已由湛庐文化策划，浙江人民出版社出版。——编者注

理想地说，每一位希望自己能在马拉松比赛中获得好成绩的跑者都应该找一个像阿塔韦那样的人来告诉他该如何“去吃”。如果让我为本书的读者只提供一个关于饮食的建议，那么我会说不管你是否有参加奥运会的梦想都应该去向一位营养师咨询。美国饮食协会（ADA）的咨询网站可以帮你找到运动营养专家，你可以在 eatright.org 网站上查找注册营养专家，让他们来分析一下你的饮食状况，并提出相关的建议。

CHAPTER 18

完美的配速

“固定的配速”意味着成功

2000年芝加哥马拉松，来自伊利诺伊州霍姆伍德市的格雷格·卡斯塔迪（Greg Castady）以自认为接近完美的配速完成了一场完美的比赛。在前半程，他用时1:25:28，而后半程用时1:25:21，整个路程用时2:50:49，前后半程只相差了7秒。尽管如此，卡斯塔迪仍然没有完全满意，他说：“冲过终点时，我觉得自己应该再快些，因为我还有的是劲儿。”

在4年后的芝加哥马拉松中，卡斯塔迪跑得更加激进，前半程他用时1:20:19，后来在临近终点时风大了起来，他降速了，后半程用时1:28:03。虽然以2:48:03的用时将个人最好成绩提高了3秒，但卡斯塔迪还是很好奇：如果自己的配速更快一些，那么最终会取得什么样的结果。“我想，当自己跑出完美的配速时，就可以结束马拉松生涯了。”他说道。

最终，卡斯塔迪在5年后重返芝加哥马拉松，并且跑出了完美的配速，实现了“后程加速”，前半程用时1:17:49，后半程用时1:17:16，创造了2:35:05的个人最好成绩。他是一名很棒的跑者也是一名非常聪明的跑者，至少在配速方面是这样的。不过，卡斯塔迪并不打算退休，他说："我还想再跑几场马拉松呢。"

我们都在寻找一种完美的配速，期望能以这样的配速完成一场比赛。

我们都在寻找完美的配速，这种配速就是当我们跨过终点线时不再剩下一点点力气，不能再快一秒钟也不能再多跑一步了。尽管这并不容易做到，但这种梦想却使我们一次又一次地踏上了起跑线。

"关键是要正确地估计自己的能力，"圣安东尼奥市的莉兹·赖克曼说，"这样你才可能以一种平均的速度跑步，过高地估计自己的能力会使你在后半程时跑得很挣扎。"

那么你该如何评估自己的能力，又如何选择适合自己的配速呢？你该怎样确定一个合理的完赛时间？即便是对那些有经验的选手来说，这些都算是烦人的问题，而对于那些第一次参加马拉松赛的跑者来说，就更是如此了，他们没有先前的比赛状态作为参考。

除非你对自己的能力和可能的完赛时间心中有数，否则你无法知道要用怎样的配速在每场马拉松赛中完成时间目标。在开始阶段跑得太慢会使你在完赛时还有很多余力，成绩不尽如人意。对于那些仅以完赛为目标的新手来说，这种结果是可以接受的，但如果你是个寻求提高的老手，那你就自然不会对此不满意了。

在开始阶段跑得过快则会使你在跑到 32 公里处时感到异常困难，人们把那个时点称为"墙"。很多跑者在 32 公里处会因糖原耗尽而筋疲力尽，仿佛肩膀上扛着一只熊一样，他们的身体会变得僵硬，对他们来说，跑步也在一瞬间变得异常艰难，他们不得不降速或者改成走步，有的人甚至不得不停了下来。以匀速来跑马拉松是避免"撞墙"这种情况发生的最佳方法、也是最常用的一种方法。

不过，想获得完美的配速通常是不容易的，以下 3 个方面可以决定你的比赛配速。

训练。如果在训练中你对自己速度跑和长距离跑的时间有所关注，那么你可能就会了解自己能跑多快，但那也只是个大致的概念，有时用训练的数据去推断比赛的表现并不容易，因为你能以每公里跑 5 分钟的配速跑 32 公里，但这并不能保证你一定能以这种配速跑完42.195公里。你可能不得不跑得慢一些，不过如果你记住了我前面所说的话，并且以一种较舒适的配速来跑长距离跑的话，你就有可能跑得更快！

用训练时的情况来推算比赛的结果可能更适用于那些有经验的跑者，特别是那些记录训练情况的跑者。通过这些记录，跑者可以对自己的身体状态有所了解，再结合过往的训练情况和比赛的成绩，他们就可以推测下一场比赛的成绩了。如果轻松跑和高强度跑的速度都有大幅度的提高，同时跑的距离也更远了，那么你的身体状态很可能已经达到了一个更高的水平，跑步的速度也提高了。

短距离比赛。更靠谱一些的方法是参照一下自己从 5 公里至半马的比赛成绩。首次参加全马比赛的跑者可以在训练期间参加一些这样的比赛，一方面是可以了解自己的状态，另一方面则可以树立起信心。有些老手可以通过这种方式来确认一下自己的水平是否真的提高了，还是仅仅是一种错觉。如果自上次参加马拉松赛后你的状态下滑了，那么你也可以据此适当地降低自己的目标。现在，有很多种图表可以帮助你根据这些短距离比赛的成绩来预估自己在马拉松赛中能跑多快。

先前参加的全马比赛。对于参加过全马比赛的跑者来说，还有一个更好的方法，那就是参考自己以往的比赛成绩。如果你上一场全马比赛的成绩是4:10:00，在那场比赛之后你又加强了训练，那么你就有可能在下一场比赛中突破 4 小时。请注意是“有可能”，绝对没有人能打包票，因为赛道的难度、天气的状况或是前一周患上感冒等任何一种情况都有可能挫败你的雄心壮志。

后半程加速

跑者们都喜欢在后半程加速，因为在比赛的后半程比前半程跑得快可以使他们信心十足地超过那些掉速选手。迪娜·卡斯托尔用这种方式在2004年奥运会上获得了铜牌，尽管在雅典奥运会马拉松的后半程赛道中有一段长坡，但她在前半程用时为1:15:40，而在后半程却跑出了1:11:40的优异成绩。葆拉·拉德克里夫2002年在芝加哥马拉松赛以及2003年在伦敦创造世界纪录时全部采用了后半程加速的跑法。与之相反，拉德克里夫在雅典炎热的天气中一路领先却最终退出了比赛。

如果不采用后半程加速的跑法，跑者们一般会喜欢采用匀速跑法，他们精确而高效地使自己每公里的速度保持一致，两个半程的平均速度相等。

在现实中，有多少人能做得那么完美呢？有多少人是用这些方法来创造个人纪录的呢？哪种方法是提高马拉松成绩的最佳策略呢？

我在“虚拟训练社区”中发起了一项投票，发现有半数参与投票的跑者能艰难地以匀速跑完全程，而有一半跑者做不到。但是，他们并没有因此承认他们的马拉松比赛是不成功的。

> “在大多数的比赛中，我通常会采用匀速跑法，有时会采用后半程加速，”内布拉斯加州林肯市的朱莉·施莫尔（Julie Schmoll）说道，“一般来说，当在最后阶段想提速时，我会发现自己已经没有力气了。我一定是个‘自然配速者’，会发现什么样的配速令我感觉良好，然后就在整场马拉松比赛中都采用这个配速。”
>
> 来自伊利诺伊州的鲍勃·温特就没那么走运了：“在马拉松比赛中，我从未找到过完美的配速，有太多的干扰因素——赛道、天气和跑者的人数等。在短距离的比赛中，我曾找到过完美的配速，但也仅仅只有几次而已。”

这是否意味着在后半程加速这一马拉松致胜之法就是都市传奇，就如同纽约裁缝手中的短吻鳄鱼皮一样稀罕？没必要那样想，这只是说明，在预测比赛中的表现时，我们都要做得更好，并制定出自己的配速。

马拉松跑的越多，你就越容易预估出自己的表现，如果你是第一次跑马拉松，那么最好的策略是保守一些，要明确自己最重要的目标是完成比赛，而不需要关注成绩。

虽然大多数跑者会告诉你最好的策略是匀速跑或在后半程加速，但在网上调查中大多数跑者承认他们创造个人最好成绩时，自己在后半程跑得比前半程慢，有 1/3 的跑者会慢 3~5 分钟。

对每个跑者来说，预估配速都像是一种猜谜游戏。不过，从另一个角度来看，正是马拉松的不可预知性使其成为了一场激动人心的冒险。如果你已经跑过三四场马拉松赛了，那么可能会试着冒点儿险在开始阶段跑得很快，并且希望自己能这样坚持下去。无论如何，跑者们现在可以从科学家或数学家那里得到一些帮助，来确定自己的马拉松配速了，可以在首马或打算创造个人最好成绩的比赛中采用这些配速方法。

预估自己的参赛表现

伴随着过去几十年健身运动的发展，一大批实验机构随之成立，它们希望能测量出人类的能力，科学家们也不断地探索着究竟是什么原因使得一些运动员相比于其他运动员更加出色。

对于所有跑步类运动来说，最常见的测量设备就是跑步机了，运动医学家可以在运动员的跑动过程中进行各种测量工作，其中最普遍的是测量最大摄氧量，也就是一个人在运动时的最大耗氧量。这个指标可以显示两方面的内容：一个是心脏向肌肉输送含有氧气的血液的能力；另一个是肌肉吸收和利用氧气的效率。

> 配速表也可以成为一个陷阱，在那些数字的诱惑下，你有可能将自己的配速提高得过快。

如果你知道自己的最大摄氧量，就能比较准确地预估出自己的马拉松成绩。杰克·丹尼尔斯博士[①]是利用最大摄氧量来推断比赛表现的先行者。在本书的前 3 版中，我曾借用丹尼尔斯博士的表格来预测自己的比赛成绩，或用前 1.6 公里的比赛用时来帮助跑者预估他们的马拉松赛用时。

有些跑者至今仍在使用丹尼尔斯博士的表格，但是现在的马拉松跑者似乎更愿意用互联网来做预测。“很多预测计算工具都是基于丹尼尔斯的数据来制作的。”《跑者世界》的编辑承认说。他们在网站 runnersworld.com 上为跑者提供了很多种跑步计算器。

我通常会建议跑者使用 McMillanRunning.com 网站上的计算器，这一计算器的设计者是马拉松成绩为 2:31:00 的跑者格雷格·麦克米伦（Greg McMilliam）。麦克米伦设计的跑步计算器非常简便，可以选择 28 种距离。你只要输入从 100 米至全马中的任意一个距离的比赛成绩它就能迅速地推测出你想要预测的比赛的用时。

将推测的成绩变成现实是非常具有挑战性的，用 5 公里比赛的成绩来推测全马的用时就不如用半马这样相对长一些距离来进行而得出的结果更准确。但是，即使是以半马比赛的成绩来进行推测也未必准确，有些跑者的快肌纤维比慢肌纤维发达，他们是天生的短跑者，所以在长跑中就会比短跑中遇到更大的困难。而那些其耐力强于速度的选手如果没有进行适当的速度训练，那么他们在跑 32 公里处也很难达到预估的成绩。

要想成为一名成功的长跑者，你需要既是一位艺术家又是一位科学家。

要给自己设定一个现实的目标，对首次参加马拉松比赛的跑者而言，这应该是一个保守的目标。通常，大多数在 32 公里撞墙的跑者都是因为没有准确地估计自己的能力。如果训练得当而且选择了一个合理的配速，那么对你而言就没有所谓的“墙”的存在了。

① 杰克·丹尼尔斯博士的著作《丹尼尔斯经典跑步训练法》详述了 VDOT（最大摄氧量）理论。本书中文简体字版已由湛庐文化策划，浙江人民出版社出版。——编者注

领跑者

一旦对自己的完赛时间进行了预估，你就要选择最好的实现方法了。现在很多大型马拉松赛事都为跑者提供了领跑者来帮助他们实现自己的目标。领跑者们一般都是一些有经验的跑者，他们会匀速地跑在前面以帮助其他的跑者实现自己既定的时间目标。假如那个时间目标是 4:30:00，那么领跑者会以每公里 6 分 23 秒的匀速领跑，而其他跑者就像大雁跟着头雁一样紧随其后，他们知道只要自己跟住领跑者，就能实现自己的目标。通常，有些人后来会跟不上，但即使那样他们也还是能取得一个比较好的成绩或至少能够完成比赛。我在芝加哥马拉松、迪士尼世界马拉松和火奴鲁鲁马拉松上都做过领跑者。而无论是作为领跑者还是跟随者，在我看来，都是一件充满乐趣的事。

提出“领跑者”这个概念的是《跑者世界》的执行主编伯富特，我有一篇于 1995 年 7 月登载在《跑者世界》上的文章《为波士顿而进行的速度训练》（*Fast Train to Boston*）也为他提供了一些灵感。当时，很多跑者的目标都是为取得第 100 届波马的参赛资格，在那场比赛中有 35 868 人完成了比赛。在研究了 91 项马拉松赛事并与全美路跑俱乐部 5 名会员交流后，我选出了 10 项最有可能获得波马参赛资格的秋季马拉松赛事。排名第一的是在犹他州举办的圣乔治马拉松，它的赛道是从山上向下跑到山谷，落差 800 米。

受这一灵感的启发，伯富特集合了一组《跑者世界》的编辑，其中大都是一些有经验的跑者，他们前往圣乔治马拉松去帮助那些参赛选手获得波马参赛资格。他们取得了空前的成功，在 3 207 名完赛者中有 1 030 人获得了第 100 届波马的参赛资格。

《跑者世界》就此发明了领跑者的概念，在那些岁月中，那些杂志编辑们前往达拉斯、芝加哥、奥兰多、火奴鲁鲁、图森以及波特兰去为跑者们领跑。我缺席了两次，当伯富特等人来到芝加哥时，我正在那里当培训顾问，我对芝加哥马拉松的赛事总监凯里·波科斯奇（Carey Pinkonski）说，明年我们也要

“偷”了伯富特的这个主意。

我真的这样做了，而且非常成功，因为比起《跑者世界》的编辑们，芝加哥马拉松更容易招募到志愿领跑者。接下来，领跑者的团队越来越庞大也越来越出色，现在几乎所有大型马拉松赛事都能看到领跑者的身影。《跑者世界》后来停止了这个项目，编辑们非常高兴地看到自己帮助了那么多人实现了各自的目标。（要确认你准备参加的赛事是否有领跑者，只需要查看一下赛会的官网即可。）

芝加哥马拉松的领跑者团队所做的与全美乃至全世界的领跑者团队是一样的。每年在为期两天的马拉松赛博览会上，跑者们都会来到领跑者团队的工作台前注册，与他们商讨自己在第二天的比赛中将要采用的配速。虽然在比赛中有个别的领跑者会跑着通过补给站，但绝大多数的人都会听取我的建议边走着边喝水。他们也许会采取其他的策略，因此你需要在比赛之前事先有所了解。注册后的跑者会在后背上贴上诸如 4:30 或 5:30 这样的号码，以便区分他们属于哪个团队。“在拥挤的人群中，这样做有助于将人们聚拢在一起，”资深领跑者丹尼斯·莱恩汉（Dennis Linehan）说，“在通过补给站时，队伍是非常容易散开的，后背上的号码可以帮助那些掉队的跑者重新回到队伍中来。”

> 现在，大多数重要的马拉松赛事都会提供领跑者团队来帮助跑者们实现他们的目标。

在比赛的当天，领跑者们会早早地就聚到一起，手里举着他们的时间牌。他们会站在起跑线的右边以便大家能清楚地看到他们，同时他们还会穿着特殊的服装，戴着显眼的帽子。在冲出起跑线后，他们通常会将大牌子丢掉但始终在比赛中携带一个小一些的号码牌。

在 42.195 公里中保持固定的配速并非易事，随着比赛的进行，会出现一个又一个的掉队者。作为领跑团队的领导者，我发现几乎每个人都能在前半程保持住配速，他们相互交谈还与路边的观众挥手示意。但是，半程一过他们就会露出疲态，一个接一个地开始掉速，在 32 公里处原先较为稀疏的团队通常会缩成一个很小的团队，他们紧紧跟在一起通常也会一同越过终点线。

如果你不打算随着领跑团队跑，下面有一些建议可以让你在比赛中保持住自己的配速，实现既定的目标：

- 选择一个现实一些的目标。
- 随身携带你的配速方案，在比赛中的每一个节点上检查自己的速度。
- 严格遵守自己的配速方案，每公里检查一次，无论你的感觉如何，在前 32 公里都不要作出任何改变。
- 做好准备，如果赛道上坡路很多，则要作出必要的调整。
- 设定一个较为适中的时间目标，一旦实现，你会因此而获得信心，也会觉得自己跑得不错。
- 在 32 公里处，如果感觉好就加速，反之就坚持当前的配速。

如何预测自己的成绩？

那些预测成绩的程序效果如何呢？一般来说，还是不错的。杰克·丹尼尔斯、格雷格·麦克米伦、《跑者世界》以及其他人所设计的预测计算器程序都能为大多数跑者提供较为客观的参考。不过，在使用这类预测工具时要考虑个体差异。

在写作这本书时，男子 200 米的世界纪录是由牙买加人博尔特在 2009 年世界田径锦标赛上创造的 19 秒 19。麦克米伦的计算程序没有 0.01 秒的单位，但是根据 200 米比赛跑出 19 秒的成绩推算出博尔特的全马成绩是 1:48:53！比盖布雷希拉希耶（Gebrselassie）在 2008 年柏林马拉松赛上创造的 2:03:59 快了 15 分钟。用这个成绩逆推显示，盖布雷希拉希耶有可能以 21.6 秒的成绩完成 200 米，但是他真的能在 200 米中跑那么快吗？

短跑选手之所以能在比赛中取得成功是因为他们拥有肌肉型的体格和发达的快肌纤维，而马拉松选手之所以能在比赛中取得成功则是因为他们又瘦又轻并拥有发达的慢肌纤维。普通跑者无法与那些超级运动员相比，一般处于两者之间。每个人都有一个属于自己的最佳距离，在这个距离内他们能发挥最佳水平。如果你的实际成绩与预测的成绩不符，那也许不是因为你的训练有什么问题。你可以将教练给你提出的建议或计算机的测算作为一种参考。下表是用麦克米伦的程序计算出的从 5 公里至全马的成绩。

5 公里成绩	半马成绩	全马成绩
15:00	1:09:20	2:26:14
20:00	1:32:27	3:14:58
25:00	1:55:34	4:03:44
30:00	2:18:40	4:52:28
35:00	2:41:47	5:41:12
40:00	3:04:54	6:29:57
45:00	3:28:01	7:18:42

就所有的配速方案而言，我有一点要提醒大家：大多数的配速方案在设计时都是假设赛道为平坦的道路，同时风速为零。如果实际赛道上包含坡路或有风，跑者则需要作出相应的调整。顺风会使你跑得更快，在 42.195 公里的距离中有时你的速度会提高几分钟。2011 年的波马就证明了这一点：那一天持续的顺风使肯尼亚选手杰弗里·穆塔伊（Geoffrey Mutai）取得了 2:03:02 的成绩，比世界纪录还快了 57 秒钟。以国际田联的标准来看，由于波马的点到点下坡赛道会对选手有所“帮助”，因此穆塔伊的成绩只被定义为“世界最佳成绩”，而非世界纪录。

在环形赛道上不同的时间段会有不同的风向，因此你需要在心理上作出一些调整以保持原有的配速。而温度也会对配速产生影响，在比赛中当温度超过你的舒适范围时，你可能就要将配速方案抛在一边了。

配速方案也可能会变成一个陷阱，那些数字会引诱你跑得过快，而最好的配速调节装置就是你的大脑。有经验的跑者知道应该何时加速何时减速。当然，这需要你不只跑一次马拉松，不过在比赛中，你的进步的空间总是有的，这也是马拉松的魅力之一。

CHAPTER 19

慈善跑
为慈善募捐

动机是跑马拉松的关键因素：开始跑起来的动机、坚持下去的动机、永不退缩的动机。在我的跑步生涯中，有很多次参加马拉松的动机并非出于竞赛目的：跨越印第安纳州、在第 100 届波士顿马拉松上完成自己的第 100 场全马，以及在 6 周内跑 6 场马拉松以庆祝我的 60 岁生日。一周一场马拉松的节奏把我给累惨了，第一场是双城马拉松，我获得了所在年龄组的第一名甚至还获得了奖金；但是在第二场马拉松赛中，我就崩溃了，之后几乎是挣扎着完成了第三至第五场马拉松；最后一场哥伦布马拉松中，在离终点不到 3.2 公里处我几乎要退赛，我已经完全精疲力竭了，只是靠着强烈的愿望（可能还有对失败的恐惧）才完成了比赛。

10 年后，我虽然变老了但却更聪明了，为庆祝自己的 70 岁生日，我将目标变更为在 7 个月内完成 7 场马拉松赛。同时，我的目标也发生了变化：我要在 7 场比赛中募集 70 万美元的捐款。

我并不是唯一这样做的人，如今为募捐而跑的人越来越多了，他们中有很多人是女性，也有很多理想主义者，他们不是为了消耗卡路里，而是为其他事情而立刻跑了起来。根据“跑遍美国”的研究员赖安·兰帕（Ryan Lamppa）的估算，2002—2009年间，跑者的募捐总金额翻了1倍，从5.2亿美元到超过10亿美元。“跑遍美国”没有统计慈善跑者的人数，但是自从20世纪90年代中期慈善跑流行起来后，必定有几十万人用他们的双腿为不同的慈善项目募捐。

首场大规模的慈善跑是由白血病与淋巴瘤组织（Leukemia & Lymphoma Society）发起的。这个组织成立于1949年，由德维利尔家庭（Villiers）为纪念他们16岁的儿子死于白血病而成立的。德维利尔家庭不仅希望找到治疗白血病、淋巴瘤、霍奇金病以及骨髓瘤的方法，还希望改善患者以及他们的家庭的生活质量。

纽约州拉伊市的布鲁斯·克莱兰（Bruce Cleland）的女儿是白血病的幸存者，1988年，克莱兰为纽约马拉松训练了一支38人的团队，他们共募集到33.2万美元。此后诞生了“团队培训”（Team in Training）这一世界上规模最大的耐力训练项目，该项目每年培训4万名运动员参加跑步、自行车、竞走以及铁人三项运动，年募捐额为1 200万美元。穿紫色T恤的“团队培训”跑者几乎在各项赛事中无处不在，而“团队培训”不仅为跑者找来教练以帮助其跑步，还提供募捐方面的支持，指导跑者如何向自己的亲戚朋友们募集善款。

目睹了“团队培训”的成功，全世界其他大大小小的慈善机构也纷纷行动起来。芝加哥马拉松接待了150个慈善团体，并为这些慈善团体设置了专门的区域，让它们可以聚集在一起，赛会还专为他们设计了存包、补给甚至跑后按摩的帐篷。在2010年芝加哥马拉松中，共有3.6万人参赛，其中慈善跑者为8 200人，占了23%。纽约马拉松共有4.4万参赛者，其中7 400人为慈善跑者，占17%。而汇集最多的慈善跑者的赛事当属伦敦马拉松，在3.5万名参赛者中慈善跑者约占80%，2010年的伦敦马拉松共募捐8 100万美元。

每年夏天，我都会参加在密歇根州多沃贾克举行的史蒂夫赛事（Steve's

Run)，这是一个 5 公里和 10 公里的公路夹杂越野的比赛，创始人是前西南密歇根学院运动教育系主任罗恩·冈恩，而举办这项赛事是为了纪念 23 岁死于癌症的实习生史蒂文·布里格尔（Steven Briegel）。人们可以用 5 美元为纪念他们所爱的人买一个标志物或鼓励跑者参赛。每年，冈恩都会在优美的赛道旁设置 90 处标志，由于一般会有 1 200~1 400 名跑者登记，因此他每年都可以募到近 1.5 万美元，这些善款部分捐给梅奥临床医院（Mayo Clinic）进行癌症研究，部分捐给史蒂文·布里格尔奖学金。

和唐娜一起跑全马

梅奥临床医院获得的捐款还来自"和唐娜一起跑全马"（26.2 with Donna），这项赛事也被称为"消灭乳腺癌马拉松赛"。跑者们从佛罗里达州杰克逊维尔市的梅奥临床医院门前起步，穿过近岸内航道到达杰克逊维尔海滩（其中有 3.2 公里是在海滩上跑的），在绕过住宅街区后，再穿过近岸内航道回到梅奥医院门前结束比赛。

这项赛事的创始人是三患癌症的幸存者唐娜·迪根（Donna Deegan），她是美国全国广播公司的新闻节目主持人。迪根在 2003 年创办了唐娜基金用以帮助身患乳腺癌的患者。5 年后，她开始跑马拉松，在她的自传《透过玫瑰色的眼镜》（*Through Rose Colored Glasses*）中记述了这一经历。在 4 年的时间里，"和唐娜一起跑全马"发展到了 1 万名跑者，募集的善款超过 200 万美元，这些钱中 70% 投入到梅奥医院用于乳腺癌研究，另外 30% 用于唐娜基金。

慈善马拉松跑者

慈善跑一直保持着很高的支持率。在我进行的一项网络调查中，有 40% 的人参加过慈善跑、37% 的人未参加过，另有 23% 的人表示有朝一日会参加一场慈善马拉松赛。没有人表示自己永远不会为慈善而跑起来。下面是一些慈善跑者的留言。

华盛顿州埃尔克的克林特·詹森（Clint Janson）说："我曾经是个三级跳远运动员，但是我讨厌跑步。后来我妻子的哥哥被检查出患上了脑癌，他决定要激励自己一下就开始跑马拉松，我也同他一起跑起来了。在一年中，我们跑了 9 场半马和两场全马，以为'坚强生活基金会'（Livetrong Foundation）募捐。每次比赛之前，我都会将自己认识的一名癌症患者的名字写在我的胳膊上以鼓励自己。"

印第安纳州埃文斯维尔的托尼·布雷克（Tony Brake）说："近两年，我都获得了波马参赛资格，但是这两次我都参加了慈善跑的团队。我选择德纳法伯癌症研究所（Dana-Farber Cancer Tnstitute）的团队，因为我的家族中有很多人都得了癌症。我想用跑步来帮助其他人，在这个过程，我遇到了很多伟大的人，他们为我带来了非常棒的体验。"

得克萨斯州凯勒的杰夫·斯维恩（Jeff Sweren）说："当我体重达到 187 公斤时，我决定开始减肥了，在 4 年内减了 90 公斤。我同'团队培训'一起参加了弗雷德里克马拉松赛，并且爱上了每周六的团队约跑。在赛道上获得支持真是太美妙了，我知道自己的状态又回来了。"

华盛顿的乔·芬纳罗（Joe Finaro）说："我在 50 多岁时开始跑步，现在每年同塔夫特大学"总统马拉松挑战团队"一起参加波马，我们为肥胖儿研究进行募捐。马拉松最棒的一点就是帮助首马跑者完成比赛。"

明尼苏达州罗切斯特的弗吉尼娅·舒宁（Virginia Schuning）说："我的父亲患有帕金森综合征，晚年时已不能走路。有一次，坐在他的身边，我突然决定为他去参加双城马拉松。我不想从别处获得捐款，于是我在比赛中组织私人募捐，同时还穿着一件印有相关文字的 T 恤以提醒人们关注帕金森这种疾病。"

威斯康星州格伦代尔的珍妮·塞文尼奇（Jenni Sevenich）说："1994 年，我和'训练之队'一起参加了马拉松。2004 年，我又和丈夫斯考特一起参加了都柏林马拉松。8 个月后，斯考特被诊断出患有霍奇金病，而我们想要靠自己的力量战胜困难，现在他的病已经有几年没有再发作了。”

康涅狄格州西哈特福德市的珍妮·奥尔特（Jenny ore）说：“我两次报名纽约马拉松，但都没有中签，于是我决定参加慈善跑。我一个朋友的儿子患有自闭症，为此我加入了‘自闭症之声’（Autism Speaks）。然而，我没有参加团队举办的任何活动，其中包括电话会议、意大利面晚宴以及为赛事而提供的交通服务等，但比赛当天我非常骄傲地穿着他们的T恤衫踏上起跑线。”

田纳西州日耳曼敦市的杰·施瓦茨曼伊（Jay Schwarzmann）：“对我来说，为孟菲斯的圣祖德医院而跑有特殊的意义，因为孟菲斯是我的故乡。我的募捐金额不是10美元或20美元，而是26.2美元，每1.6公里1美元。我觉得那多出来的1.2美元可以积少成多。对于我的首马来说，在经过医院时看到所有的患者都出来在路边给我们加油是件十分美妙的事。”

亚特兰大的米歇尔·基恩说：“我从未参加过慈善跑，因为我对伸手找别人要钱感到不舒服，但是我会为其他的慈善跑者做服务。我也参加过为当地中学或其他机构募捐的比赛。”

伊利诺伊州肖尔伍德市的卡琳·普鲁斯·库尔特说：“我希望自己参加的纽约马拉松慈善跑能有更多的意义，于是我选择了‘宠物福利协会’，我的狗叫莫利，它12岁，是一只收容犬，这使我的行为变得更有意义。在比赛的几个月之后，莫利去世了。”

如今，很多募捐项目都用相当复杂而精细的方法来筹集资金。迪根解释道：“我们所提供的最主要的辅助工具是在线募捐系统。它可以适用于个人以及团体。这个系统的邀请的功能可以让跑者通过邮件向他的朋友们或家人提出募捐请求，也可以邀请他们加入团队。在某个人注册为募捐者或捐献者后，会收到一封自动回复邮件，其中包括对募捐者表达感谢、赛事的细节、我们的目标以及税务账号等信息。而如果你以另一个人的名义捐款，我们的系统则会发给那个人一封邮件。”

另一个与医院有关的慈善活动是由演员丹尼·托马斯（Danny Thomas）所支持的。2002 年圣祖德医院成了孟菲斯马拉松的主办方，他们的目的是为支持儿童癌症研究和支援青年患者而进行募捐。我曾经在有一年的慈善宴会上进行了演讲，而那些数据也给我留下了深刻的印象：在 1.6 万名跑者之中有 4 000 人共募集到了 280 万美元。虽然这个数字看起来不错，但它还不够维持医院两天的开支，圣祖德医院每天的开支是 160 万美元，而绝大部分的运营费用则来自于跑者社团以外的部分。以理查德·沙迪亚克（Richard shadyac Jr.）院长在宴会上介绍说每年圣祖德医院要募捐大约 6 亿美元，而平均每份捐款是 30 美元，这也是积沙成塔的一个很好的例子。

设计慈善跑

要成为一名慈善跑者，你未必一定要参加某个团队。跑者们可以设计自己的方案，比如我就在自己的 7/7/70 马拉松计划中加入了慈善方案。当我决定在 7 个月内跑 7 场马拉松赛后就选定了跑慈善跑的目标，那就是伴随我度过了 4 年快乐时光的卡尔顿学院（Carleton College）。我曾经为该学院捐款多年，我的很多同学也都在这样做。学校的校友办公室很乐意向我提供同学们的通信地址，也努力联系其他参加田径比赛和越野比赛的校友。我选择将在德卢斯市举办的“老奶奶的马拉松赛”作为我的第一场慈善跑赛事，并请求校友们在每当我比赛中跑一英里时，他们就捐出 1 美元，或者是我完成所有 7 场马拉松赛，他们就捐出 183 美元。赛后，我发给每名捐献者一张明信片，上面是我冲过终点后拍的照片。在照片中，我身穿卡尔顿学院的校服，脖子上挂着奖牌。感谢他们的捐款，这些款项被直接汇给了学校。

我不想让同一个人在我的 7/7/70 计划中捐款，于是在后面的 6 项赛事中，我使用了不同的策略。我的第二场慈善马拉松赛是在澳大利亚布里斯班市举行的世界大师锦标赛，我选择捐助的慈善组织是阿尔茨海默氏症协会（Alzheimers

Association），因此我与《国家大师新闻》（*Natienal Masters News*）的编辑合作向读者们募捐。第三场比赛是在密苏里州哥伦比亚市举行的小型赛事“美国之心马拉松赛”（Heart of America Marathon），我在 1968 年曾经在这项赛事中获得了冠军。还有什么比美国心脏协会更合适的捐助选择吗？我请求每一名参赛选手和我一起募捐。而较少的参赛选手就意味着只能获得较少的捐款，不过我在接下来的芝加哥马拉松中进行了弥补，因为我当时在为一家印第安纳州瓦尔帕莱索市的企业培训跑者，因此我并不需要费什么力气就得到了那些跑者的捐款。当我为“战胜癌症”组织（Courage for Cancer）向那些用我的训练计划首次来参加弗吉尼亚摇滚半程马拉松的人募捐时，遇到了与此相同的情况。因为这不是一项全马赛事，所以我并没有参加比赛，但是我将这场比赛所得的慈善捐款合并在印第安纳波利斯马拉松中。由于我是美国防盲协会（Prevent Bliudness America）的形象代言人，我将火奴鲁鲁马拉松作为了这项募捐的赛事。对我来说，这样做是非常有意义的，因为我的岳父是一个糖尿病患者，且双目已经失明了。

> 就在我执行 7/7/70 计划时，恐怖分子挟持飞机袭击了世贸大楼和五角大楼。

就在我执行 7/7/70 计划时，恐怖分子挟持飞机袭击了世贸大厦和五角大楼，我在迪士尼世界马拉松上完成了最后一场马拉松赛，并且进行了我的第 8 次募捐，这次是为纽约警察与消防员遗孀与儿童福利基金会募捐，我的一个好朋友是纽约市的一名消防员。

你可能会问我，那个 7 个月参加 7 场马拉松赛以庆祝我的 70 岁生日是特意为募捐而设计出的方案吗？当然！对此，我从未否认过。我的目标是募集 70 万美元，这当然需要一些疯狂的行为，而实际上我最终募集到了 91.6 万美元。

有些时候，为了做一件好事，你不得不做一点儿出格的事，我的 7/7/70 慈善跑计划其实并不比那些从未尝试过马拉松也不愿跑一步的人更出格。我为那些以慈善为目标改变自己的生活的人鼓掌。如果没有他们，跑步这种运动将变成另一副模样。

不过，慈善跑一直也伴随着批评的声音，随着大型马拉松赛的报名费变得越来越贵、门槛越来越高，跑者们经常转向慈善项目以便获得参赛资格，他们可能会用自己开的支票或让朋友掏钱来“购买”参赛门票。

尽管慈善跑为马拉松运动注入了巨大的正能量，不过还是带来了一些负面影响，其中之一就是很多慈善跑者是在相互捐款。而且，太多慈善跑者可能会改变赛事的本质。例如有一年，我的一个朋友去参加都柏林跑马拉松，发现赛道上全部都是慈善团队，这使他感到自己不是在参加爱尔兰的马拉松赛而是又一个美国马拉松赛。有一年，在火奴鲁鲁马拉松上，我被一群慈善跑者堵在了一条窄窄的赛道上。把这些抱怨抛在一边，我相信大多数跑者都会和我一样认为慈善跑是马拉松运动非常受欢迎的一个因素。

在马拉松比赛中，慈善跑者所占比例最大的是伦敦马拉松，约占 80%。

MARATHON THE ULTIMATE TRAINING GUIDE

慈善跑特别提示

如果你打算搞慈善跑，以下是一些提示。

1. 你的动机是什么？ 为什么要跑慈善跑？是有什么强烈的愿望还是仅仅就想要获得一个参赛资格？后者并没有什么不好，但是如果你的目标之一是做慈善，那么你可能会在这场慈善性的马拉松比赛中获得更多的享受。

2. 你能完赛吗？ 你现在的身体状况如何？之前曾跑过步吗？你当然可以从零起步，经过 18 周的训练后去跑马拉松，但是由于你是第一次参赛，选择参加半马会更现实些。

3. 加入慈善组织是否有助于你进行训练？ 一些大城市的慈善组织会安排训练，由一名教练来带领大家跑马拉松或至少帮助他们制订训练计划。你也可以用我的训练计划来独自进行训练，而在慈善团体中能结识其他跑者也会让你感到慈善跑充满了乐趣。

4. 慈善组织会协助募捐吗？ 并不是每个人都能坦然地向别人开

口要钱，优秀的慈善团体能协助你扩大自己筹集的捐款数额。

5. 慈善组织将会如何使用你的钱? 并不是所有的慈善组织都能将你所募集到的钱用在实处，如果它们将太多的钱用于行政开支，那捐献者的积极性肯定要受到打击。最好的慈善团体会把 90% 以上的捐款用于慈善项目，网上有一些这方面的数据，你可以在 CharityNavigator.org 上找到相关信息。

6. 你打算从哪儿弄到钱? 你可以先从翻查自己的通信录开始，看一看你认识的人中是否有人想要捐款。如果慈善组织给了你参加近期马拉松赛的机会，而你又没有筹到足够的钱，那么你能补足差额吗?

7. 这种慈善跑是否太多了? 如果你在此之前跑过慈善跑，那么你是不是总是要求同样的人一遍又一遍地捐款? 你需要开动脑筋去挖掘新的捐献者。

8. 你与捐助者沟通得怎么样? 仅仅向别人要钱，然后自己去跑步是不够的。你可以写一些博客文章或者定期以邮件的方式告知他们你的训练情况，在比赛时让你的捐助者通过软件来追踪你的比赛情况。让他们能持续地关注你是十分重要的。而在你完成比赛获得奖牌以后，你要感谢所有人对你的帮助。

9. 你能够提升慈善组织的形象吗? 在比赛中，你就是慈善组织的形象代言人，要非常骄傲地穿着该组织的服装，你的表现与行为可能会激励其他一些跑者有朝一日也为慈善而跑。

CHAPTER 20

比赛日的准备工作

站到起跑线上之前要做的事情

在经过了 18 周甚至更长时间的训练之后，你完成了跑量积累、减量和补充碳水化合物的全过程，那么在到达比赛城市之后你还需要做点儿什么？大多数有经验的跑者们为了让自己在比赛中跑得更轻松，通常会采用一些行之有效的方法。以下这些建议也许会让你的比赛变得更容易些。

当在家收拾行装时，就意味着你开始做“最后”的准备工作了，在这方面，你应该听听一位医生的建议。乔治·希恩博士（George Sheehan）[①] 在几十年中每个月都为《跑者世界》的专栏写作，他既关注跑者的生理状况也关注他们的心理状况。出门时，他一定会在汽车的后备厢里带上一个装满跑步用品的背包，这样就可以随时停车去跑步了。希恩曾在一篇文章里提到了他的跑步背包，在参加纽约范科兰特公园（Van Cortlandt Park）的 16 公里比赛时他把那个背包

---

① 乔治·希恩，美国第一次跑步浪潮中的举旗者，被美国前总统比尔·克林顿誉为“跑步界的导师和思想家”。所著《跑步圣经：我跑故我在》中文简体字版已由湛庐文化策划，浙江人民出版社出版。——编者注

落在了家里。“我不得不去借别人的跑鞋、短裤和 T 恤来穿，”希恩回忆道，“完全是靠其他跑者的帮助才把自己装备好的。”

不过，跑步服装和跑鞋只是最基本的跑步装备，无论你是去训练还是去比赛，聪明的跑者还会带更多的东西。

跑者的箱子

你一定要在比赛前将所有装备都试一下。

密歇根州的道格·柯蒂斯（Doug Kurtis）说：“在比赛前，你要把袜子、短裤、上衣和鞋等都试穿一遍。”他建议，在比赛前，跑者要穿戴着所有的比赛装备训练一至两次，以确保每件衣服都不会令你感到不适。你要防止由于跑鞋不合适导致脚磨出水泡等问题发生，这种问题在 5 公里比赛中或许无关紧要，但在马拉松比赛中则可能会使你的脚出血，从而迫使你不得不中途退赛。“检查遗漏和检验装备的一个好方法就是在比赛之前先参加一些距离较短的比赛。”柯蒂斯建议说。

无论是要参加马拉松比赛还是其他路跑比赛你都应该把以下这些东西装进你的箱子里。

合适的跑鞋。这显然是最关键的物品。有很多跑者都喜欢在热身或坐车到比赛起点的过程中穿着训练鞋，然后到目的地后，再换一双较轻的比赛鞋，我也是如此。如果比赛日是个下雨天的话，你可能还希望在赛后能换上一双干爽的鞋。为安全起见，你应该将比赛鞋随身携带。因为如果航空公司把你的箱子弄丢了，你可以重新购置任何东西，唯独那双已经磨合好的跑鞋是无法替代的。

短裤和上衣。这显然也是关键物件。有些跑者会穿前一天在博览会上领到的赛会发的纯棉 T 恤去比赛，但这并不是一种明智的选择。纯棉的衣服容易变潮吸收，无论是天气寒冷还是炎热，都会让你感到不适。我会把所有的东西都测试一下，短裤是否合适？T恤是否会摩擦皮肤？另外，你还可以在起跑点热身时穿一件热身T恤，之后再换上一件干爽的比赛服，这样会使你感到舒服一些。在比赛的前一天晚上，你需要把号码布别在比赛服上，一定要确定没有把该别在胸前的号码布别在了后背上。我就曾犯过这样的错误，站在起跑线上重新别号码布真是一种“刺激”。

马拉松跑鞋的选择

在我的“虚拟训练社区”上，跑者们常问的一个问题是：“在比赛时应该穿一双跑了多少公里的跑鞋？”大部分跑者都知道，在比赛时穿前一天刚从博览会上买到的新鞋可不是一个明智的选择。

我的建议是在马拉松比赛前3~6周买一双新跑鞋，这样你就可以有时间穿上它进行测试，而如果不合适的话，你还有时间更换一双新的（我个人偏爱轻型跑鞋，不过大多数跑者更愿意穿提供额外保护的跑鞋）。

我研究了一下大家的留言，发现大多数跑者会穿跑了80~160公里的跑鞋去参加马拉松赛，下表是一些相关数据。

马拉松赛前的跑量（公里）	百分比（%）
≤ 40	3.8
41~80	20.8
81~160	47.1
161~320	15.1
321~640	13.2
≥ 640	0

当然，不同的跑者对于这个问题给出的答案是不同的。“我更愿意穿新鞋比赛，”加拿大安大略省坎纳塔市的辛迪·索思盖特（Cindy Southgate）说，“但是，我也确实害怕在临近比赛时换上新鞋，所以我通常会穿跑了320公里的跑鞋参赛。”

美国得克萨斯州达拉斯市的埃德·布里克尔（Ed Brickell）说："最近的几场马拉松赛，我都是穿着旧跑鞋参赛的，虽然这双鞋我已经在训练中穿了很长时间。"

来自英国克利瑟罗的戴维·哈里森（David Harrison）在马拉松比赛前6 周买了一双新鞋。"我先穿着那双鞋跑了一些短距离跑，然后又跑了一个32 公里的长距离跑。因为如果有什么摩擦的问题，我需要提前知道。"

对跑鞋了解得越多，你就越可能避免出现因脚磨出水泡而导致自己中途退赛的风险。

别针。大部分的比赛会给选手提供别针，但是有的可能只给两支。我通常至少需要 4 支别针以确保号码布牢靠地别在我的胸前。有些比赛需要跑者佩戴两块号码布，双城马拉松赛让跑者在后背别上代表他们所在年龄组的号码布，如果你想取得名次的话，这对你来说会是一种非常贴心的设计。如果你跟着领跑者跑，那也需要两块号码布，后背的号码布用来标识你所属的团队。

参赛指南。去参赛前，你需要到网站上查看比赛指南等关键信息。在大型的马拉松赛事中，你不太可能会找不到起点的位置，但是在参加 5 公里赛或 10 公里赛前，你最好查看一下参赛指南。

在领号码布时你可能还会领到非常详细的赛会指南。比赛开始前在热身和起跑之间的时间里，最后再浏览一遍指南，你会发现有些关键信息可能对你有所帮助，比如补给站和流动洗手间的位置。

手套和帽子。如果比赛是在寒冷或炎热的天气中进行的，那么你可能会需要这两样东西，它们可以在比赛前后起到保温或防晒遮阳的作用。

在 4 月举行的波士顿马拉松以变幻无常的天气著称。

各种厚度的衣服。你是不是觉得 7 月份的比赛就一定会很热，而 1 月份的比赛就一定会很冷？如果一股意想不到的寒流或热浪袭来，你能应付得了吗？在 4 月举行的波士顿马拉松就以变幻无常的天气著称。如果温度在4℃左右，那么我就会穿普通的比赛上衣短裤；而如果温度太低，我就会穿上紧身衣和长袖T恤。穿对衣服会让你舒服很多。

你忘记带什么东西了吗?

扔掉衣服。在一些大型赛事中，你可能需要在起跑点站很长时间，这时保暖非常重要。如果在起跑时，你无法把衣服交给朋友，那就穿一件你不介意将其扔掉的衣服，这些衣服赛后会被捐赠给穷人。那些可穿戴的垃圾袋可以帮你遮一点儿风雨但保暖功能并不强。大多数大型马拉松赛事都会在赛前收集选手们的存衣包帮他们将其运至终点，但你通常需要在起跑前半小时甚至更早就要把保暖衣物寄存起来，因此，在赛前半个小时你就要想好要存放哪些衣服。一些小型的比赛可能没有提供存衣服务，这就意味着你可能要自己安排衣物的存放，而你可能会在拥挤的场地上站很长时间等待起跑。不过，幸好现在大多数马拉松赛事都组织得很好，一般都会准时出发。

千万不要在开枪起跑时将脱下来的衣服抛向天空，虽然这样做看起来比较潇洒，但是后面的跑者却不得不躲开你扔下来的衣服。即使觉得有些麻烦，也请你将衣服扔在路边或交给沿途的志愿者。

不要忘记这些物品

在比赛日，携带某些东西能让你有更好的比赛体验。但这些东西却容易被跑者忽略：

饮品和食物。你是否需要在比赛即将开始时再喝点饮料？自己带一些饮料总比在赛前到处寻找要方便多了。能量胶可以使你在赛程中补充碳水化合物，如果你没有带腰包那可以用别针将能量胶别在T恤上。虽然大部分马拉松赛事都会在终点线后提供香蕉、酸奶等食物，但如果你跑得太慢的话，在你到达终点之前，这些食物可能都已经被跑在前面的人吃完了。或者是当你到达终点取回存包后去拿赛后补给时，却发现补给站周围挤满了人。

号码锁。如果赛会设有换衣间的话，那么你带的号码锁就能派上用场了。

赛后服。比赛一结束，你肯定想马上换一身干爽的衣服，因此你一定要在存衣包里装件干衣服。在终点附近与别人聊天时，你肯定希望自己看上去很棒。而且，穿一身湿透的衣服很容易感冒。

塑料袋。你需要带一些塑料袋，这样一来你就可以在赛后将湿了的衣物和鞋与其他物品隔离开。

记录工具。现在的电子设备有多种记忆功能，其中包括分段时间和赛道路线等，建议跑者记录下自己的比赛成绩。

检查表。一张检查表可以让你知道自己是否把东西都带全了。

钱。如果你没有提前注册，那么在比赛日肯定需要带上注册费。一般来说，在比赛当日注册在小型赛事或短距离赛事中比较普通。手头有点儿现金可以用来在赛后买个冰激凌或买张地铁票。总之，随身带少量现金可以防有意外情况发生。

其他一些必备的小物件。你可以背一个较小的背包，在里面装上这些东西：防摩擦的润滑油、胶布、绷带、墨镜、阿司匹林以及其他药物。

比赛日的早晨

如果是 5 公里或 10 公里的比赛，我并不在乎花一两个小时开车去参赛，大多数跑者应该与我的感觉是一样的。但参加一场马拉松赛是需要认真计划并予以实施的，因此我都会选择在比赛日之前提前到达比赛城市。如果是参加大型马拉松赛事，特别是当你带着家人一起去时，你们可能需要提前两三天到达，这样可以进行一些观光游览，再参加一些与赛事相关的活动。

即使可能要多花一些钱，我还是会尽量住的离比赛的起点或终点更近一些。

通常，赛事组织者会将他们的总部设在这些地方，同时也会与这些酒店谈好价格，以提供给注册较早的跑者。住在起点附近的酒店会方便很多，而在那些终点和起点不在一起的赛事中，跑者们通常会选择住在终点附近，这样一来在冲过终点线后，他们就可以马上回到自己的房间去。当然，你一定要提早订房间，一些大型马拉松赛事中，很多热门的酒店在一年前就被订满了，而且一旦没有折扣房，价格就会高得让人无法接受！

比赛物品检查表

参赛前，你需要一份检查表来确保自己没有落下任何必需品。下面这份检查表是由罗恩·冈恩发明的，我们在带队参加火奴鲁鲁马拉松等比赛时都曾用过。

随身携带的物品

- 跑鞋
- 机票
- 护照和其他证件
- 牙刷和牙膏
- 酒店和租车预订单
- 赛事指南
- 行程单
- 化妆品
- 钱、信用卡
- 相机

其他装备

- 换洗衣服
- 更换的鞋
- 袜子
- 内衣
- 外套
- 手套
- 雨具
- 墨镜
- 防晒霜
- 闹钟
- 比赛服
- 比赛时穿的袜子
- 可扔掉的御寒物品
- 热身服装
- 泳衣
- 帽子
- 别针
- 防摩擦润滑油
- 胶布和绷带
- 药品
- 喜爱的运动饮料

我漏掉什么了吗？经验会告诉你如何整理自己的行囊。

早点儿起床

在一些开赛时间很早的比赛中，你肯定不希望自己在比赛日睡过了头，要么错过了起跑时间，要么因起床晚了而匆匆忙忙地做最后的准备工作。在重要的比赛之前，我通常会将手表和闹钟都设置好，还会预约酒店前台的叫醒服务。如果你平时睡得很沉，那么就让你的朋友给你打个电话，而且在爬出被窝之前不要挂上电话。

起床后的第一件事应该是补充碳水化合物，你可以到酒店餐厅去吃早餐，也可以吃自己带来的食品。我最喜欢在赛前 3 小时喝一些橙汁和一杯咖啡，再吃一块丹麦酥饼。离比赛还有两小时时，我可能会再喝点什么，但这是我最后一次吃东西了，因为我不希望自己在比赛开始后还要去找厕所。一般来说，两小时足够使所有的东西都消化了。能量棒也可以作为赛前的食品，但是你要确定它的主要成分是碳水化合物，有些能量棒中含有更多的蛋白质，它对赛后恢复有帮助但绝不是你在赛前所需要补充的。

比赛前的 1 个多小时里，我会在酒店里稍微做一下热身，这样做有几个原因：第一，到外面感觉一下气温比从广播或电视里获得的信息更加可靠；第二，短跑一小段能帮助我排便，这样我就可以在自己的房间里上厕所而不需要在移动洗手间门口排长队了。慢跑或走 800 米就可以达到以上全部目的。

训练自己在房间上厕所的能力是非常有好处的，这样一来，你就可以不必把时间和精力浪费在在外面排队上厕所上。从理论上来讲，在长距离跑训练中，你可以搞清楚哪些食物会引起肠道不适，但赛前紧张往往会给你的神经系统捣乱。有时我会到一个附近的加油站去加油和上厕所，我非常善于在热身时找到厕所，而当我的车接近比赛的起点时，我通常会留意那些看上去比较友好的快餐店，以便可以在必要时去“方便”。

在早晨热身时，我一般不会穿比赛用的装备，而在去过厕所并换好衣服后，我才会带上参赛包前往起点。

到达出发区域

每项赛事都有一些特殊的规定，如果你不想过早或过晚到达起点的话，那么就需要注意这些规定。波士顿马拉松会在早晨 6:00 将住在市中心的跑者用汽车拉到比赛的起点，而比赛在 4 个小时以后才开始。在到达起点附近后，他们需要在霍普金顿的一所高中旁边的运动员村里等候 1 小时，然后再提前 30~60 分钟站在起跑点等待发枪。糟糕的天气可能会毁了一切美好的体验，所以你需要研究每项赛事的后勤保障系统，尽量使自己保持温暖和干爽。

在波马和其他大型马拉松赛事上，精英跑者大多有专用的交通工具和更衣区域。他们可以舒适地消耗等候的时间，这对在比赛中发挥最佳水平是十分必要的。为了讨好赞助商，赛事的组织者们都希望选手能跑出好成绩，因此赞助商会尽一切可能为那些顶尖运动员创造舒适的条件。

> 赛前紧张可能会给你的神经系统捣乱。

在有 4 万人参加的马拉松赛事中，没有专用更衣室的跑者们要尽可能地安排好自己的诸多事物以减少麻烦，而这就需要提前做好计划。跑者们经常是在参加了某场马拉松赛之后才了解到一些情况的，然后在第二年进行更充分的准备再次参加这项赛事，以取得更好的成绩。如果运气好的话，也许你会跟一位参加过这项赛事的朋友一起参赛，他可以告诉你这项赛事的相关信息。在我的网站上，跑者们经常针对他们没有参加过的马拉松比赛提出问题，这就是所谓的“互联网式交流”，这种方法无论是对于参加马拉松赛还是对工作和生活都是有好处的。

站在起跑线上

在大型赛事中，做热身运动非常困难，因为起跑线上人太多了。不过对于马拉松来说，除非你是个计划以每公里跑 2 分 48 秒的配速跑第 1 公里的精英跑者，否则没有必要像在5公里比赛之前那样进行充分的热身。也许在开始阶段，你会损失个一两分钟，但是在马拉松这样的距离中，这并不是个严重的问题。如果你是第一次跑马拉松甚至可能不需要进行任何热身，因为你或许不希望在从慢跑到起点之前耗费一点点的体力。有经验的跑者往往会有不同计划，当他们想要创造个人最好成绩时，可能会选择一些规模小、参赛人数少的赛事，这是由于大型赛事在开始比赛后，赛道上会挤满了人。

当我准备争夺所在年龄组的第一名时，我就会在起跑时尽量地靠近起跑线但又不至于阻挡住精英选手。现在，我的竞争力下降了，在每年参加在佛罗里达州杰克逊维尔市举行的盖特河15公里赛时，我都会站在最后的方阵中。

现在，站在起跑点的前排不再像十几年前那么重要了，特别是在大满贯马拉松比赛中，因为跑者佩戴的芯片（有时芯片会被嵌在号码布上）会记录跑者从跨过起跑线而不是发令枪响至抵达终点时的官方完赛时间。有一年，在芝加哥马拉松中，我负责领跑5小时组，我们一直等到几乎所有的跑者都通过起跑线后才出发。这会比别人落后8分钟出发，但是因为这8分钟会从官方时间中被扣除，所以我们究竟何时出发并不重要。

我的团队并没有因周边的跑者而耽误了时间，实际上我们前3. 2公里的配速比计划中还快了一些。几个月后，在迪士尼世界马拉松上我负责领跑目标为以4小时30分完赛的团队，但由于赛道狭窄，我们跑第一个5公里时慢了3分钟。这种情况发生在迪士尼世界马拉松将全程和半程分开之前，现在赛会组织者把热门的“古菲快跑”（Gcofy's Rale）和“半程挑战”（Half Challenge）等比赛放在连续的两天内举行以方便那些想参加这两项赛事的跑者。各项马拉松赛都各不相同，因此你需要针对每项赛事制订精细而又灵活的计划。只有充分地理解了比赛当日的赛事辅助系统，才能最大程度地提高自己的参赛舒适度和成功的概率。

CHAPTER 21

跑步时的饮水方案

补水的方法对于训练和比赛至关重要

芝加哥马拉松的湖畔跑道长约 29 公里，从南边的南岸文化中心（South Shore Cultural Center）到北边的布林莫尔大道（Bryn Manr Avenue），并将杰克逊公园、格兰特公园和林肯公园环绕其中。当你沿着湖畔跑步时，会途径许多博物馆、世界上最大的会议中心之一、芝加哥公熊队的主场、豪华住宅区、一座可以升起的桥、几个游艇俱乐部和一些高尔夫球场以及数不清的沙滩，夏天这些沙滩上挤满了前来游泳的人们。最重要的是，这条湖畔跑道沿途还有很多喷泉，在芝加哥地区跑者协会的地图上总共标注着 32 个喷泉。而湖畔跑道上还有几处喷泉饮水处。

在长跑时要保证饮水的其中一个原因是要补充失去的能量、提升状态、防止因脱水引起的肌肉痉挛，有时跑者在最后几公里会出现这种状况。在跑步比赛还没有广为流行之前，跑者们在跑马拉松时常常会忽略饮水的问题，其原因包括过于自负，也包括无知和赛事补给站的不足。那时，科学家和像我这样的跑步作家还没有广泛宣传适当的补水能提高成绩这一理论。伟大的捷克选手埃米尔·扎托贝克（Emil Zatopele）在1952年获得奥运会冠军时连一口水都没喝！但是，现在的跑者们都知道该怎样喝水了，他们既喝水也喝功能饮料。这些年来，功能饮料的市场像软饮料市场一样火爆。

1992年奥运选拔赛之前，在哥伦布市的俄亥俄州立大学举办的一次营养学研讨会上，得克萨斯州立大学人体运动学系的爱德华·科伊尔博士（Edward F. Coyle）认为，如果在炎热的天气进行高效率的热量调节，假如一名跑者1小时体重减了1公斤，那么他就应该每小时至少喝1升水。

但大多数跑者都不会情愿喝那么多的水，因此你需要了解自己的出汗情况，才能根据自己的情况补充水分。以比赛配速跑1小时，在跑之前和之后称一下自己的裸重就可以知道自己的出汗情况了（要注意气温的因素）。体重下降0.9公斤相当于流失了约1升的汗水。

体重较重的人会比体重较轻的人出更多的汗；有些跑者会出很多汗而有些跑者则几乎不出汗。如果你需要用4~5小时完成马拉松赛而且出汗很多的话，那么你可能需要4~5升水。你肯定希望自己能有计划地补充水分，那么你可以每15分钟喝200多克水来补充流失的汗水。

补水的方法

我们在芝加哥地区路跑协会的培训班上鼓励跑者们在跑步的过程中随意喝水，这不仅是为了让他们在长距离跑训练中舒服一些，也是为了教会他们如何在比赛中饮水和如何计算饮水的频率。没有任何一名网球手能在没有练习过防守的情况下，就去参加比赛；也没有任何一名高尔夫球手在不学习如何将球从沙坑中打出来的情况下就考虑参赛，同样，任何一名跑者都不应该在不知道自己的补水策略的情况下就去跑马拉松。

补水指南

在本书的前两版中，我曾鼓励跑者要“喝水、喝水，再喝水”，但在之后的版本中我进行了修正，只是告诉跑者要学会如何跑着喝水。如今，补水的方法已经与从前不同了，从前跑者们在比赛的前一天参观马拉松博览会时可能会时不时地拿出随身带着的水瓶喝上几口，现在看来他们也许是喝得太多了。如今，参赛人数超过 10 000 人的马拉松赛几乎每 1.6 公里就设立一个补给站，以保证水量充足。

现在，专家们认定过量饮水会给人带来麻烦。“喝水太少无关紧要，”《跑者世界》的执行总编安比·伯富特说，“但是喝得太多却比较危险。”喝水太少影响的是比赛中的表现，你的速度会逐渐减慢，但是喝水太多有时会导致低钠血症而造成生命危险。

有些时尚杂志告诉人们，每天要喝 8 杯水（每杯 0.2 升），但伯富特在 2003 年 7 月出版的《跑者世界》上声称并没有科学实验支持这一说法。“饮水不足会影响你在比赛中的表现，”伯富特解释道，“因为这会使你的血液变得粘稠，降低心脏的工作效率，提高心率并且使体温升高。但对马拉松跑者来说，稍微有些脱水是一种很普通的现象，也不会持续很长时间，并不会导致任何严重的医疗风险。而过量饮水却被证明可能会将人致于死地。”

对于精英跑者来说，补水这方面的问题不太突出，因为赛会组织者通常会为他们提供专用桌来放他们自己准备的饮料，而且他们在两个多小时之后就会完赛。反而是那些跑得较慢的跑者更易出现这种情况，因为他们往往要在太阳下面跑 5~6 个小时，他们在走过补给站时会喝很多水。伯富特说，女性跑者出现这一问题的可能性会相对小一些，因为她们的体积比男性小，所以只需要喝相当于男性跑者 70% 的水就够了。

低钠血症是指血液中的钠水平低，而过量的饮水会不利于钠在血液中的聚集。在一些极端的案例中，低钠血症曾几次导致跑者的大脑痉挛进而造成其死亡。基于这个原因，包括国际马拉松医学指导协会（International Marathon Medical Directors Association）在内等一些组织修正了他们的饮水指南：口渴时再喝水。

应当保持身体的水分，但不要饮水过度，而含钠的运动饮料也可以有一些预防低钠血症的作用。

边跑步边饮水确实不容易，除非你小心地握住杯子，否则可能会将半杯水都倒到地上。如果你喝得过猛，那么有可能就要在接下来的 1 公里内又咳又喘；如果你在补给站磨磨蹭蹭就有可能浪费掉前面争取来的几秒钟；如果你喝了从未饮用过的运动饮料还有可能会感到恶心。最近科学家们提示说，在跑马拉松的过程中，过多饮水与在热天中过少饮水同样危险，其结果是低钠血症或称为水中毒，是人体中钠的一种不正常稀释。那么我们到底该相信谁呢？

在跑步中饮水是维持生命的必不可少的一部分。如果汗出得过多，就会脱水，在脱水时你的体温就会升高而运动表现就会下降。过高的体温会导致中暑，在一些极端的情况下就会导致死亡。

大多数人都能很好地适应温度的变化，只有当你从事诸如马拉松这样的极限运动时才需要考虑饮用足够的水来补充流失的汗水。康涅狄格州立大学的劳伦斯·阿姆斯特朗博士（Lawrence E. Armstrong）是一位研究脱水问题的专家。根据他的研究，一个久坐的人在正常的体温下一天流失 2 升的水分，而一名马拉松跑者一个半小时就会流失等量的水分。

流汗是运动时的自然表现，也是对体温的调节。

每个人的出汗量差异很大，有些人很少出汗而有些人往往大量出汗。艾伯托·萨拉查在 1984 年奥运会上不尽如人意地获得了第 15 名，比赛是在当时天气十分炎热的洛杉矶举行的，而他的体重只减少了 5.4 公斤。

无论如何，流汗是运动时的一种自然表现，也是对体温的调节。当人体的体温调节功能发挥正常时就如同是一套高效率的温度冷却系统。对于马拉松跑者来说，科学家们所说的这套高效的体温调节系统却是以丧失体液为代价的，天气越热我们就会将越多的汗液排出体外。“如果运动中流失的水分得不到补充，就会影响心血管和体温调节的功能进而增加患心脏病的风险，同时也会影响运动员的表现。”《运动科学研究》杂志的记者罗伯特·默里（Robert Murray）警告说。

脱水会减少总血量，为保存体液，身体会同时减少血流量和出汗。在这种情况下，身体的降温能力就降低了。如果不停止跑步，人体的体温将会提升到一个危险的水平，而有时不在阴凉处稍作休息，即使停下脚步，这种状况都无法缓解。

人体是不能适应脱水的，但是在炎热的环境中生活或训练对避免或延迟脱水是有帮助的。你想在炎热的天气中发挥得更好吗？搬到沙漠去住吧。当你的身体逐渐适应了高温，你的血量会有所增加，汗腺也会储存更多的钠。“这会使你在炎热的天气中运动时还能保持心血管和体温的调节功能。”默里说。

换句话说，我们可以训练自己更有效地使用体液。人类是恒温动物需要保持体温，而且我们是温血动物而非冷血动物，正常体温是37℃。如果在寒冷的地方停留的时间过长或穿的衣服太少都会使自己的体温降低到正常值以下，称为低体温。而当你开始运动时，你的体温就会升至正常值以上，称为高体温。患感冒或被感染与此类似的病毒也会使你的体温升高，所以当你生病时不要过量运动甚至可以完全不运动。

除了低温天气偶尔会造成跑者不急于补水外，低体温通常不是马拉松跑者所面临的主要问题。如果跑者由于疲劳或脱水而不得不降速了，那么他的体温也有可能会下降。有时，在波士顿马拉松赛上当人们到达心碎坡的山顶时会遇到这种情况，他们已经非常疲劳了，却突然遭遇了来自海洋上的冷风（我在参加越野滑雪比赛时发现饮水既可以降温也可以保温）。

怎样防止抽筋?

跑者们常常在跑到30~32公里时出现小腿、胃部或身体其他部位的痉挛。传统理论认为，这是因脱水以及电解质特别是钠的流失而造成的。有些时候，这个说法是对的，但也并非完全是这样。

“脱水可能是肌肉痉挛的一个原因。”运动营养专家南希·克拉克说。她注意到那些流了很多汗的跑者常常会抱怨自己抽筋了。但是，有些跑者会抽筋并非因营养成分而主要是由于疲劳。俄克拉何马医科大学同时也是《跑者世界》科学顾问委员会成员的兰迪·艾希纳（E.Randy Eichner）认为，导致中暑性痉挛的3个主要原因分别是盐分流失、脱水和肌肉疲劳。

“钠是关键因素，”艾希纳说，“它不仅能保持血量，还有利于神经传导和促使肌肉运动。在肌肉收缩和舒张时，钠的含量过低会给神经与肌肉之间的协调运动带来阻碍。”其带来的结果可能就是肌肉痉挛。

抽筋不仅让人感觉非常痛苦，还会影响运动表现，但它也可能是低钠血症的一种信号。虽然没有治疗抽筋的万能药，但以下几种方法有可能帮助你在下一场比赛时防止抽筋：

- 提前进行大量训练，特别是通过长距离跑来增强力量，增强肌肉的耐力。
- 平衡膳食，多吃含有维生素和矿物质（特别是含钠、钾、镁、钙等元素）的蔬菜、水果和其他食物。
- 在长距离跑之前吃一些咸的东西，这样可以帮助身体保持水分。
- 学会在比赛前和比赛的过程中补水，最好是补充一些含钠元素的运动饮料，但注意不要过量。饮料所含的钠元素主要是为了提高锁住体液的功能，并不能完全补充因流汗而丧失的钠。
- 使用正确的跑步动作，如果姿势不标准或脚部动作使某一块肌肉需要承受的压力过大，也很容易引起痉挛。

- 在训练中巧妙增加拉伸环节，你的肌肉不仅需要增强力量还需要放松。
- 对于频繁出汗的人来说，盐丸（一种快速补充钠的胶囊）可能会有所帮助，要在比赛之前进行长距离跑训练时进行补盐。要消耗掉一颗盐丸至少要喝约 220 克的水。

如何缓解抽筋呢？佳得乐体育科学研究所（Gatorade Sports Science Tnstitute）的高级研究员克雷格·霍威尔博士（Craig A.Horswill）建议同时用拉伸和按摩两种方式来缓解肌肉疼痛。“按摩痉挛的肌肉不仅可以缓解疼痛，还可以同时刺激血液和体液流向那个部位。”他说。

高体温则是一个更严重的问题。虽然我们在刚开始运动时就会流汗，但通常在 10 分钟或更长的时间才会大量流汗。在干燥的热天里，你有可能甚至感觉不到自己在出汗，因为汗液很快就被蒸发了。

汗液通常都是比较稀的，其主要成分是氯化钠和一些钾元素，只含有 10% 的电解质。当汗水蒸发时就会起到给身体降温的作用。蒸发非常重要，当血液流到体表后会将热量传导至体外。

在训练中，人体通常产生的热量并不是全部都能被汗水带走的。一名马拉松跑者的体温会逐渐升高到 38.8℃，这是一个高效的能量消耗水平，在这个温度上你的身体的“空调系统”与环境是同步的，而跑者也会有正常的表现。如果天气过热、过湿或者跑者出现脱水现象并导致排汗减少的话，他的体温就可能到达一个危险的高度。在体温过高（>40℃）时，肌肉就无法有效地工作，跑者的速度也会随之降低。这是一个非常重要的问题，因为如果身体不能排汗导致核心温度超过 42℃，那么跑者就会中暑，这是一种非常严重的病症，初期表现为头疼和头晕，随后可能出现更为严重的症状，其中包括抽搐、意识不清甚至死亡。如果觉得自己中暑了，唯一明智的做法就是离开赛道。对于那些脱水的跑者来说，这是一种让自己停下来的身体信号。

在训练时，你的身体控制体温的能力受到以下几个因素的影响：环境、训练强度、着装和身体状况以及对气候的适应性等。你可以训练自己对抗冷热气候的能力，但是在天气过冷或过热时训练，都会对你的身体造成不良影响。

通过训练可以提升人体的排汗能力。艾奥瓦大学已故运动生理学家卡尔·吉索尔菲博士（Carl Gisclfi）说，我们可以通过训练将身体的耐热力提升50%，让身体出汗是可以将身体的汗腺训练得更有效率的。

对气候的适应性也可以提升身体耐受高温的能力，这也就是为什么跑者们在天气转热的4月参加波士顿马拉松时会比秋季的纽约马拉松出现更多问题的原因。而当纽约马拉松赛到来时，他们已经通过整个夏天的训练来适应这种气温了。

适应性练习可以提高排汗的能力。

前世界纪录保持者巴迪·埃德伦（Buddy Edelen）在为1964年奥运选拔赛做准备期间，有时会穿三层衣服以训练自己适应高温的能力。5月，选拔赛在纽约扬克斯举行，当时气温达到了32℃，由于准备充分，艾德伦轻松地战胜了他的竞争对手们。后来，奥运选手罗恩·道斯（Ron Daws）和本杰·德登都曾采用过艾德伦的方法，并最终取得了成功。2004年雅典奥运会铜牌获得者迪娜·卡斯托尔也使用了同样的方法，在8月的酷暑中，她的对手们在户外的跑道上做着热身，而卡斯特则待在室内身穿赞助商开发出的一种冰背心给自己的身体降温。

如何保持体温

除了在训练时多穿几层衣服或穿冰背心之外，跑者们还有什么方法来预防高温吗？让我们先从训练谈起，以下是一些在训练中补充水分的方法：

跑前饮水。跑者需要经常喝大量的水，默里博士建议，在训练前 1 小时要喝 450 毫升的水："喝过多的水是个负担，因为在开始训练之前你不得不去上厕所。"我想提醒跑者的是，如果你要参加的比赛非常重要，在赛前饮水过量会使你在比赛的过程中为了上厕所而浪费掉宝贵的时间。你需要在长距离跑训练中以及为准备马拉松赛而参加的其他训练赛中摸索出自己的饮水量和饮水时间的规律。运动营养专家南希·克拉克建议跑者记录一下自己的喝水情况，掌握从摄入到排出体外的时间。我可能会在训练前 1 小时喝水，但是在参加马拉松赛时我就不敢在距离比赛开始这样短的时间内饮水了。

跑动时的饮水。多年来，在橄榄球教练的意识中有一种老套的认识，那就是喝水就是为了偷懒，因此他们禁止自己的队员在夏季训练时接近饮水池。而现在，许多知识丰富的教练已经意识到，让队员有足够的时间喝水会让他们在训练中表现得更加出色。在这一认识的驱动下才有了为佛罗里达大学的研究人员才为本校的橄榄球队（鳄鱼队）开发出运动饮料佳得乐。跑者在跑步时需要经常喝水，特别是在炎热的天气，这样他们才能跑得更快，恢复得也更快。大部分跑者都善于在跑步的地区周边找到水，有时我会在自己的运动裤的口袋里放上一点儿钱以便在路过自动售货机时能买水喝。

边走边喝。1981 年，为了准备在新西兰基督城举行的世界大师锦标赛，我在几场短距离比赛中尝试着走着通过补给站，并发现走着喝水仅比跑着喝水慢 7 秒钟，这完全可以接受。在比赛中，我走着通过每一个补给点，估计损失了不到 1 分钟的时间，并仍以 2:29:27 的成绩获得了 45 岁年龄组的冠军。很多被我击败的跑者在出发时比我跑得快，但是在高温下最终都落到了我的后面。这是因为我比他们喝得水多，比他们跑得快！

> 跑者们通常在参加马拉松比赛之前已经制定好了成绩目标。

如果配速为 3 分 26 秒的精英跑者在每次通过水站时仅损失了 7 秒，那么，那些配速相对慢一些的跑者走着通过水站可能损失的时间就会更少。在我作为以 4:30:00 完赛为目标的那一组跑者的领跑者时，整组的平均配速是每公里跑 6 分 26 秒。大部分跑者都能以每公里跑 9 分 22 秒或更快的速度跑，因此跑步时的配速与步行时的配速之间的差异虽然很小，却会令全组获益匪浅。

跑后饮水。大部分跑者在赛后都会自然地跑向饮水池或冰箱。但是，即使你最初的口渴感得到了缓解也还是有可能处于脱水状态的。评估水分摄入是否充足的一种方法是观察尿液。如果你的尿液的颜色呈深黄色（或无尿）则说明你还需要继续喝水，而清澈的尿液则是饮水充足的表现。另一个指标是体重，如果在热天进行长距离跑后，你的体重显著下降了，请先别庆贺自己减肥成功，你很可能是严重脱水了。在长距离跑训练后，除了喝水之外，你最好再喝一些其他东西，低脂巧克力奶就是一种很好的恢复性饮料，它的作用比运动饮料还要好。相较于运动饮料，可以提供更多的碳水化合物以补充在跑步过程中你的体内所消耗的糖原，它也含有用以修复受损肌肉的大量的蛋白质，另外它还含有更多的钠元素以及其他矿物质以补充电解质。总之，在跑后喝巧克力奶可以使你更快恢复，而且还能够防止伤病。

选择好天气。由于我的工作是写作，因此可以灵活地安排跑步时间。在冬季，我一般会在暖和一些的中午跑步，而在夏季我则会选择清晨气温升高之前跑步，因为夏天晚上也还是会有些热，而且在黑夜中跑步也有危险。另外，也许你需要在炎热的天气出门进行训练以便让自己能适应比赛时的天气，但在过高的温度下跑步会影响你的训练质量。

调整训练内容。我曾说过："如果你想跑得更快，那你就必须要能跑得更快。"任何一位教练都会告诉你，跑步的秘诀就是速度训练。练习速度的最佳时机就是夏天，这时你的肌肉不再因天气寒冷而僵硬，避免了很多受伤的风险。你可以在跑道上做一些冲刺训练，将饮水池或水壶就放在跑道旁边。短距离、高强度的速度训练与长距离慢跑一样，会使你的体温升高，但是由于离家更近，当你感觉自己的体温过高时，你就可以马上回家。

注意防晒。每个跑者都应该有一顶软帽，当你经过水池时可以用这顶帽子把自己弄湿。现在，市场上有一些材料非常好的帽子，又轻又透气。你还需要涂抹防晒霜（15倍以上最好）以防止晒伤。你应该在跑步之前的半小时涂上防晒霜，这样你的皮肤就有足够的时间将其吸收，而在防晒霜被吸收之后你可以再擦上一些。在涂防晒霜之后，你要把手洗干净以免在你擦汗时眼睛会受到刺激，你也可以仅涂抹眼部以下的部位用帽子来遮挡前额。

防晒很重要，在上午10点到下午2点这样的时间段如果要去跑步，一定要戴上一顶帽子。

每名跑者都应该准备一顶软帽。

不要高估自己的能力。要明白在炎热的天气中你是跑不快的，要知道自己的限度，不要指望能实现既定的目标，也不要惧怕因炎热而提前出现的疲劳。

我是在接受了惨痛的教训后才领悟到这一点的。我年轻时一次晨跑，计划以每公里跑3分26秒的配速跑37公里，但是却没有意识到气温已经攀升到27℃以上了。我完成了训练，但速度非常慢，两天后我感觉膝盖受伤了，我认为这是由于自己始终处于脱水状态而造成的。在炎热的天气中跑步，你绝不能轻视大自然的力量，在训练中一定要作出必要的调整。从另一方面来说，如果你学会了如何在那样的天气中训练，那么任何其他的气候环境对你而言也就不是问题了。

马拉松比赛前后的饮食

大多数马拉松跑者与自行车选手和滑雪选手不同，在跑步时他们不会选择固体食物，原因也很简单：在配速超过每公里跑4分22秒的情况下难以下咽。

不过，比尔·温马克建议那些用时3小时以上的跑者在比赛中吃一些简单的食物。“如果你在马路上跑四五个小时，那就相当于在跑一次超级马拉松了。除了赛会提供的饮料外，你还需要补充一些其他的东西。以每公里跑

5 分钟或更慢的速度跑步是有时间吃东西的，比起精英跑者来说，这类跑者在消化方面遇到的问题要少一些。”温马克建议跑者随身携带一些咸饼干和能量棒，他也安排服务人员在赛道边为跑者提供这些能为跑者提供额外能量的食品。

那么专家是怎么说的呢？在俄亥俄州立大学的运动科学家迈克尔·舍曼博士对 10 名自行车运动员进行了测试，他让这些运动员先以 70% 的努力程度骑 90 分钟，然后再骑相当于跑 32 公里的时间（总共用时约两个半小时）。舍曼让这些运动员在第一阶段吃一些碳水化合物，在第二阶段喝一些富含碳水化合物的饮料。“我们发现效果是一样的。”舍曼博士说。他还补充说，在炎热的天气中，液体比固体产生的效果更好，因为液体还可以减轻脱水的情况。

舍曼博士也注意到，他的测试并没有探索超级马拉松跑者或跑得较慢的马拉松跑者的饮食情况，他们通常需要 4~5 小时来完成比赛。传统智慧告诉人们，固体食物与液体同样重要，即使是出于心理上原因人们也会希望让自己的胃里有装一些固体食物。跑得慢的跑者比那些习惯于只在比赛中进行液体补充的老手对固体食物的欲望更加强烈。而如果你还没适应进行液体补充的话，像能量胶这样的高糖液体会引起恶心或腹痛等不适。

以前，美国的赛事很少提供饮料以外的东西，现在，有些公司生产出了能量胶、运动糖块、香蕉块、硬糖、微型巧克力棒以及其他富含碳水化合物的食品，这些食物可以很方便地装在腰包中或别在衣服上。而除了运动食品外，普通食品也可以起到相同的作用。

最重要的一点是，如果你打算在比赛中吃东西，那么一定要在比赛前多适应几次。

预测天气的情况有时是比较困难的。我的小儿子凯文以 2:18:50 的成绩获得了参加 1984 年奥运会的资格。虽然他并没有取得前三名的实力，但他的训练情况表明，他有可能比选拔赛时的成绩再快几分钟。作为他的教练，我设计了一种平均的配速策略来帮助他达到这个目标。通过认真地观察凯文的分段时

间我发现他在前 16 公里一直保持着稳定的配速，但在 10 公里之后他就不得不降速了，因为他在出发时并没有意识到天气的炎热和潮湿，而在这种情况下他在前 16 公里的配速太快了。与此同时，那些第一方阵的运动员是在相互竞争而不是在和自己的手表竞争，因此他们的问题要小得多，当然了，他们的成绩也比当初设想的差了一些。

鉴于我在各项比赛中担任领跑者时积累的经验，我想告诫跑者们在炎热或潮湿的天气中，跟随一支跑得太快的队伍是很危险的。在赛前为跑者制订配速时我会让那些打算跟着以 4 小时完赛为目标的队伍的跑者去跟随以 4 小时 10 分或 4 小时 20 分完赛为目标的队伍，而让准备跟随以 4 小时 10 分完赛的跑者去跟随以 4 小时 20 分或 4 小时 30 分完赛为目标的队伍。然而，跑者们通常是带着一个既定的时间目标来参赛的，尽管进行了非常艰苦的训练，但因为天气的原因而不能实现自己的目标有时还是让人难以接受的。

比赛中的饮水方案

在马拉松比赛中，你必须要让自己的体温保持在正常的范围内，因此需要在跑步时补水。你既需要补充能量又需要补充水分，而运动饮料可以同时满足这两个方面的需求。在比赛前，你就需要在赛事网站上了解赛会提供的饮料的品牌，然后在训练中饮用。

计算赛前的饮水时间并不容易，我建议在赛前两小时把水喝足，这样就有足够的时间吸收水分并将其排出体外。否则你就有可能要在中途上厕所，显然这是一件麻烦事。在马上开跑之前，你可以再喝一次水（在有些大型赛事中，起跑可能要花费好几分钟）。每一位跑者都应该在训练和比赛前培养适合自己的饮水习惯。

在比赛中，你需要早一点儿喝水，如果等到感到口渴才喝水，那么你就有可能已经错过好几个补给站了，提早补水还可以防止脱水。由于刚起跑时人群拥挤，可能你不太容易接近第一个补给站，但是这却是最重要的一次补水，为此耗费掉几秒钟也是值得的。请记住在补给站后面几张桌子取水的人往往比较少，还有就是惯用右手的人通常会去取赛道右侧桌子上的饮料。不幸的是，看过本书前三版的跑者也可能会在赛道左侧的补给站把你挤开。

到了补给站该怎么喝水？

之前关于补水的研究推测，高糖的饮品从胃部供应到身体其他部位的时间比水的速度慢，后来科学家们修正了这一理论。他们认为，含糖 6% 的饮品从胃部输送到其他部位的速度与水是相同的，这真是太好了，因为跑者们希望自己喝下去的东西能够尽快到达身体急需的地方。现在，大部分大型马拉松赛事上供应的都是这种饮料。不要错过那些补给站，除非那些含有糖分的饮料使你感到恶心。

我的补水方法通常是先喝运动饮料然后再喝水，不过有些马拉松赛会先提供水而后再提供饮料。补水量的多少依气温而定，在炎热的天气里我会喝更多的水，我发现摄入太多的运动饮料会使我感到胃部不适，不过在这方面得因人而异。

得克萨斯州立大学运动机能学院的爱德华·科伊尔博士推测，在运动中每小时摄入 30~60 克的碳水化合物可以帮助身体保持血糖水平并减轻疲劳。

而每小时饮用 625~1 250 毫升含有 4%~8% 碳水化合物的饮料也可以使血糖水平保持平衡。对于那些超过马拉松距离的比赛，在比赛中补充能量与控制体温同样重要，这时吃一些固体食物，如干果、巧克力、花生酱果冻三明治、香蕉面包等会有所帮助。英格兰伯明翰大学的阿斯克·朱肯德拉普（Asker Jeukendrnp）通过研究证明，每小时摄入 90 克碳水化合物对保持耐力最为有效。

不过，最重要的还是要让体温保持正常。“脱水是一定会出问题的，”科伊尔博士说道，“没有人能够忍受脱水带来的痛苦。”不管是从安全还是从运动表现来看，都是如此。身体每流失 1 升水分，你的心跳每分钟就会增加 8 次，而核心体温也会相应增加，你也就无法再维持比赛的配速了。如果你的目标是安全地完赛并能发挥出正常的水平，那么毫无疑问你越能及时补充流失的水分越好。

在比赛的后期，向身体上浇水比喝水对你的帮助更大，这是因为喝下去的水通常需要 30 分钟才能变成汗水进而起到降温的效果，而直接往身上浇水是更简洁的方法，它可以通过蒸发来降低体温。在距离终点几公里处时喝水既有利于优化你在赛中的表现也有利于赛后的恢复。我在最后半小时向身上浇的水同喝进去的水一样多。不过有些科学家认为，向身上浇水对使身体降温的意义不大，但不管怎样，当你这样做时，你的身体一定觉得很舒服，这就够了。

如果你戴着帽子去参加比赛，可以把水浇到帽子上以便水能流到面颊。从后背浇水（而不是从胸前浇下去）可以防止水流进鞋中，避免脚起水泡。如果你看到有人在路边拿着喷水的装置给跑者降温，那么你可以考虑停几秒钟让他给你喷一些水，而不是绕着跑过去。

越注意保持体温，你就可能跑得越好。在跨过终点线后，你可能想马上喝水让身体得到恢复。

CHAPTER 22

心理游戏

马拉松是生理游戏也是心理游戏

即使是在10月初，在明尼苏达州明尼阿波利斯市与圣保罗市之间举行双城马拉松时的天气还是比较冷的。有一年的发枪时间是在早上7点，当时的气温在0℃以下，我穿着紧身衣、长袖衫，戴着帽子和手套。不过，在前往起跑线的途中，我丢了一只手套，于是，为了给双手保暖我只能每跑5公里就把手套摘下来戴在另一只手上。这变成了一种游戏、一种念想、一种可以帮助我标记出向前跑动的进度，我会始终盼着到达下一个5公里。

如果你这样看待马拉松的话，那么它也不过就是换8次手套的距离而已。

心理学家始终认为，在体育运动中心理的作用很重要，马拉松这样的运动更是如此，因为在跑马拉松时，运动员必须要用心理驱动自己的身体去超越极限。美国奥林匹克委员会一直聘请心理学家作顾问，很多职业橄榄球队和棒球队也这样做。任何人都可以在长距离的耐力比赛中运用心理游戏来帮助自己。

我在马拉松比赛中会运用心理游戏来克服困难，我将整个过程分成几个部分。在跑到5公里时，我心想："跑完5公里了，小菜一碟。"在跑到10公里时，我会想："搞定 1/4 了。"在跑到约 13 公里处，我想："1/3 了。"在跑到 16 公里时，我又想："两位数了。"在快跑到 21 公里时，我想："一半了，后半程比前半程的距离短了。"在跑到 26 公里处时，我想："剩下不多了。"而在跑到 32 公里时，我则想："我已经翻过'墙'了，现在只剩下 10 公里了。"这时，你可以开始倒数计数了："6、5、4、3、2、1，完赛。"

我其实更喜欢国际马拉松赛，因为用公里数计算可以让我数的数更多："10、9、8、7、6、5、4、3、2、1"。

伊利诺伊州的卡罗琳·沃伦（Carolyn Warren）与我的方法略有不同，他以 2.5 公里为单位将马拉松分成几个部分，因为这是补给站的分配方法。在马拉松比赛中，我们玩着各自的心理游戏，目的就是让自己尽快地跑完 42.195 公里。

"每一场马拉松比赛的体验都是不同的，"加拿大安大略坎纳塔市的辛迪·索思盖特说，"你需要做的就是判断一下对某场特定的比赛来说，哪个心理游戏更有效。"

在运动员玩的心理游戏中，信心扮演着非常重要的角色。

在 1996 年第 100 届波士顿马拉松举办之前我为《波士顿：世纪之跑》这本书进行筹备时采访了传奇跑者迪克·比尔兹利（Dick Beardsley），他在 1982 年波士顿马拉松仅落后艾伯托·萨拉查获得亚军。当年在跑下心碎坡时，他处在第一位，但这时萨拉查开始渐渐地靠近他了，在跑到 34 公里处比尔兹利决定采用这样一个战术，那就是不再想着前面还有 8 公里，他要 1 次只跑 1 公里，无论前面是否还有更多的里程也不在乎是否还有明天。"你可以将这个配速再坚持 1 公里，"比尔兹利告诉自己，"再跑 1 公里！就只跑 1 公里！"在跑到 35 公里时，比尔兹利又告诉自己："再跑 1 公里！"在 36 公里处，比尔兹利想着："你正在打败世界纪录保持者，再跑 1 公里！"

不过最终，萨拉查在最后的直道上实现了超越，以 2:08:52 的成绩击败了比尔兹利。但正是由于比尔兹利所玩的心理游戏使这场比赛成为波马历史上冠亚军成绩最接近的比赛之一。

我曾经在多项赛事中采用这种战术，其中包括有一年在迪士尼世界马拉松赛上，我为《跑者世界》作以4小时30分完赛为目标的领跑者。那一次比赛前我训练不足，在赛前的一个月内没有进行跑过超过21公里长距离跑训练。虽然参加5公里比赛或10公里比赛没问题，但我不确定自己是否能在42.195公里内保持配速。我告诉另一位领跑者，我打算只跑到32公里然后由她带队继续跑下去。

在跑到32公里时，我觉得自己的还可以，于是我紧随队伍，目光紧盯着替代我领跑的那位同事头上戴着的米老鼠耳朵告诉自己："再跑1公里，你能以这个配速再跑1公里！"和比尔兹利一样，在接下来的比赛中，我不断地重复着1公里的目标，虽然最终我所在的队伍在我之前40秒钟到达了终点，但我还是以4:30:27的成绩完成了比赛。尽管这次比赛的成绩比我参加过的其他比赛慢了几个小时，但它却给了我更大的满足感。

积极的心态是成功的保障

在对付跑马拉松所产生的疼痛和厌倦的问题上，心理游戏比比赛策略更有效。按照《最佳表现》（*Peak Performance*）一书的作者查尔斯·加菲尔德（Charles A.Garfield）的说法，60%~90%的运动员之所以会取得比赛胜利要归功于心理素质过硬。运动心理学家托马斯·塔特科博士（Thomas Tutko）引用退役棒球手莫里·威利斯（Maury Wills）的说法，成功完全取决于心理因素，"运动受情绪的影响，这一点是毋庸置疑的"。

不过，你的大脑有时也会跟你作对，有位精英女选手的前教练曾经对我说："阻碍她获得冠军的正是她的思想。"

在运动员玩的心理游戏中，信心扮演着非常重要的角色：当我们有信心时，可以很好地处理任何潜在的问题；在我们不自信时，即使很小的问题威胁也会让我们感到很棘手。

自信的运动员比那些有些不安的运动员更容易放松下来，而放松和消除恐惧是有一些窍门的。马拉松奥运冠军托尼·索多瓦尔（Tony Saudoval）每天晚上都要用从 5 数到 0 的方法睡觉。“这能使我放松下来,快速入睡。”他解释道。

作为一名障碍赛跑运动员，我也有自己的入睡诀窍，我会想象自己跨越障碍的样子，这比数羊的方法管用。另外，这样做也有其他的作用——修正自己的跨栏技术。马拉松跑者也可以采用类似的诀窍，在赛前回顾一下赛道情况，并且思考一下自己该如何应对比赛。

在体育运动中成功的方法之一就是排除外界的干扰。对精英跑者来说，集中注意力始终是关键因素。而对于中等水平的跑者而言，应该也是如此。威斯康星大学的运动心理学家威廉·摩根博士说：“集中注意力的能力是区别一名优秀的运动员和一名伟大的运动员的唯一标准。因为注意力集中是精英跑者的特质。”摩根认为，精英跑者之所以能取得成功是因为他们完全专注于自己的身体状况，随时关注着来自神经末梢的所有信息。

摩根发现，相对而言，中等水平的马拉松跑者更多地用其他一些动作（即分散注意力）来对抗身体的疼痛。他认为，这样做不仅会造成降速而且十分危险：“跑者可能会忽视自己的身体传出的重要信号，在无意之中患上心脏病或出现骨折的症状。”注意力分散不仅会阻碍负面信息的传递，也会阻碍正面信息的传递。因此，在跑步时听音乐有可能会使你无法专注地跑步。我建议，在大型赛事中最好不要带音乐播放器，因为这样你会错过身边发生的很多趣事。

中等水平运动员的心理游戏

虽然科学家们说保持对比赛的专注可以使精英跑者挖掘出自身最大的潜力来赢得比赛，但是中等水平的跑者往往要面临着另一种挑战，他们努力追求的是以较好的成绩完成比赛的策略。

北卡罗来纳州的律师唐·波科克（Don Pocak）的马拉松最好成绩是3:38:00，他有一系列的比赛策略，其中包括在比赛中念口诀，他的口诀是“向前跑”，在比赛中，他会不断地重复着这句话。“我的高中教练让我们以这句话来激励自己，”波科克回忆道，“现在，每当酸疼的肌肉对我说‘停下来！’时，我就用这个口诀来对抗它。”

波科克还会叨念着一些其他的词来缓解疲劳：“有时，我的脑海里会出现一个词或一句话，我就不停地重复这个词或这句话来熬时间。有时，我甚至会不断地念一些俄语单词来让自己想点儿别的事。”

在马拉松的最后阶段，波科克会想象自己的家人和朋友在终点为自己加油，虽然他们可能并不在那里。“这真的管用，”他说，“而且他们一般都喜欢听到我说自己在比赛中还想着他们。”

筑波大学的研究员高井一夫（Kazuo Takai）把在东京参加20公里比赛的60名跑者编入不同的组，其中一半的人使用高井一夫所说的“专注”技术来保持配速，另一半人则采用“随大流”技术跟着其他人的配速。他发现专注型跑者比另外的一组人表现得更加出色。“专注”意味着你在比赛中会倾听自己的身体传出讯息并且相应地调整自己的配速，“随大流”则意味着你不去感知身体的讯息而只是跟从着别人。

那么跟从领跑团队是否属于随大流呢？这取决于你参加这一团队的目的和方法。如果你让领跑者帮你做所有的事情，那么你确实是在随大流。如果你一直紧跟领跑者，仔细地观察他们是如何成功地保持配速的，那么你就不是在随大流，这也可以算是一种专注。回避并不总是一种失败的策略，有些人会在比赛中的某个阶段选择随大流，而在另外一个时间段用专注的方法。

高井一夫的研究是为了判定以下5个策略是否会对跑者在比赛中有所帮助。

- **身体自检**。你感觉自己的身体状况如何？感到放松吗？身体任何一部分感到紧绷（比如肩膀的疼痛）都可能是一种降速信号。
- **检查节奏**。你跑步的节奏如何？感觉顺畅吗？你应该像平时训练那样平稳地跑。
- **放松腿部**。你的腿还能支撑这样的配速吗？腿有抽筋的感觉吗？有不适感吗？也许加速跑能让你感觉更舒服一些。
- **图像回放**。回顾你最成功的一次比赛或训练，你现在的感觉和那时一样吗？
- **检查自己的运动模式**。你现在跑得怎么样？想象自己离开了自己的身体，像照相机一样在旁边给自己的动作拍照，然后修正自己的动作。

高井一夫将这些问题的答案分为 7 级（1= 从不，7= 非常频繁），并用来判断跑者们应用这些策略使自己恢复配速的频率。然后，他比较了跑者们的 5 公里比赛的成绩与他们自己预想的成绩之间的差距。通过这种方法，他可以评估这些跑者是否可以精确地回想起预定的配速。高井一夫说："结果证明，能精确地回想起预定配速的人能在马拉松比赛中始终保持匀速，而不能精确地回想配速的人则容易在跑完第一个 5 公里后降速。"

保持匀速甚至后半程加速是一种非常有效的策略，因为你可以超过大量在开始阶段跑得太快的人。迪娜·卡斯托尔就是采用这个方法赢得了 2004 年奥运会的铜牌。"最聪明的比赛方法就是超越其他跑者，"迪娜说道，"每当我看到前面出现一个女孩时，自己的肾上腺素就会疯狂地分泌。"

在马拉松比赛中接近第一方阵时，我认为专注力与高水平的最大摄氧量同样重要。我专注于每一次迈步，关注身体传来的任何信息。我很喜欢在风景优美的赛道上跑步，虽然我从不在比赛中看风景！一般来说，我在比赛中发挥得越好，就越想不起来周边的环境是什么样子的。我参加过 10 场波士顿马拉松，而且知道赛道会经过波士顿红袜子队（Boston Red Sox）的比赛场地芬威公园（Fenuay Park）球场附近，但是直到20世纪70年代有一次作为《跑者世界》的记者参加比赛时，我才发现赛道离球场到底有多近。在那场比赛中，当领先者到达终点后，我决定往回走去看看后面的跑者，芬威公园距离终点不到1.5公里，我当时惊呆了，虽然知道球场就在赛道边，但却从来没有看到过，这说明在比赛中我的视野是多么狭窄。

顶尖跑者是怎么做的?

很多跑者都认同专注力的重要性。奥运选手唐·卡尔东（Don Kardong）说："在竞争中保持注意力集中极为重要，要注意身体的反应，并保持敏感。如果在竞争激烈的10 000米比赛中走神，那么你就会立即降速，你在轻松的训练中想的那些美事在此时可绝对没有时间去想。"

1983年格雷格·迈耶（Greg Meyer）在波士顿马拉松后已经无法保持正常姿态了。那个夏天，他在欧洲跑了好几场马拉松。"有一两公里我走神了，"迈耶说，"我变得迷迷糊糊、丧失节奏而且再也没有恢复过来。"迈耶认为是伤病使他无法集中注意力的："我开始更关注伤痛而不是比赛了。"不过也许是他夺冠的欲望降低了，而注意力也就随之下降了。

卡尔东发现，有些耐力选手不适应路跑、跑道和越野跑之间的转换，他怀疑这主要不在于训练方法而是注意力的问题。"由于刚到一个不熟悉的环境中，因此你会无法集中精力，而在适应了这个环境后才能集中精力。"

在跑马拉松的过程中，比尔·罗杰斯会想一些特殊的东西来帮助自己集中注意力，其中包括分段时间、竞争对手、赛道和风，等等。他常想："什么是赢得比赛的最佳方法？"

迈耶发现进行法特莱克训练比单纯地跑长距离更容易集中注意力："比起毫无意识地跑32公里，采用变化的配速可以促使你更加集中注意力。"而休·金（Sue King）在参加纽约马拉松时则发现，她一个人跑时更能集中注意力，因为这样可以不再被朋友间的交谈所干扰。

“为准备马拉松赛而进行的18周训练的成果有可能被精神上的涣散而冲淡的。”来自伊利诺伊州卡彭特维尔市的马拉松跑者弗兰克·瓦莱蒂斯（Franle Walaitis）说。他的个人最好成绩是3:02:00。

比尔·罗杰斯认为，必须在比赛开始之前就集中注意力。他往往不愿同其他人一起热身，将注意力全部集中在将要开始的比赛中。另外，他还认为，赞助商要求他出席的咨询会、晚宴以及其他社交活动也会分散他的注意力。

很多跑者对为了跑得更快而加强专注并不感兴趣，他们更希望能尽量保持身心合一地完成比赛！

丹佛市的朱迪思·亨德森（Judith Henderson）几乎在比赛的全过程中都在数着自己的步数。他说：“如果我数的是左脚，那么就是每公里左脚迈275步。即使是过补给站或偶尔同别人说几句话，他也不会停止这个游戏，这就好像是装在他的大脑里的节拍器一样。在最后几公里，我只专注于数我的脚步，你简直想象不到这对于保持自己的向前跑会起到多大的作用。”

纽约市的特雷西·穆萨基奥（Tracy Musacchio）在脑子里计算着数学问题：“现在是华氏70度，那么摄氏是多少度？我最多能背出多少个质数？ 86的平方是多少？思考这些问题似乎很傻，但这确实有助于我完成比赛。”

威斯康星州的洛丽·豪斯沃斯在训练时靠威胁来督促自己：“要是跑得不好我就会告诉自己，一旦停下来就没有资格去波士顿了。”

佛罗里达州的奥特姆·埃文斯在接近终点时曾使用类似的方法：“我会对自己说：‘别松劲儿，小子！’我不想在最后一刻放弃而让自己失望。”

圣路易斯市的妮科尔·朗则用预言来激励自己达成波马的参赛标准：“在跑到30公里处，我告诉自己如果在赛道边看见了小猎狗，那我就能取得波马的参赛资格。于是，在后面的几公里中我就在寻找小猎狗的身影。非常幸运的是，我看到了有人牵着一条小猎狗，后来我又看到这个人牵着他的狗出现在终点，我就走过去感谢他带来了这条小狗。”

如何将注意力集中在跑步上?

依靠小猎狗取得胜利其实还是有点儿冒险的。归根结底，学习长时间地集中注意力才是一种最佳策略。但是，如果学习集中注意力呢？如何将注意力集中在跑步上呢?

至少有一项研究显示，普通跑者也能学着像精英跑者一样思考。南非开普敦大学的研究员海因·赫尔格·绍默博士（Hein Helgo Schomer）用了 5 周的时间提高了 10 名非精英跑者的专注力。在接受训练之前，这些人对身体的注意力只能坚持 45% 的时间。通过 5 个星期的训练，他们在整个的跑步过程中可以坚持 70% 的时间，而且他们的训练强度也得到了普遍提高。

专注力是成功的关键。

学习专注力是需要花些时间的，为了找回因在冬天进行慢跑而失去的速度感，每到春天我就会去田径场进行间歇训练。在进行间歇训练时，我知道要想跑出最快的速度，就必须要全神贯注，但是当我刚开始在跑道上跑时，还是会不可避免地走神，而且自己的配速也会降低。在 5~6 周后，我才能在整个过程中完全集中注意力。现在，我的田径成绩开始下降了，我不得不承认，提高竞赛水平既需要有顽强的精神，也需要有强壮的肌肉。

最后 10 公里

在一场马拉松赛中，跑过 32 公里后，心理因素变得至关重要，这时朋友间的交谈通常也会停止，该拼命向终点跑了。在最后的 10 公里，专注力是成败的关键。下面是一些马拉松跑者的建议，他们用心理策略赢得胜利。

威斯康星州南密尔沃基市的吉姆·弗雷德里克斯说：“我会想着平时的训练情况，10 公里只是从家跑到格兰特公园高尔夫球道的距离，

6 公里是从家到南密尔沃基高中的距离，用这种方法可以使我觉得后边的路变得短了一些。”

佛罗里达州坦帕的梅利莎·维特里克说：“想着后面还有多远实在是太折磨人了，我往往会想还需要跑多少分钟。当我的身体想停下来，开始走时，我会告诉自己‘再跑 5 分钟’，这是我跑一公里所用的时间。跑过 8 分钟后，我会告诉自己再跑 5 分钟。有时，当我感觉太累时，我就告诉自己再多跑 1 分钟或是再跑 90 秒钟。我就这样与魔鬼进行着谈判，完成了最后的几公里。”

加利福尼亚州卡尔斯巴德的科琳·吉布斯说：“我用一些疯狂的念头来抵抗负面的想法，有一次我想象的是迈克·贾尔格（Mick Jagger）在独轮车上吃香蕉。总之是用一些想象的东西来驱赶那些不好的想法，我用这种方法搞定那最后漫长的几分钟。”

伊利诺伊州的鲍勃·温特说：“每跑一公里，我都会想着一个人，一般是下一公里站在标识牌处的人。我会一直想着他们，将他们作为额外的驱动力，我想着一定要到下一个标志牌向他们报到。”

内布拉斯加州奥马哈市的安德鲁·史密斯说：“我会找一个附近的建筑物然后告诉自己至少要跑到那里，而在快要到达那里之前，我会再挑选一个更远的建筑物。”

佐治亚州的芭芭拉·迈耶（Bar Bara Mayer）：“我参加马拉松赛通常是为了我所爱的某个已经过世的人。2001 年，我参加了芝加哥马拉松（9·11 事件后 1 个月），在最后几百米，我用最大的声音唱起了《主佑美立坚》，当我一唱起来就停不下来了，因为所有人都在看我，我肯定他们都明白我当时想的是什么。”

我会做 400 米重复跑（400 米慢跑间歇）训练来准备即将参加的田径赛事，1 600 米的长距离重复跑更适合马拉松跑者，我甚至会在自己家的附近做 3 200 米的长距离重复跑，除了间歇跑之外，我发现其他形式的速度跑，比如节奏跑和在林中进行法特莱克训练或在草地上进行冲刺跑训练都是提高专注力的有效方法。有时，我一周会在高尔夫球道上跑几次，进行至少 6 组的冲刺练习，虽然我不会竭尽全力加速冲刺，但也会使自己的速度接近在跑道上的速度。我用这种方法让自己的肌肉放松来迎接时间更长、更严酷的训练。经过，在高尔夫球道上训练训练，我跑得更快了，而且始终能保持全神贯注。

虽然有时在田径场的训练以及长距离跑训练中不易做到注意力集中，但我通常会设法在重要的比赛中做到。竞争不仅能使我专注，也能让我达到训练时无法达到的速度。

如何克服走神?

怎样将身体和心理调整得能在长距离跑中跑得更快呢？以下这些方法可以帮助你克服走神的问题。

充分准备。要为训练特别是重要的赛事制订好计划，如你要去哪里跑、要跑多快、和谁比赛，另外你还要让自己的心理进入跑步的模式。学着放松，在跑步前进行常规的热身可以让你进入状态。你需找到一种最适合自己的做好比赛准备的方法，并坚持下去。

弄清身体的“工作状态”。在快跑时，你要尽量搞清楚是自己哪些身体部位在工作。你能发现顺畅地跑步是种什么感觉吗？如果可以的话，那你就有可能在其他场合复制这种感觉。记住，同进行身体方面的训练一样，专注力很重要。

预习和回顾。如果在赛前你能预习或想象出顶尖的运动员是怎样跑的，那么你就有可能仿效他们。优秀的跑者要有回顾之前跑步状态的能力。当你跑得不错时，你要记住自己是怎么跑的，并在记忆中锁定这个画面。

在跑道上练习。与时间赛跑和尽量达成预定目标都会迫使你集中注意力。学着调整到在跑道上跑步的节奏对你会有所帮助。同样，法特莱克训练以及其他的速度训练方法都能起到与此相同的作用。

为训练专注力留出时间。不是每次训练都要全神贯注，但每星期至少要安排一天来训练专注力。比赛特别是在跑道上进行的比赛或越野赛都会帮助你集中注意力。

避免干扰。在跑步时，朋友、交通工具或者狗（即使是小猎狗）都可能会分散你的注意力。因此在训练专注力时你要尽量一个人跑。如果想要顺利地完成比赛计划，那么即使是同朋友一起训练也要尽量减少交谈。

与自己对话。来自康涅狄格州哈德福德医院的保罗·汤普森博士（Paul Thoupson）认为，跑者需要一些激励性的话语。“在训练时我会自言自语。在波士顿表现最出色的那一场比赛中，当最后几公里疼痛袭来时，我一直专注于思考对自已说些什么。”他说。通过不断地告诉自己“继续向前”和“我是个狠角色”，他在 1976 年的波士顿马拉松中取得了第 16 名的好成绩。

赛道上的标志物。你认为赛道上的哪个点最重要？山坡在什么地方？哪里是最平坦的大道？赛道的哪一段会使你感到受挫，哪一段会赋予你力量（比如卫斯理学院的女生们会为参加波马的跑者加油）？千万不要到比赛前才知道自己要跑的赛道是什么样子。

将专注力集中在最需要的地方。如果你觉得很难在全程中保持专注力，那就把专注力集中在你最需要它的地方。卡尔东曾经在前半程注意力分散而在后半程全神贯注。

专注力并不能弥补训练和基础不足，但它确实能帮助跑者挖掘出自己的最大潜能。

CHAPTER 23

第 43 公里

你的比赛并不是在越过终点线时就结束了

有一年，在冲过波士顿马拉松的终点线后，我筋疲力尽地坐在科普利广场（Copley Square）上，用保温毯裹着身体，一手拿着软饮料一手拿着冰酸奶，然而我的胃太难受了，实在吃不下去。我住的酒店离终点有 1.6 公里远，也就是说我需要再走第 43 公里才能结束今天的马拉松。

15 分钟后，我走在前往酒店的路上，冰酸奶吃完了，第 2 瓶饮料也喝光了。我感觉我的能量又回来了，我知道自己可以恢复过来而且还能再跑一场马拉松了。

第 43 公里对加速赛后恢复尤其重要，它使你能够再次跑起来、再次参赛。越过终点线后，你在 5 秒钟内做的事对身体恢复至关重要，而之后的 5 分钟、5 小时、5 天甚至 5 周也都同样重要。赛后恢复是很多跑者容易忽略的事，但如果能像执行赛前训练一样地执行赛后计划，你就会恢复得更快、更舒服，也就能够有效避免伤病。

将伤害降到最小

“跑者不能只关心自己能跑多快，还要为自己的肌肉的健康负责，”马萨诸塞州的按摩师琳达·雅洛斯（Linda Jaros）警告说，她的客户包括比尔·罗杰斯和琼·贝努瓦·萨缪尔森，“恢复必须是整体训练中的一部分。”

对于所有的马拉松跑者来说，恢复可能是最困难的一项技能。在公路上挣扎着跑完 42 公里后如何迅速恢复呢？疲劳与肌肉的疼痛是不可避免的吗？有什么方法能使跑者在赛后恢复得很快而且感觉到的痛苦更小？我们能从那些精英跑者和普通跑者那里学到哪些能快速恢复状态的方法呢？科学家们根据实验结果给出的建议是什么呢？我们不仅要知道赛后第二天早晨自己应该做什么，还想知道一周以后自己要做什么。

戴维·科斯蒂尔博士经过在实验室和公路上进行的研究证明，马拉松对人体是有伤害的。在无数次的研究中，科斯蒂尔回顾了赛后饮食以及马拉松跑者的训练习惯，对于赛后恢复，他的建议是：在赛前和赛后要补充足够的水和碳水化合物，赛后不要急于恢复跑步。“跑马拉松以后，你的身体将会有很大的变化，你会出现体温过高、脱水、肌肉异常疲惫和荷尔蒙分泌异常等症状，因此需要足够的时间使自己的身体恢复平衡。”

从 1974 年开始，火奴鲁鲁马拉松的创始人小杰克·斯卡夫博士就开始关注该项赛事的相关训练营了。训练营的成员们每周日都会在卡皮欧拉尼公园（Kapiolani Park）碰面一起进行马拉松训练。通过一年的观察，他得出结论：“跑者们对他们的比赛结果感觉非常好，因此他们往往很快就重新开始训练了，受伤的比例也就随之增加。后来，我在马拉松比赛后将训练营关闭了 3 个月，以便让跑者们能休息一下。”

作为跑者和教练，本杰·德登研究了马拉松对身体的影响。他在 1978 年以 2:15:00 的成绩将自己的最好成绩提高了 4 分钟，却在随后的一星期崴了脚。“我的身体并没有完全恢复。”他说。在意识到充分休息可能就是最好的赛后恢复方法后，德登说：“跑者们更多的是要对抗心理上的焦虑。作为一名教练，我会尽量采纳科学家的建议，并将这些建议与我的直觉和经验相结合。”

继续向前走

你是否想尽快恢复身体，然后参加下一场马拉松？那么你首先要做的就是在冲过终点线后不要马上停下来休息。你也许会被迫这样做，特别是在大满贯马拉松赛事上当你疲惫地跑过终点线后要随着人群穿过一条通道。在那条通道上，你会领到完赛奖牌、饮料和食品、保温毯以及存放的衣物等，而要领完这些东西你可能需要走相当长的一段距离，然后才可以与家人朋友相聚。

这是一件好事。

完赛后，你还需要继续向前走一会儿。

无论是不是被迫的，你都需要继续向前走，以便让自己紧绷的身体逐渐适应一种相对静止的状态，同时还可以避免斯卡夫博士所说的“赛后崩溃”现象。它指的是一名跑者状态良好地通过终点然后马上坐下，而20分钟后却不得不因突发心脏病或抽筋而被送到医院急救的情况。在经过剧烈运动后突然停止运动会导致血压骤降,其结果有时是灾难性的。“走一会儿应该就能避免这类危险了。”斯卡夫说。

在赛后，你需要继续向前走，至于向前走多远则要取决于你通过终点时的状态。“如果你的身体已经告诉你要倒下了,那么想要继续走下去就会很困难,”科斯蒂尔博士说，“但是继续往前走一会儿能保持你的血液循环状态，将血液持续地供应给肌肉，这样做对临时性的身体恢复也是有帮助的。”

僵尸走

大多数跑者都承认在赛后走上1~3公里对尽快恢复身体状况是有所帮助的。不过，强迫自己去这样做有时也并非易事，当然除非你像纽约州的马特·费拉拉（Matt Ferrara）一样把自己弄丢了。他的酒店离终点线只有1.6公里，但是他在走出去3公里以后才意识到自己错过酒店了。“当我最终回到酒店时，我的感觉棒极了，几乎可以开车去尼加拉瓜瀑布观光旅游。”他回忆道。

“走步是一种非常好的放松方式，”米歇尔·基恩说，“有一年在芝加哥参加完比赛后，我整个下午都在逛密歇根大街。商店的店员都问我跑的怎么样，这感觉好极了，因为我一直骄傲地戴着我的奖牌。”

葆拉·拉赛尔回忆起和朋友们一起在芝加哥完成自己的首马时的情景说：“我们走过恢复区，拿到了百吉饼、酸奶、水和佳得乐，最后来到放百威啤酒的区域，我感觉很好，每个人都坐下喝啤酒。等到我僵硬的身体慢慢恢复后，所有人都到达了终点，然后我们就起身离开了。”

要注意的是，不要运动过量，很多跑者觉到自己需要“整理放松”，即使是在马拉松赛后也要强迫自己慢跑1~3公里。如果是在10公里赛后这样做是有道理的，但在42.195公里的比赛之后这样做就不明智了。没有任何的科学研究显示在马拉松赛后跑步有一点点的好处，那只会增加受伤的风险而已。

多喝水

只要你是在走着，那就走向放置饮料的桌子吧。所有的科学家和有经验的跑者都建议，人们应该马上并且是持续地补充在比赛中消耗掉的水分。接住第一个送到你手上的水杯，不管胃部有多不舒服，立刻开始一口一口地喝水。

斯卡夫博士建议，赛后每分钟要喝14毫升的水，此外在之后的几个小时中要随时拿着水瓶，持续喝水。科斯蒂尔博士与大多数专家一样强调口渴并不是缺水的准确特征："你一定要多喝一些水。"

不仅要喝水，你还需要再去寻找那些放置含糖的运动饮料（比如佳得乐）、软饮料或果汁的桌子。在赛后，你首先要补充的是水，但是因为在比赛中肌肉已经耗尽了糖原，因此这部分也需要得到补充。"要尽量让自己的血糖回到正常的水平。"德登说道。

根据得克萨斯州立大学人体运动学系爱德华·科伊尔博士的研究，补充糖原的最佳时机是比赛后最初的两个小时。"肌肉就像海绵吸水一样地疯狂吸收糖原。而在赛后的4~6个小时内，肌肉吸收糖原的比例就开始下降了。"营养学家会争辩说，果汁比糖水对你更有帮助（因为果汁中含有一定量的维生素和矿物质），这当然是对的，但科斯蒂尔称，就补充糖原来说，其实身体是辨别不出一种糖与另一种糖的区别的。

在赛后你不应该喝这两种饮料：减肥饮品，因为这种饮料无法给你提供葡萄糖，你刚刚消耗了大约2 600卡路里，无须再注意控制卡路里的摄入了。另外一个就是酒精类饮品，因为它们比较利尿。在赛后喝啤酒可能喝起来感觉不错，但归根到底对体液的平衡是不利的。如果你打算喝一瓶啤酒，那么一定要确保在此之前自己已经喝过两倍量的其他饮料。

另一种较好的选择是吃能量胶。但是《聪明地吃，刻苦地练》一书的作者、加利福尼亚州立大学的教授莉兹·阿普尔盖特建议，你要仔细阅读能量胶上的标签，弄清哪些是适合赛前吃的，哪些是赛后吃的。"不是所有的能量胶都具有同一种功能，"阿普尔盖特警告说，"在比赛前你需要吃纯碳水化合物的能量胶，而在比赛后你需要吃添加了蛋白质的能量胶，这样才能加快身体的恢复。"

放松双脚

走了5~10分钟，并且喝了一些水以后，你就要让自己的双脚休息了。倾听自己的身体的声音，“做你的身体想让你做的事情，”科斯蒂尔说，“把腿放平。”你可以在树荫下找一个舒适的地方，把腿抬高让血液流向心脏。科斯蒂尔推测，跑者在赛后立刻感到的肌肉疼痛和僵硬与水肿有关，其原因是在小腿内累积的液体造成的肌肉内压。“将腿部抬高可以加速恢复。”

你也可以通过给自己按摩来加快恢复（不要用力揉），向心脏的方向柔和地拍打腿部肌肉；你也可以用冰敷的方法来消肿，而用凉水冲一冲腿也不错。

比尔·罗杰斯喜欢躺着做一些跑后拉伸。如果你也想这样做的话，那么一定不要拉伸过度，因为这时你的肌肉非常僵硬，而且可能还有损伤。

很多跑者会忽视赛后恢复。

不过有些专家怀疑拉伸的作用。得克萨斯州立大学的一项研究显示，静态拉伸并不能预防肌肉疼痛。研究员凯瑟琳·布鲁克（Katherine C. Buroker）和詹姆斯·施万博士（James A. Schwane）承认拉伸对保持柔韧性有所帮助，但是他们认为，在进行高强度的运动后不适宜立刻拉伸。在斯卡夫观察他的火奴鲁鲁马拉松训练营的学员时发现，那些最爱拉伸的学员也正是伤病最多的学员。科学家们在拉伸的问题上存在分歧，而对你来说，最好的选择是在马拉松比赛后只做短时间的简单拉伸。

休息的时候依然要持续喝水（在平躺时可以用一支吸管来喝水）。为了确保自己的补给充足，你可以在随身携带的背包里放一瓶自己喜爱的赛后饮料。

开始补充能量

刚刚结束比赛时，你最想做的事可能就是补充水分，而在 1 小时内你可能就想要吃一些固体食物了。如果通过液体补充糖分让你感觉不舒服的话，那么通过吃固体食物来慢慢地吸收糖分就变得十分重要了。来自加利福尼亚州的越野高手肯·扬（Ken Young）喜欢吃一些咸饼干以让自己的胃变得更舒服一些。你可以先吃一些水果，香蕉是一个不错的选择，既容易吸收还可以补充流失了的钾元素，然而不要不停地补充矿物质。在随后的 24 小时内吃一些营养均衡的饭菜可以补充你因流汗而损失的电解质。

科伊尔博士的研究显示，每小时每公斤体重吃 1 克碳水化合物是补充糖原的最有效的方法。营养师南希·克拉克建议，马拉松跑者在第一个小时喝一杯橙汁和酸奶再吃一根香蕉，然后在第二个小时再继续吃这样的配餐。

在赛后，我会吃在补给站可以找到的任何东西，特别是巧克力奇普饼干。在马拉松比赛后我喜欢马上填饱肚子，只要是在我手边的吃的东西我都会把它们填进肚子里去。

按摩

很多大型马拉松赛事都会有专业按摩师提供服务。有时早些完赛的跑者会在大队人马到来之前直接冲向这些按摩帐篷，但是你最好先给自己 45 分钟的时间放松下来，补充一下水分再去按摩。需要注意的是，千万不要让按摩师像他们往常那样用力地按压你的肌肉。俄勒冈州尤金的按摩师里奇·费格（Rich Phaigh）认为，最好的赛后按摩是从下背和臀部开始放松肌肉，使肌肉内的液体流动，然后长时间地在腿部轻柔地进行按摩，运动的方向要朝向心脏。如果你感到疼痛的话，就要告诉按摩师按得再轻一些。

对那些有固定按摩师的运动员来说，按摩的最佳时间是赛后的 24~48 小时，这时你通常可以明显感到自己的肌肉异常酸疼。我会与自己的固定按摩师约好在比赛前的下午和比赛结束两天后去他那里做按摩。如果是在美国的其他城市或其他国家参赛，那么我就会和其他跑者一起在网上先找当地的按摩师。

不要洗热水澡，这样可能会使炎症加重或使体温升高，你需要的是冷水浴。“让体温降下来可以加快身体的恢复。”科斯蒂尔说。

伊利诺伊州的阿曼达·穆萨基奥（Amanda Musacchie）是我“虚拟训练社区”上的常客，她强烈推荐冰水浴，而且已经有很多人接受了这种令人提心吊胆的提议。你需要先在浴盆里注入凉水，然后把冰块倒进去使温度变得更低，然后再慢慢地把身体滑进去。“冰水浴听起挺吓人，”穆萨基奥说，“但是它消肿效果明显，真的有助于身体的迅速恢复。”

不要吃阿司匹林，虽然它可以减轻肌肉的疼痛，但是也会延长身体自我修复的时间。

在家恢复

即使在比赛日的当晚难以入睡，你至少也要休息1~2个小时，然后可以起床去吃东西了。在完赛3~4小时后去吃一顿饱饭吧。科斯蒂尔博士说在这段时间，跑者仍然要吃碳水化合物。“从营养的角度说，你赛后第一顿饭应该与赛前的最后一顿饭一样。”虽然很多跑者实在不想再看到自己的眼前放着一盘意大利面，他们希望能放纵地吃一顿蛋白质大餐，但是这个建议仍然是对的。

“我不怕在赛后吃汉堡，”道格·柯蒂斯（Daug Kurtis）说，“这就好像是一种奖励。”比尔·罗杰斯回忆道，有一年他在波士顿马拉松上获得了第三名，赛后他去一家餐厅要了一份汉堡，随后又吃了一份圣代。他还开心地回忆起后来在他的商店里举行家庭庆功午餐时，他的母亲带来了鸡肉三明治。

不过，要记住意大利面并不是只含有碳水化合物。“即使是高碳水化合物食品也会含有一些蛋白质，”克拉克说，“你的身体需要重建蛋白，因此你可以吃鸡肉、牛排或鱼，不过应该要先喝一碗蔬菜通心粉汤，再加一些番茄、圆白菜，喝点儿果汁。关键是要适量，不要将注意力放在肉上面，重点是碳水化合物，还可以再配一些肉食。”

休息一下

众多马拉松跑者犯的一个错误是刚回到家时就马上恢复训练。这可能是因为他们担心自己会失去状态，或是认为进行一些慢跑可以加快身体的恢复。科斯蒂尔博士的研究结果与此相反：如果在赛后的 7~10 天内不做任何运动，恢复的速度才会加快，而且对状态没有任何影响。

“我所说的休息就是指彻底休息。”

本杰·德登认为可以在赛后的第 4 天恢复轻松跑，与我网站上的恢复计划相类似。德登反对某些跑者采用交叉训练的方式进行恢复。“我所说的休息就是指彻底休息。没有健身器、没有自行车、没有游泳、没有走步，只有休息！我同一些运动员讨论过，他们认为‘休息’指的就是除了跑步以外的所有运动。”

与游泳不同，在游泳池中运动是另一码事，将身体浸泡在水中用一些非有氧运动的方式来拉伸、放松手臂和腿部能让肌肉感到舒服。但是，不要一圈一圈地游，因为这样会消耗更多的糖原，从而延长恢复的时间。

慢慢回到训练

刚刚恢复训练时，训练强度不宜太大，速度也不宜太快。比尔·罗杰斯总要在赛后花费一段时间才恢复训练。他说：“慢慢地，经过几个星期的时间，我才会回到正常的跑量。我会坚持一段时间隔一天一练的节奏，至少 2~3 周不做速度训练和长距离跑练习。”

赛后低迷期

跑者在冲过马拉松终点线时既感到筋疲力尽又感到欣喜若狂。对很多人来说，这是他们一生中最令人兴奋的时刻，也是最痛苦的时刻。尽管可能已经有超过 1 万人先于他们到达终点，但他们还是会高举起象征胜利的臂膀。

一天后，当闪闪发光的奖牌被收进抽屉以后，这些胜利的跑者们就将面临同一个问题——下一步该做什么呢？这时，他们就陷入了赛后的低迷期。

“5 个月以来，我们都全神贯注于这项赛事，如今它结束了，”佛罗里达州的奥特姆·埃文斯说，“现在该怎么办呢？”

在接下来的几周内，像埃文斯一样的跑者们可以专注于恢复身体。在我的网站上，有一个 5 周的赛后恢复训练计划，其中包括休息以及轻松跑。这是关于身体方面的，那么精神方面的呢？

对抗赛后低迷期的一个方法就是选择一个新目标，也许那是下一场马拉松比赛，也可能是跑得更快，设定更高的时间目标或达到波士顿马拉松赛的参赛资格都意味着很大的挑战。你的目标也可以不只是马拉松，有些跑者在他们的训练中加入自行车练习和游泳练习，或将目标转向铁人三项赛。

你的下一个目标也可以与跑步无关，我的一个朋友决定在她 40 多岁时学习小提琴。参加电脑培训班也许会对你的生意有所帮助。另外，你还可以选择去和那些在你的训练过程中失去联系的朋友叙叙旧。

“在我参加首次马拉松赛之前，并没有进行恰当的训练，”爱达荷州的谢丽·罗比杜（Cherie Robideaux）说，“因此，比赛过后，我的膝盖伤得很严重，我发誓再也不跑步了。现在我度过了那段低迷期，已经开始盼望着下一场马拉松比赛了。”

在比赛中表现得越优秀就越有可能需要很长一段时间才能回到正常的跑量。“在比赛中，你把自己逼得太紧了，”本杰·德登警告说，“因此你需要休息 4~6 周。如果你在比赛中发挥得非常出色，那么在赛后进行训练时，你就需要特别小心谨慎。”

南卡罗来纳州立大学运动科学系主任拉塞尔·佩特博士通过实践开发出了一个为期两周的恢复练习方法。“在比赛后两三天进行一些强度极低的运动，在第一周内的其他时间里也持续适度的跑步，在第二周逐渐恢复到正常的训练状态，到第三周我已经为高强度训练做好准备了。”但是有一次当他在赛后三天感觉良好时又过早地恢复了高强度训练，而三周后他就因受伤和疲劳停止训练了。“在经历过痛苦之后，我学会了让自已刹车。”佩特回忆道。

“研究显示像马拉松这样的运动会对肌肉纤维产生一些小的伤害，”佩特说道，“没有人知道跑马拉松对结缔组织和骨骼会有什么影响，但我估计会有一些微小的损伤。由于科学家们还不能准确地知道这些损伤究竟需要多长时间才能恢复，因此跑者们最聪明的做法就是把跑量降到最小，给身体留出足够的时间来修复这些损伤。”

在休息时要继续喝水。

没有任何一位专家能给出一个准确的马拉松赛后恢复公式，因为这其中包含的因素太多，从跑者的参赛状态到赛事的情况等。赛道上是否有坡路？特别是像波士顿马拉松那种在接近终点时的下坡道会比平坦的赛道对肌肉产生更多的伤害。过热或过冷的天气也会降低恢复的速度。因出发时速度太快而导致后程崩溃的跑者比那些匀速跑完全程的人恢复得要更慢些。

“顺其自然吧，”科斯蒂尔说，“时间会医治好跑者们在马拉松比赛中受到的大部分伤害。”通过谨慎地步行第 43 公里，我们中的大多数人都可以重新回到公路上，期待着再次踏上起跑线的那一刻。

MARATHON

THE ULTIMATE TRAINING GUIDE

附录

世界上最流行的马拉松训练计划

超过 50 万的跑者用本书前几个版本中的训练计划进行马拉松训练。你可以在网上和 App“峰值训练”（Training Peaks）中找到这些计划。

半程马拉松训练计划分为初级、中级和高级 3 个部分，而全程马拉松训练计划则以同样的结构分为 6 个部分，每一部分较上一部分要更难一些。你可以在我的网站 halhigdon.com 上找到与此相关的更详细的讲解。

半程马拉松：初级

半程马拉松初级计划是一个非常好的开端，即使是对于初跑者来说，完成第一周的任务也是不成问题的。周一和周五是休息日，周二至周四是短距离跑，周六是 30~60 分钟的交叉训练，作为周日长距离跑的前奏。在训练期间，你可以参加 5 公里比赛和 10 公里比赛来获取比赛经验。

周数	周一	周二	周三	周四	周五	周六	周日
1	休息	5 公里跑	3 公里跑	5 公里跑	休息	30 分钟交叉训练	6 公里跑
2	休息	5 公里跑	3 公里跑	5 公里跑	休息	30 分钟交叉训练	6 公里跑
3	休息	5.5 公里跑	3 公里跑	5.5 公里跑	休息	40 分钟交叉训练	8 公里跑
4	休息	5.5 公里跑	3 公里跑	5.5 公里跑	休息	40 分钟交叉训练	8 公里跑
5	休息	6.5 公里跑	3 公里跑	6.5 公里跑	休息	40 分钟交叉训练	10 公里跑
6	休息	6.5 公里跑	3 公里跑	6.5 公里跑	休息	休息	**5 公里比赛**
7	休息	7 公里跑	5 公里跑	7 公里跑	休息	50 分钟交叉训练	11 公里跑
8	休息	7 公里跑	5 公里跑	7 公里跑	休息	50 分钟交叉训练	13 公里
9	休息	8 公里跑	5 公里跑	8 公里跑	休息	休息	**10 公里比赛**
10	休息	8 公里跑	5 公里跑	8 公里跑	休息	60 分钟交叉训练	14 公里
11	休息	8 公里跑	5 公里跑	8 公里跑	休息	60 分钟交叉训练	16 公里
12	休息	6.5 公里跑	5 公里跑	3 公里跑	休息	休息	**半马比赛**

半程马拉松：中级

相比于半程马拉松初级计划，中级计划的难度有所增加。主要的区别在于周三（速度训练）和周末（周六和周日的跑量增加了），你在周六要按照自己预定的比赛配速来跑。

周数	周一	周二	周三	周四	周五	周六	周日
1	休息	5 公里跑	5×400 米跑	5 公里跑	休息	5 公里跑	8 公里跑
2	休息	5 公里跑	30 分钟节奏跑	5 公里跑	休息	5 公里比赛配速跑	10 公里跑
3	休息	5.5 公里跑	6×400 米跑	5 公里跑	休息	休息	**5 公里比赛**
4	休息	5.5 公里跑	35 分钟节奏跑	5 公里跑	休息	5 公里跑	11 公里跑
5	休息	6.5 公里跑	7×400 米跑	5 公里跑	休息	5 公里比赛配速跑	13 公里跑
6	休息	6.5 公里跑	40 分钟节奏跑	5 公里跑	休息	休息	**10 公里比赛**
7	休息	7 公里跑	8×400 米跑	5 公里跑	休息	6.5 公里比赛配速跑	14.5 公里跑
8	休息	7 公里跑	40 分钟节奏跑	5 公里跑	休息	8 公里比赛配速跑	16 公里跑
9	休息	8 公里跑	9×400 米跑	5 公里跑	休息	休息	**15 公里比赛**
10	休息	8 公里	45 分钟节奏跑	5 公里跑	休息	8 公里比赛配速跑	18 公里跑
11	休息	8 公里跑	10×400 米跑	5 公里跑	休息	5 公里比赛配速跑	19 公里跑
12	休息	5 公里跑	5×400 米跑	5 公里跑	休息	休息	**半马比赛**

半程马拉松：高级

半程马拉松高级计划并不适宜初跑者。周二是速度训练，周四是节奏跑，周六是比赛配速跑，而周日的长距离跑不是以距离而是以时间来衡量。

周数	周一	周二	周三	周四	周五	周六	周日
1	5 公里跑	6× 跑坡	5 公里跑	40 分钟节奏跑	休息	5 公里跑	90 分钟跑
2	5 公里跑	7×400 米跑	5 公里跑	45 分钟节奏跑	休息	5 公里比赛配速跑	90 分钟跑
3	5 公里跑	7× 跑坡	5 公里跑	30 分钟节奏跑	休息	休息	**5 公里比赛**
4	5 公里跑	8×400 米跑	5 公里跑	40 分钟节奏跑	休息	5 公里跑	90 分钟跑
5	5 公里	8× 跑坡	5 公里跑	45 分钟节奏跑	休息	5 公里比赛配速跑	90 分钟跑
6	5 公里跑	8×400 米跑	5 公里跑	30 分钟节奏跑	休息	休息	**10 公里比赛**
7	5 公里跑	4×800 米跑	5 公里跑	45 分钟节奏跑	休息	6.5 公里比赛配速跑	105 分钟跑
8	5 公里跑	3×1600 米跑	5 公里跑	50 分钟节奏跑	休息	8 公里比赛配速跑	105 分钟跑
9	5 公里跑	5×800 米跑	5 公里跑	30 分钟节奏跑	休息	休息	**15 公里比赛**
10	5 公里跑	4×1 600 米跑	5 公里跑	55 分钟节奏跑	休息	8 公里比赛配速跑	120 分钟跑
11	5 公里跑	6×800 米跑	5 公里跑	60 分钟节奏跑	休息	5 公里比赛配速跑	120 分钟跑
12	5 公里跑	6×400 米跑	3 公里跑	30 分钟节奏跑	休息	休息	**半马比赛**

全程马拉松：初级 1

这是我最流行的训练计划，其关键部分在于周六的长距离跑。从第一周是10 公里跑，逐渐发展到第 15 周的 32 公里，随后开始为准备全马比赛而减量。周一和周五休息，周二和周四轻松跑，周三次长距离跑，周六长距离跑，周日进行 30~60 分钟的交叉训练。在第 8 周进行一次半马测试比赛后，你就更有把握在全马比赛中获得成功了。

周数	周一	周二	周三	周四	周五	周六	周日
1	休息	5 公里跑	5 公里跑	5 公里跑	休息	10 公里跑	交叉训练
2	休息	5 公里跑	5 公里跑	5 公里跑	休息	11 公里跑	交叉训练
3	休息	5 公里跑	6.5 公里跑	5 公里跑	休息	8 公里跑	交叉训练
4	休息	5 公里跑	6.5 公里跑	5 公里跑	休息	14.5 公里跑	交叉训练
5	休息	5 公里跑	8 公里跑	5 公里跑	休息	16 公里跑	交叉训练
6	休息	5 公里跑	8 公里跑	5 公里跑	休息	11 公里跑	交叉训练
7	休息	5 公里跑	10 公里跑	5 公里跑	休息	19 公里跑	交叉训练
8	休息	5 公里跑	10 公里跑	5 公里跑	休息	休息	**半马比赛**
9	休息	5 公里跑	11 公里跑	6.5 公里跑	休息	16 公里跑	交叉训练
10	休息	5 公里跑	11 公里跑	6.5 公里跑	休息	24 公里跑	交叉训练
11	休息	6.5 公里跑	13 公里跑	6.5 公里跑	休息	26 公里跑	交叉训练
12	休息	6.5 公里跑	13 公里跑	8 公里跑	休息	19 公里跑	交叉训练
13	休息	6.5 公里跑	14.5 公里跑	8 公里跑	休息	29 公里跑	交叉训练
14	休息	8 公里跑	14.5 公里跑	8 公里跑	休息	22 公里跑	交叉训练
15	休息	8 公里跑	16 公里跑	8 公里跑	休息	32 公里跑	交叉训练
16	休息	8 公里跑	13 公里跑	6.5 公里跑	休息	19 公里跑	交叉训练
17	休息	6.5 公里跑	10 公里跑	5 公里跑	休息	13 公里跑	交叉训练
18	休息	5 公里跑	6.5 公里跑	3 公里跑	休息	休息	**全马比赛**

全程马拉松：初级 2

全程马拉松初级 2 比初级 1 的强度稍大一些，这个计划适合那些有运动背景的首马跑者，或者准备第二次跑全马并且希望训练的强度再大一些的跑者。在这项计划中，长距离跑的跑量略有增加，有时周三会练习比赛配速，周日有 30~60 分钟的交叉训练，而时间的长短则根据周六长距离后的感觉而定。

周数	周一	周二	周三	周四	周五	周六	周日
1	休息	5 公里跑	8 公里比赛配速跑	5 公里跑	休息	13 公里跑	交叉训练
2	休息	5 公里跑	8 公里跑	5 公里跑	休息	15 公里跑	交叉训练
3	休息	5 公里跑	8 公里比赛配速跑	5 公里跑	休息	10 公里跑	交叉训练
4	休息	5 公里跑	10 公里比赛配速跑	5 公里跑	休息	18 公里跑	交叉训练
5	休息	5 公里跑	10 公里跑	5 公里跑	休息	19 公里跑	交叉训练
6	休息	5 公里跑	10 公里比赛配速跑	5 公里跑	休息	15 公里跑	交叉训练
7	休息	6.5 公里跑	11 公里比赛配速跑	6.5 公里跑	休息	22 公里跑	交叉训练
8	休息	6.5 公里跑	11 公里跑	6.5 公里跑	休息	24 公里跑	交叉训练
9	休息	6.5 公里跑	11 公里比赛配速跑	6.5 公里跑	休息	休息	**半马比赛**
10	休息	6.5 公里跑	13 公里比赛配速跑	6.5 公里跑	休息	27 公里跑	交叉训练
11	休息	8 公里跑	13 公里跑	8 公里跑	休息	29 公里跑	交叉训练
12	休息	8 公里跑	13 公里比赛配速跑	8 公里跑	休息	21 公里跑	交叉训练
13	休息	8 公里跑	8 公里比赛配速跑	8 公里跑	休息	30 公里跑	交叉训练
14	休息	8 公里跑	13 公里跑	8 公里跑	休息	19 公里跑	交叉训练
15	休息	8 公里跑	8 公里比赛配速跑	8 公里跑	休息	32 公里跑	交叉训练
16	休息	8 公里跑	6.5 公里比赛配速跑	8 公里跑	休息	19 公里跑	交叉训练
17	休息	6.5 公里跑	5 公里跑	6.5 公里跑	休息	13 公里跑	交叉训练
18	休息	5 公里跑	3 公里比赛配速跑	休息	休息	3 公里跑	**全马比赛**

全程马拉松：中级 1

全程马拉松中级计划与初级计划最大的区别在于周末的连续训练：周六的马拉松配速跑以及周日的长距离慢跑训练。中级计划有两次 32 公里跑而不是只有一次；另外，我将 1 小时左右的交叉训练调到了周一。

周数	周一	周二	周三	周四	周五	周六	周日
1	交叉训练	5 公里跑	8 公里跑	5 公里跑	休息	8 公里比赛配速跑	13 公里跑
2	交叉训练	5 公里跑	8 公里跑	5 公里跑	休息	8 公里比赛配速跑	15 公里跑
3	交叉训练	5 公里跑	8 公里跑	5 公里跑	休息	8 公里比赛配速跑	10 公里跑
4	交叉训练	5 公里跑	10 公里跑	5 公里跑	休息	10 公里比赛配速跑	18 公里跑
5	交叉训练	5 公里跑	10 公里跑	5 公里跑	休息	10 公里比赛配速跑	19 公里跑
6	交叉训练	5 公里跑	8 公里跑	5 公里跑	休息	10 公里比赛配速跑	15 公里跑
7	交叉训练	7 公里跑	11 公里跑	7 公里跑	休息	11 公里比赛配速跑	22 公里跑
8	交叉训练	7 公里跑	11 公里跑	7 公里跑	休息	11 公里比赛配速跑	24 公里跑
9	交叉训练	7 公里跑	8 公里跑	7 公里跑	休息	休息	**半马比赛**
10	交叉训练	7 公里跑	13 公里跑	7 公里跑	休息	13 公里比赛配速跑	27 公里跑
11	交叉训练	8 公里跑	13 公里跑	8 公里跑	休息	13 公里比赛配速跑	29 公里跑
12	交叉训练	8 公里跑	8 公里跑	8 公里跑	休息	13 公里比赛配速跑	21 公里跑
13	交叉训练	8 公里跑	13 公里跑	8 公里跑	休息	8 公里比赛配速跑	32 公里跑
14	交叉训练	8 公里跑	8 公里跑	8 公里跑	休息	13 公里比赛配速跑	19 公里跑
15	交叉训练	8 公里跑	13 公里跑	8 公里跑	休息	8 公里比赛配速跑	32 公里跑
16	交叉训练	8 公里跑	10 公里跑	8 公里跑	休息	7 公里比赛配速跑	19 公里跑
17	交叉训练	7 公里跑	8 公里跑	7 公里跑	休息	5 公里比赛配速跑	13 公里跑
18	交叉训练	5 公里跑	7 公里跑	休息	休息	3 公里跑	**全马比赛**

全程马拉松：中级 2

全程马拉松中级2训练计划与中级1训练计划的最大区别在于跑量的增加，虽然增加的不是很多，但对于那些想提高的跑者来说已经足够：3个32公里跑，每周一做1小时左右的交叉训练。这项计划是在升级到更大难度的高级训练计划之前的最后一项计划。

周数	周一	周二	周三	周四	周五	周六	周日
1	交叉训练	5公里跑	8公里跑	5公里跑	休息	8公里比赛配速跑	16公里跑
2	交叉训练	5公里跑	8公里跑	5公里跑	休息	8公里跑	18公里跑
3	交叉训练	5公里跑	10公里跑	5公里跑	休息	10公里比赛配速跑	13公里跑
4	交叉训练	5公里跑	10公里跑	5公里跑	休息	10公里比赛配速跑	21公里跑
5	交叉训练	5公里跑	11公里跑	5公里跑	休息	11公里跑	22公里跑
6	交叉训练	5公里跑	11公里跑	5公里跑	休息	11公里比赛配速跑	16公里跑
7	交叉训练	7公里跑	13公里跑	7公里跑	休息	13公里比赛配速跑	26公里跑
8	交叉训练	7公里跑	13公里跑	7公里跑	休息	13公里跑	27公里跑
9	交叉训练	7公里跑	14公里跑	7公里跑	休息	休息	**半马比赛**
10	交叉训练	7公里跑	14公里跑	7公里跑	休息	14公里比赛配速跑	30公里跑
11	交叉训练	8公里跑	16公里跑	8公里跑	休息	16公里跑	32公里跑
12	交叉训练	8公里跑	10公里跑	8公里跑	休息	10公里比赛配速跑	19公里跑
13	交叉训练	8公里跑	16公里跑	8公里跑	休息	16公里比赛配速跑	32公里跑
14	交叉训练	8公里跑	10公里跑	8公里跑	休息	10公里跑	19公里跑
15	交叉训练	8公里跑	16公里跑	8公里跑	休息	16公里比赛配速跑	32公里跑
16	交叉训练	8公里跑	13公里跑	8公里跑	休息	7公里比赛配速跑	19公里跑
17	交叉训练	7公里跑	10公里跑	7公里跑	休息	7公里跑	13公里跑
18	交叉训练	5公里跑	7公里跑	休息	休息	3公里跑	**全马比赛**

全程马拉松：高级 1

全程马拉松高级 1 训练计划与初级和中级的训练计划的主要区别在于周四的速度训练，其中包含重复跑坡、间歇训练和节奏跑等。

周数	周一	周二	周三	周四	周五	周六	周日
1	5 公里跑	8 公里跑	5 公里跑	3× 跑坡	休息	8 公里比赛配速跑	16 公里跑
2	5 公里跑	8 公里跑	5 公里跑	30 分钟节奏跑	休息	8 公里跑	18 公里跑
3	5 公里跑	10 公里跑	5 公里跑	4×800 米跑	休息	10 公里比赛配速跑	13 公里跑
4	5 公里跑	10 公里跑	5 公里跑	4× 跑坡	休息	10 公里比赛配速跑	21 公里跑
5	5 公里跑	11 公里跑	5 公里跑	35 分钟节奏跑	休息	11 公里跑	22 公里跑
6	5 公里跑	11 公里跑	5 公里跑	5×800 米跑	休息	11 公里比赛配速跑	16 公里跑
7	5 公里跑	13 公里跑	7 公里跑	5× 跑坡	休息	13 公里比赛配速跑	26 公里跑
8	5 公里跑	13 公里跑	7 公里跑	40 分钟节奏跑	休息	13 公里跑	27 公里跑
9	5 公里跑	14 公里跑	7 公里跑	6×800 米跑	休息	休息	**半马比赛**
10	5 公里跑	14 公里跑	7 公里跑	6× 跑坡	休息	14 公里比赛配速跑	30 公里跑
11	7 公里跑	16 公里跑	8 公里跑	45 分钟节奏跑	休息	16 公里跑	32 公里跑
12	7 公里跑	10 公里跑	8 公里跑	7×800 米跑	休息	10 公里比赛配速跑	19 公里跑
13	7 公里跑	16 公里跑	8 公里跑	7× 跑坡	休息	16 公里比赛配速跑	32 公里跑
14	8 公里跑	10 公里跑	8 公里跑	45 分钟节奏跑	休息	10 公里跑	19 公里跑
15	8 公里跑	16 公里跑	8 公里跑	8×800 米跑	休息	16 公里比赛配速跑	32 公里跑
16	8 公里跑	13 公里跑	8 公里跑	6× 跑坡	休息	7 公里比赛配速跑	19 公里跑
17	7 公里跑	10 公里跑	7 公里跑	30 分钟节奏跑	休息	7 公里跑	13 公里跑
18	5 公里跑	4×400 米跑	3 公里跑	休息	休息	3 公里跑	**全马比赛**

全程马拉松：高级 2

这是全程马拉松的终极训练计划，包括两天的速度训练：周二和周四。如果你还要寻求提高，可以靠增加公里数来提高难度或者让教练根据你的需求进行调整。

周数	周一	周二	周三	周四	周五	周六	周日
1	5 公里跑	3× 跑坡	5 公里跑	30 分钟节奏跑	休息	8 公里比赛配速跑	16 公里跑
2	5 公里跑	30 分钟节奏跑	5 公里跑	5 公里跑	休息	8 公里跑	18 公里跑
3	5 公里跑	4×800 米跑	5 公里跑	30 分钟节奏跑	休息	10 公里比赛配速跑	13 公里跑
4	5 公里跑	4× 跑坡	5 公里跑	35 分钟节奏跑	休息	10 公里比赛配速跑	21 公里跑
5	5 公里跑	35 分钟节奏跑	5 公里跑	5 公里比赛配速跑	休息	11 公里跑	22 公里跑
6	5 公里跑	5×800 米跑	5 公里跑	35 分钟节奏跑	休息	11 公里比赛配速跑	16 公里跑
7	5 公里跑	5× 跑坡	7 公里跑	40 分钟节奏跑	休息	13 公里比赛配速跑	26 公里跑
8	5 公里跑	40 分钟节奏跑	7 公里跑	5 公里比赛配速跑	休息	13 公里跑	27 公里跑
9	7 公里跑	6×800 米跑	7 公里跑	40 分钟节奏跑	休息	休息	**半马比赛**
10	5 公里跑	6× 跑坡	7 公里跑	45 分钟节奏跑	休息	14 公里比赛配速跑	30 公里跑
11	7 公里跑	45 分钟节奏跑	8 公里跑	7 公里比赛配速跑	休息	16 公里跑	32 公里跑
12	7 公里跑	7×800 米跑	8 公里跑	45 分钟节奏跑	休息	10 公里比赛配速跑	19 公里跑
13	7 公里跑	7× 跑坡	8 公里跑	50 分钟节奏跑	休息	16 公里比赛配速跑	32 公里跑
14	8 公里跑	45 分钟节奏跑	8 公里跑	8 公里比赛配速跑	休息	10 公里跑	19 公里跑
15	8 公里跑	8×800 米跑	8 公里跑	40 分钟节奏跑	休息	16 公里比赛配速跑	32 公里跑
16	8 公里跑	6× 跑坡	8 公里跑	30 分钟节奏跑	休息	7 公里比赛配速跑	19 公里跑
17	7 公里跑	30 分钟节奏跑	7 公里跑	7 公里比赛配速跑	休息	7 公里跑	13 公里跑
18	5 公里跑	4×400 米跑	5 公里跑	休息	休息	3 公里跑	**全马比赛**

MARATHON

THE ULTIMATE TRAINING GUIDE

致谢

感谢所有为本书的顺利出版作出贡献的人。

本书已经是第 4 版了，由于众多朋友的努力，本书涵盖的内容不断丰富。由于这些教练和跑者的努力，这本书才有可能成为一本马拉松时代的教科书。在此，我要对他们表示感谢。

1993 年，本书第 1 版的成功不仅由于我个人既是一名成功的跑者又是一名教练，还因为有 50 多名教练回复了我的问卷，和我分享他们的思想和训练方法。在这本书中，你会看到他们提出的诸多见解。

我要感谢凯里 - 波科斯奇。在本书第 1 版出版后与第 2 版面世之间的 6 年间，担任芝加哥马拉松赛事总监的波科斯奇聘用我为芝加哥马拉松的训练顾问。我的职责包括为芝加哥地区跑者协会设立的马拉松培训班进行培训，这个班在布赖恩·派珀和比尔·菲茨杰拉德以及汤姆·莫兰（Tom Moran）的领导下从几百人发展到了几千人。为这个培训班工作无疑扩展了我的知识和经验。

为了本书第 3 版的写作，我在网上采访了加入我的“虚拟训练社区”的朋友，他们向我提问，也帮助我回答了很多其他的问题。在第 4 版中，我继续与线上和线下的朋友保持着联系。我们始终在一起，而且我经常会为跑者间的互助而感到惊喜，本书的顺利出版也是跑者间亲密友谊的见证。

我要感谢《跑者世界》以及罗代尔出版公司的编辑们，感谢大卫·维力

（David Willey）和约翰·阿特伍德（John Atwood），还有我的编辑香农·韦尔奇（Shannon Welch）以及纽约罗代尔办公室的史蒂芬尼·克纳普（Stephanie Knapp）。我与史蒂芬尼用邮件的形式确定我写的内容，香农负责帮我调整行文风格以使作品符合罗代尔的图书风格，与此同时，史蒂芬尼还在用我的训练计划为布鲁克林的半马做着准备。此外还要感谢克里斯·罗兹（Chris Rhoads）、艾米·金（Amy King）以及洛伊斯·黑泽尔（Lois Hazel）为此书的出版做的工作。

我的经纪人安杰拉·米勒（Angela Miller）负责从本书的第 1 版到第 4 版的合同谈判与顾问工作。对此，我要向他表示万分感谢。

我还要特别感谢营养学家、《南希·克拉克运动营养指南》一书的作者：南希·克拉克女士。她是我的多年好友，也是我获取知识的重要来源。由于在营养学领域中有太多的谬论，使我在回顾与更新两个重要章节时变得有些犹疑了，而克拉克的帮助保证了本书第 17 章和第 21 章内容的准确性与时效性。

如果要让我只说出一个对本书以及我的其他作品最重要的资源，那就是《跑者世界》的执行安比·伯富特和他的妻子克里斯蒂娜·内格罗（Cristina Negron）。伯富特不仅是一名编辑更是我的密友，我和伯富特的初次见面是 1965 年在罗德岛沃伦举行的一场小型马拉松赛上，当时我的状态正佳，而伯富特还没有完全准备好（3 年后，他赢得了波士顿马拉松的冠军）。当时还没有奖金，所以新英格兰的赛事常常会发一些实物奖励。我是和妻子罗丝以及我们的三个孩子凯文、戴维、劳拉一起前往比赛场地的，我们的小车里再也放不下体积较大的奖品了。我很不情愿地接受了冠军的奖品天美时手表，伯富特获得了第二名得到了烤肉架。他说，只要我们能想出运输的办法，他就把罗丝喜欢的烤肉架送给我们。手表和烤肉架早已成往事，但我们与伯富特之间的友谊却丝毫没有减退。每当我需要咨询某个专家时，总会首先与伯富特联系。

罗丝从未得到过那个烤肉架，但我们的爱情也从未减退，我们不仅携手走过半个多世纪，还是商业上的合伙人。没有她长期以来的支持，这本书不可能热卖近 25 万册，也不会有第 4 版的诞生。多年来，罗丝也一直是我所有稿件的“最终阅稿人”。

最后，我想要感谢罗丝以及所有为本书作出贡献的人。这本书已经帮助全世界的很多跑者站到了马拉松的起跑线上，更重要的是，它使得这些人成功迈过了马拉松的终点线！

湛庐乐跑人生系列图书

国内首套全方位跑步书系

湛庐文化 Cheers Publishing
a mindstyle business 与思想有关

《马拉松训练宝典》

《跑者世界》历时3年、“亚索800”发明者亚索领衔打造。

《百马人生，从55岁开始》

国内第一本原创跑步绘本，“百马推手”田同生励志之作！

《跑步圣经：我跑故我在（35周年纪念版）》

连续10周登上《纽约时报》畅销书排行榜，陪伴5 000万美国人一生的精神读本。

《酷能跑步营：7天重塑跑步人生》

《天生就会跑》作者克里斯托弗·麦克杜格尔的教练倾情力作！从脚部力量训练开始，缔造跑步奇迹！

《奔跑的力量》

一场最完美最真实的自我之战，一次寻找个人生活意义的生命之旅！我们不要沉静绝望的生活！

《跑步时该如何呼吸》

《跑者世界》2013年“年度贴士”。为你打造革命性跑步呼吸方法，让你同身体一起在韵律中奔跑。

《太极跑：不费力、无伤害的革命性跑步法》

跑圈最盛行的三大跑法之一，20多万跑者亲身实践。

《动起来更聪明：运动改造大脑（亲子版）》

一本引领青少年动起来的革命性读物，源自哈佛医学院超过20年的潜心研究。

《丹尼尔斯经典跑步训练法：世界最佳跑步教练的跑步公式》

三大经典跑法之“乳酸门槛跑”首度详尽阐释。

《百马人生，跑向波士顿》

国内第一套原创跑步绘本，“百马人生系列”之世界马拉松大满贯第一部！

《朝圣波士顿马拉松》

中国跑友献礼世界马拉松大满贯明珠之作！UrWork（中国）创始人毛大庆担纲翻译。在全球跑者朝圣的殿堂，准备另一个全新的开始！

《跑步的197条守则》

踏上跑道前必看的第一本书，献给全世界跑者最欢乐的跑步手册。

湛庐文化 Cheers Publishing
a mindstyle business 与思想有关

湛庐文化获奖书目

《大数据时代》
国家图书馆“第九届文津奖”十本获奖图书之一
CCTV“2013 中国好书”25 本获奖图书之一
《光明日报》2013 年度《光明书榜》入选图书
《第一财经日报》2013 年第一财经金融价值榜“推荐财经图书奖”
2013 年度和讯华文财经图书大奖
2013 亚马逊年度图书排行榜经济管理类图书榜首
《中国企业家》年度好书经管类 TOP10
《创业家》“5 年来最值得创业者读的 10 本书”
《商学院》“2013 经理人阅读趣味年报·科技和社会发展趋势类最受关注图书”
《中国新闻出版报》2013 年度好书 20 本之一
2013 百道网·中国好书榜·财经类 TOP100 榜首
2013 蓝狮子·腾讯文学十大最佳商业图书和最受欢迎的数字阅读出版物
2013 京东经管图书年度畅销榜上榜图书，综合排名第一，经济类榜榜首

《爱哭鬼小隼》
国家图书馆“第九届文津奖”十本获奖图书之一
《新京报》“2013 年度童书”
《中国教育报》“2013 年度教师推荐的 10 大童书”
新阅读研究所“2013 年度最佳童书”

《牛奶可乐经济学》
国家图书馆“第四届文津奖”十本获奖图书之一
搜狐、《第一财经日报》2008 年十本最佳商业图书

《影响力》(经典版)
《商学院》“2013 经理人阅读趣味年报·心理学和行为科学类最受关注图书”
2013 亚马逊年度图书分类榜心理励志图书第八名
《财富》鼎力推荐的 75 本商业必读书之一

《影响力》(教材版)
《创业家》“5 年来最值得创业者读的 10 本书”

《大而不倒》
《金融时报》·高盛 2010 年度最佳商业图书入选作品
美国《外交政策》杂志评选的全球思想家正在阅读的 20 本书之一
蓝狮子·新浪 2010 年度十大最佳商业图书，《智囊悦读》2010 年度十大最具价值经管图书

《第一大亨》
普利策传记奖，美国国家图书奖
2013 中国好书榜·财经类 TOP100

《卡普新生儿安抚法》(最快乐的宝宝 1·0~1 岁)
2013 新浪“养育有道”年度论坛养育类图书推荐奖

《正能量》
《新智囊》2012 年经管类十大图书，京东 2012 好书榜年度新书

《认知盈余》
《商学院》“2013 经理人阅读趣味年报·科技和社会发展趋势类最受关注图书”
2011 年度和讯华文财经图书大奖

《神话的力量》
《心理月刊》2011 年度最佳图书奖

《真实的幸福》
《职场》2010 年度最具阅读价值的 10 本职场书籍

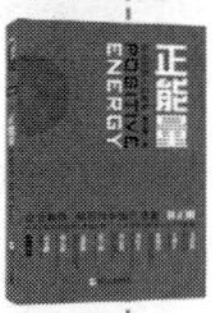

湛庐，与思想有关……

如何阅读商业图书

商业图书与其他类型的图书，由于阅读目的和方式的不同，因此有其特定的阅读原则和阅读方法，先从一本书开始尝试，再熟练应用。

阅读原则1 二八原则

对商业图书来说，80% 的精华价值可能仅占 20% 的页码。要根据自己的阅读能力，进行阅读时间的分配。

阅读原则2 集中优势精力原则

在一个特定的时间段内，集中突破 20% 的精华内容。也可以在一个时间段内，集中攻克一个主题的阅读。

阅读原则3 递进原则

高效率的阅读并不一定要按照页码顺序展开，可以挑选自己感兴趣的部分阅读，再从兴趣点扩展到其他部分。阅读商业图书切忌贪多，从一个小主题开始，先培养自己的阅读能力，了解文字风格、观点阐述以及案例描述的方法，目的在于对方法的掌握，这才是最重要的。

阅读原则4 好为人师原则

在朋友圈中主导、控制话题，引导话题向自己设计的方向去发展，可以让读书收获更加扎实、实用、有效。

阅读方法与阅读习惯的养成

（1）回想。阅读商业图书常常不会一口气读完，第二次拿起书时，至少用15分钟回想上次阅读的内容，不要翻看，实在想不起来再翻看。严格训练自己，一定要回想，坚持50次，会逐渐养成习惯。

（2）做笔记。不要试图让笔记具有很强的逻辑性和系统性，不需要有深刻的见解和思想，只要是文字，就是对大脑的锻炼。在空白处多写多画，随笔、符号、涂色、书签、便签、折页，甚至拆书都可以。

（3）读后感和 PPT。坚持写读后感可以大幅度提高阅读能力，做 PPT 可以提高逻辑分析能力。从写读后感开始，写上 5 篇以后，再尝试做 PPT。连续做上 5 个 PPT，再重复写三次读后感。如此坚持，阅读能力将会大幅度提高。

（4）思想的超越。要养成上述阅读习惯，通常需要 6 个月的严格训练，至少完成 4 本书的阅读。你会慢慢发现，自己的思想开始跳脱出来，开始有了超越作者的感觉。比拟作者、超越作者、试图凌驾于作者之上思考问题，是阅读能力提高的必然结果。

好的方法其实很简单，难就难在执行。需要毅力、执著、长期的坚持，从而养成习惯。用心学习，就会得到心的改变、思想的改变。阅读，与思想有关。

[特别感谢：营销及销售行为专家 孙路弘 智慧支持！]

我们出版的所有图书，封底和前勒口都有“湛庐文化”的标志

湛庐文化 Cheers Publishing

a mindstyle business 与思想有关

并归于两个品牌

财富汇　　心视界

找“小红帽”

为了便于读者在浩如烟海的书架陈列中清楚地找到湛庐，我们在每本图书的封面左上角，以及书脊上部 47mm 处，以红色作为标记——称之为**“小红帽”**。同时，封面左上角标记**“湛庐文化 Slogan”**，书脊上标记**“湛庐文化 Logo”**，且下方标注图书所属品牌。

湛庐文化主力打造两个品牌：**财富汇**，致力于为商界人士提供国内外优秀的经济管理类图书；**心视界**，旨在通过心理学大师、心灵导师的专业指导为读者提供改善生活和心境的通路。

阅读的最大成本

读者在选购图书的时候，往往把成本支出的焦点放在书价上，其实不然。

时间才是读者付出的最大阅读成本。

阅读的时间成本=选择花费的时间+阅读花费的时间+误读浪费的时间

湛庐希望成为一个“与思想有关”的组织，成为中国与世界思想交汇的聚集地。通过我们的工作和努力，潜移默化地改变中国人、商业组织的思维方式，与世界先进的理念接轨，帮助国内的企业和经理人，融入世界，这是我们的使命和价值。

我们知道，这项工作就像跑马拉松，是极其漫长和艰苦的。但是我们有决心和毅力去不断推动，在朝着我们目标前进的道路上，所有人都是同行者和推动者。希望更多的专家、学者、读者一起来加入我们的队伍，在当下改变未来。

图书在版编目（CIP）数据

马拉松终极训练指南 /（美）希格登著；吴洪涛译 . —杭州：浙江人民出版社，2015.8

ISBN 978-7-213-06805-8

Ⅰ.①马…　Ⅱ.①希…　②吴…　Ⅲ.①马拉松跑–运动训练–指南 Ⅳ.①G822.82-62

中国版本图书馆 CIP 数据核字（2015）第 177185 号

浙江省版权局
著作权合同登记章
图字：11-2014-193 号

上架指导：运动健身 / 马拉松

马拉松终极训练指南

作　　者：［美］霍尔·希格登　著
译　　者：吴洪涛　译
出版发行：浙江人民出版社（杭州体育场路347号　邮编　310006）
市场部电话：（0571）85061682　85176516
集团网址：浙江出版联合集团　http://www.zjcb.com
责任编辑：金　纪
责任校对：张彦能　姚建国
印　　刷：北京鹏润伟业印刷有限公司
开　　本：720mm × 965 mm 1/16　　**印　　张：**18
字　　数：24.8万　　**插　　页：**2
版　　次：2015年8月第1版　　**印　　次：**2015年8月第1次印刷
书　　号：ISBN 978-7-213-06805-8
定　　价：52.90元